社区中国

——基层社会治理共同体的转型与重建

黄家亮　著

U0951912

華東理工大學出版社
EAST CHINA UNIVERSITY OF SCIENCE AND TECHNOLOGY PRESS
·上海·

图书在版编目(CIP)数据

社区中国：基层社会治理共同体的转型与重建／黄家亮著. —上海：华东理工大学出版社，2024. 4
ISBN 978-7-5628-7519-2

Ⅰ. ①社… Ⅱ. ①黄… Ⅲ. ①社区管理—研究—中国 Ⅳ. ①D669. 3

中国国家版本馆 CIP 数据核字(2024)第 103323 号

从“单位中国”到“社区中国”，是我国基层社会治理模式的重大历史性转型。从 1986 年民政部正式提出“社区服务”概念至今，我国社区建设实践走过了近 40 年。本书在实地调查的基础上，系统梳理和反思我国社区建设实践经验，并在此基础上总结中国社区建设的独特理论逻辑，提炼我国社区建设的理论话语、构建具有主体性和解释力的社区理论观点。

策划编辑／刘　军
责任编辑／藕　园
责任校对／孟媛利
装帧设计／徐　蓉
出版发行／华东理工大学出版社有限公司
地址：上海市梅陇路 130 号，200237
电话：021-64250306
网址：www.ecustpress.cn
邮箱：zongbianban@ecustpress.cn
印　　刷／上海新华印刷有限公司
开　　本／710 mm×1000 mm　1/16
印　　张／18.75
字　　数／269 千字
版　　次／2024 年 4 月第 1 版
印　　次／2024 年 4 月第 1 次
定　　价／78.00 元

前　言

如果从 1986 年我国民政部正式提出“社区服务”概念算起的话，我国社区建设的探索之路已有近 40 年的历程了。如果从 20 世纪末，国家正式提出“社区建设”概念，并且在全国全面展开社区建设算起的话，我国大规模的社区建设已走过四分之一个世纪的历程了。然而，长期以来一直困扰着我国社区工作者的一个基本问题并没有得到很好的解决，那就是尽管社区建设的实践开展得热火朝天，但与学术界所熟悉的西方社区理论及其对于社区的“想象”还相差甚远。解决这种理论与实践的背离，就必须认真对待我国社区建设的实践和经验，深入梳理和总结社区建设的中国经验。这就要求我们以高度的理论自觉意识，重新反思我国社区建设的实践历程和内在逻辑，并且在此基础上构建以中国为主体的社区理论。

一、在个体化时代重建基层社会治理共同体

“社区”这一概念的定义自提出之后众说纷纭，但其强调“共同体”这一核心意涵是不变的。在这种意义上，社区不仅仅是一个物理空间概念，或者主要不是一个物理空间的概念，因此聚居在同一物理空间中，但没有稳定的社会交往和心理认同的人群并不是一个真正意义上的社区。如何在现代社会中重建公共性、培育共同体，是摆在人们面前的一个全球性重大问题。第二次世界大战之后，西方国家兴起的社区发展运动就是应对这一问题的具体行动。

当前，我国的社区处在一个更加特殊、复杂的时空之中，传统与现代、全

球与本土、虚拟与现实多重因素相互交织与渗透。与滕尼斯(Tonnies)所说的以熟人社会、同质化人群、情感化维系的共同体不同，它是以陌生人社区、异质性社区、利益整合型社区为特点的现代社区。相对于我国传统的街居制社区来说，它是建立在个体化基础之上的现代社区、“流态社区”。相对于西方现代社区而言，它是巨型社区、单位制和行政制阴影下的社区、社会组织欠发达的社区、居住分化不充分的社区。从现代性的全球视野和本土变迁的二维视野来看，我国当前的社区既是全球社区发展运动中的一个地方景观，又是中国社会转型的一道独特风景；既是对中国计划经济体制下单位制的革命性变革，又时时处于单位制的影子之下；既受西方社区发展理念的影响，又不同于西方的社区发展。这意味着，我们要建设的“社区”，既有别于西方的社区，也不同于中国传统的社区，但同时又受两者的影响，是一种真正有别于传统的社区。笔者把这种社区建设实践称作“新型现代社区构建”。

社会治理的中心任务是努力实现“社会连结”与“社会团结”的互动共生和良性循环，以期构建一个兼有秩序与活力的有机社会。[①] 社区治理的中心任务同样是要通过社区建设实现社区层面的“连结”和“团结”，构建基层社会治理共同体。新型现代社区构建，就是要着眼于现代社会的基本特征，重构具有中国特色的基层社会治理共同体。社区要成功实现“重构”，我们必须清楚认识现代社会的特性。在传统与现代二分的框架内认识和凸显现代社会的本质特征，是社会学家构建理论的常用范式。滕尼斯关于社区与社会的区分，涂尔干(Turgan)关于机械团结与有机团结的区分，韦伯(Weber)关于传统型统治、卡里斯马型统治、法理型统治的区分，梅因(Main)关于身份社会与契约社会的区分，费孝通关于礼俗社会与法理社会的区分，都是如此。不同学者从不同维度强调了现代社会的不同特征。

从街居制到社区制的转型是我国社区的独特历史背景，这也意味着基

① 冯仕政. 社会治理与公共生活：从连结到团结[J]. 社会学研究，2021(1)：1-22，226.

层社会治理共同体从“单位”到“社区”的转型。从单位制到社区制的转型，意味着社会成员的“连结”和“团结”方式发生了改变，人们在私人生活层面不再受“集体”的控制，自主性大为提升，也就是阎云翔等学者所说的个人在挣脱集体化的控制后，迅速走向个体化。社会成员的个体化是现代社会的基本趋势和重要特征，具体表现为个人的独立自主性日益增加、个人欲望日益强烈、个人情感与亲密关系占据的地位日益重要、个人欲望日益强烈[①]。从这一角度看，我国社区建设的社会基础就是“个体化”——相对于单位制所对应的“集体化”。可以说，我国社区建设的根本使命就是在个体化时代重新构建基层社会治理共同体。

我国社区建设有着独特的历史和发展脉络，其目标在于构建现代新型社区，而其根本使命是在个体化时代重建基层社会治理共同体。本书就是围绕如何在新的时代背景下重建基层社会治理共同体这一核心命题展开论述。

二、基层社会治理共同体重建的五大时代挑战

基层社会治理共同体重建是推进我国社会治理现代化的一项基础性工程，需要回应社会治理方面的五大时代性挑战。

（一）构建三大部门合作共治的基层治理格局

改革开放以来，我国逐步分化为政府、市场和社会三大部门相互合作的治理格局。随着中国特色社会主义市场经济的深入发展和社会结构转型的加快，正确处理政府、市场与社会间的关系成为一个新的核心议题，而社区治理就是这个核心议题的重要内容。[②] 社会治理从本质上看，就是三大部门分工合作、合作共治。在社会治理中，只有三大部门的关系理顺了、协调发展了，才能做到最大限度地调动各种积极因素，整合各种资源。社区建设是

① 阎云翔．私人生活的变革：一个中国村庄里的爱情、家庭与亲密关系(1949—1999)[M]．龚小夏，译．上海：上海人民出版社，2017：247.

② 李培林．社区治理成为一个核心议题[J]．哈尔滨工业大学学报(社会科学版)，2013(6)：1.

一项系统工程，涉及方方面面，其最根本的任务在于创新社区治理体制，建立起能够最大限度容纳各种主体、整合各种资源、发挥各方面能动性、高效承载各种功能的新型社区治理模式。

当前我国社会治理最深层次的问题就在于三大部门联动的社会结构和整合机制还没有较好地形成，主要表现在：其一，三个领域或三个部门的比例、力量大小还严重失衡；其二，三大部门越位、缺位、错位的情况还很普遍；其三，经济交往原则被错误地引进公共权力领域和公共领域的现象也很普遍；其四，由于社会缺位，第三部门还没有充分发挥自己应有的功能，还不能有效地起到弥补市场失灵、政府失灵，减轻社会管理成本的作用。只有逐步消除上述结构性和功能性障碍，三大部门各自才能成为良性的、合格的社会发展主体，才能有效地发挥各自的作用，并且这种作用才能相互配合、相互促进，而不是相互摩擦、相互抵消，才能为科学发展、和谐社会建设提供结构合理和功能协调的部门结构。

从根本上看，三大部门关系的核心是国家与社会间的关系。在西方治理理论中，两者往往是相互对立的，表现为“国家压制社会”“社会反抗国家”。这种理论与中国的传统和实践明显相背离。如何处理好国家与社会间的关系，是中国社区治理的根本问题。

（二）在社会重心下移的背景下改善民生福祉

改善社区公共服务、增进民生福祉，是社区建设的重要切入点和重中之重。与传统社会主要基于情感和道德纽带的社会整合方式不同，现代社会是一个主要基于利益纽带整合而成的社会。如果社区内居民的生活环境得不到改善、生活质量得不到提升，就很难使居民产生社区认同。社区服务是社区建设最基础的必要条件，能否大力改善社区服务，是中国社区建设过程中面临的最切实而严峻的挑战。满足人的需要、提高人的生活质量、营造健康而充满活力的社区生活环境，尽可能使社区成员有更多的机会参与公共事务、实现自我价值，是当代社区发展与建设的普遍追求，体现了以人为本的理念。

（三）在社会冲突加剧的情形下重建基层秩序

个体化时代，人们在价值观念、生活方式、利益诉求等方面日益分化，与之伴随的是社会冲突的风险日益加剧。同一个社区中，不同群体共处，矛盾纠纷不可避免，这并不可怕，重要的是冲突发生之后如何尽快将其化解，迅速恢复社区秩序。需要注意的是调解在社区纠纷解决中的主要作用及其作用机制的变化。在传统的社区生活中，民间调解是解决人们日常生活纠纷的主要形式。其优势在于不仅能够低成本地解决纠纷，而且可以迅速恢复社区秩序，是实现“恢复性正义”的最佳方式。而在现代社区中，调解的社会基础发生了变化，如纠纷的形态、社区权威的类型、社区公共权力的运作方式等都发生了巨大变化，如何继续发挥其调解的功能，更好化解新形势下的社区纠纷，需要认真研究。

（四）在利益日益分化的形势下协调多元利益

社区作为居民生活的共同体，自然也承载着各种各样的利益主体，不可避免地存在着各种公共空间和公共利益。当下，通过体制机制创新，更好地协调各主体的利益，凝聚社区共识，对社区的良性发展来说至关重要。近年来，各地在社区中广泛设立“社区议事厅”“民情恳谈会”“民主恳谈会”“网上议事厅”“议事园”“同心家园”“圆桌对话”等协商议事平台，就是在多元中凝聚共识、构建多元利益协调机制的探索。需要注意的是，应该深入研究社区协商的社会基础，不同类型的社区中的社区主体、社区资源、社区文化、社区内部的关系网络都不同，利益主体、利益诉求也不同，利益协调的具体方式自然也不同。

（五）在价值观念开放多元中促进意义共同性

100 多年前，德国社会学家齐美尔（Simmel）曾经仿照哲学家康德在 18 世纪的经典提问“自然是如何可能的”，提出了“社会是如何可能的”这一经典问题。今天，我们在研究社区时，有必要追问另一个问题，即“社区是如何可能的”。实际上，已有学者提出过类似的问题。①②

---

① 冯钢. 现代社区何以可能[J]. 浙江学刊，2002(2)：5－11.

② 闵学勤. 社区的社会如何可能：基于中国五城市社区的再研究[J]. 江苏社会科学，2014(6)：14－23.

随着时间的推移，“社区是如何可能的”，即“我们何以能够共同生活”，变得越发重要。这主要是因为，在一个急剧变迁和分化的时代，人们的价值观念加速开放多元，越来越难以形成“意义共同体”，而没有“意义共同性”就谈不上“社会共同体”，也不会有真正意义上的“生活共同体”。社区认同、社区情感、社区价值、社区凝聚力、社区归属感，都是社区“意义共同性”的体现。当今中国社会，各种社会思潮和价值观念此起彼伏，社会成员在观念和价值观方面具有共同性——其意义不亚于社会在利益结构方面的共同性。社区建设不仅要进行制度创新，而且要进行价值重塑，要在价值观开放多元的时代促进意义共同性。

以上五个方面是我国社区建设中的普遍命题，各地形形色色的实践都是在这样或那样地回应着这些命题。

三、基层社会治理共同体构建的五大重点议题

认识当前我国的社区建设和社区治理，除了要深刻理解其对以上五大时代挑战的回应方式之外，还要特别关注另外五个方面的重要议题。它们既是当前我国社区建设的前沿问题，又是我国社区治理领域的热点、难点问题。

（一）社区信息化与智慧社区建设

以物联网、大数据、云计算、5G、人工智能、区块链为代表的新一代信息技术的快速发展，人们的生产生活迅速向数字化、网络化、智能化方向发展。这是当前人类社会正在发生着的最重要变革，堪称人类历史上的第四次工业革命。可以说，科学技术的创新从没有像今天这样全面、深刻、快速地影响着人类的生活和社会的发展，任何社会、任何领域都不能置身事外。在社区建设领域，信息技术也已得到了广泛应用，并不同程度地改变了社区治理的模式和效率。当然从总体上看，我国智慧社区建设还任重道远！

（二）社区风险与韧性社区建设

风险社会的加速来临，是当前人类社会的另一个鲜明时代特征。自有

人类社会以来，人们就面临着各种自然风险或社会风险，但与传统社会相比，现代社会的风险不仅在数量上呈指数级增加，规模上也逐步扩大，而且在本质上发生了巨大变化，大量新形态的、潜在的、不可感知的、跨越传统边界的风险无时无刻不在威胁着人类的生存和生活。社区作为社会风险的第一道防线，在风险防范和应对方面发挥着极其重要的功能。在抗击新冠疫情的实践中，人们可以清楚地看到这一点。过去一段时期内，我国已经逐渐认识到社区在应对社会风险方面的重要作用，开启了韧性社区建设。但总体上看，任务仍十分艰巨。对于一些老旧小区来说，更是如此。提升社区韧性，是我国未来社区建设的一个重大命题。

（三）社区基金会与基层治理共同体建设

我国社区建设一直存在“上热”“中温”“下凉”的现象，政府投入了大量的资源，但社区居民的热情不高、参与的积极性严重不足，甚至出现了普遍的“参与冷漠症”。这是制约我国社区发展的根本性问题。2008 年以来，社区基金会在国内诞生，为社区发展带来了新的活力。社区基金会作为一种特殊类型的社区公益组织，强调动员本地资源、依靠本地利益相关方探寻社区问题的本地解决方案。其解决问题的精准性、反应速度的快捷性、资源使用的灵活性，以及对社区居民的吸纳性，都是社区其他主体难以企及的。目前，这一形态的组织在国内还处于起步阶段，而且发展状况总体不容乐观。如何通过政策的支持与引导，更好地激发社区基金会的活力，以支撑社区治理共同体的构建，同样是我国未来社区建设的一个重要命题。

（四）老旧小区改造与基层治理共同体重建

老旧小区是最具生活气息的社区，因为不少是由原单位型社区或回迁社区发展而来的，往往也是最接近熟人社会的社区。然而，老旧小区也是我国社区治理领域的“老大难”社区，其特点在于公共空间狭小、基础设施老旧、社区环境脏乱、社区管理无序。一些小区建设时间早，连电梯都没有安装，居民生活极不方便。这也导致很多物业公司不愿意接管老旧小区，进而形成了社区治理的恶性循环。从居住人群来看，老旧小区还存在老龄化程度高、外来流动人口多、居住人群混杂等鲜明特点。近年来，各地在老旧小区改造方面投入了大量资源，积累了不少经验。从老旧小区改造中，我们可以看到重构基层治理共同体的复杂性，也可以看到中国社区建设的诸多独特性。

（五）超大城市社区治理问题

周雪光在讨论国家治理模式时，将“治理规模”作为一个关键的变量，正是治理规模的属性衍生出国家治理在组织程度、组织方式和组织成本等维度上的问题。① 对于社会治理来说，同样如此，人口是社会治理的核心要素，构成社会治理的“底座”；规模是社会治理的关键变量，关乎社会治理的模式选择。中国式现代化的首要特点就在于人口规模巨大的现代化，中国社区治理的鲜明特点也是人口规模巨大的社区治理。对超大城市来说，尤其如此。如何破解超大城市社区治理难题，是我国社区建设必须面对的问题。

四、本书的章节安排

本书围绕“如何在个体化时代重建基层社会治理共同体”这一核心命题，对我国社区建设的纷繁实践进行了系统总结，并且尝试在经验分析的基础上，提炼中国社区建设的学理逻辑。

第一章，系统分析了我国社区建设的历史源流，在从“单位中国”到“社区中国”转型的框架下来认识我国社区建设的重要历史意义和独特历史背景。从单位制到社区制的转型，也意味着我国基层社会治理模式的转型，奠定了我国社区作为国家治理基本单元和人们生活基层单元的双重属性。我国社区建设既是重建国家治理的基层共同体，又是重建人们日常联系方式的生活共同体、利益共同体、精神共同体。

第二章至第六章，大体上对应了笔者前文所提出的“基层社会治理共同体重建的五大时代挑战”的五个方面，从中可以看到我国社区建设实践是如

① 周雪光.国家治理规模及其负荷成本的思考[J].吉林大学社会科学学报，2013(1)：5－8.

何回应这些理论命题的，同时也可以看到目前的实践还存在哪些不足。当然，在实践中，这五个方面并非泾渭分明，而是一个相互联系的整体。

第七章至第十一章，大体对应了笔者前文所提出的“基层社会治理共同体构建的五大重点议题”的五个方面。这五个方面大多属于社区建设的前沿或特色问题，笔者将一些地方经验作为案例进行分析，并且力图在案例的基础上分析一些普遍的机制性、趋势性问题。

第十二章，是本书的总结与讨论部分。总结部分主要尝试归纳了我国社区建设的一些“中国经验”；讨论部分则主要探讨了我国未来社区建设的一些基本趋势和主要着力点。

目　录

第一章　从“单位中国”到“社区中国”

中华人民共和国成立后，我国城市基层社会治理体制经历了从“单位—街居制”到社区制的历史变迁，这不仅是人们生活场所的变化，更是社会个人之间的联结机制及整个基层社会的整合机制和治理模式的巨大变化。改革开放后，城市社会实践的结构性巨变把社区从基层社会管理体制的边缘推到了中心地位，并且赋予了我国社区建设的独特使命。

第一节　从“单位—街居制”到社区制

一、“单位—街居制”的运作模式

单位制源于中国共产党在战争年代建立的针对“公家人”的供给制度，即对包括党群团体、军队、政治机构和公营企事业单位成员在内的公职人员一律实行供给制，其范围逐渐扩展到衣、食、住、行、学、生、老、病、死、伤残等方面，依照个人职务和资历定出不同等级的供给标准。这一管理体制最大的优势就是可以使党保持充分的动员能力，从而保证了党和军队的强大战斗力。① 中华人民共和国成立后，随着党的组织系统向一切社会组织延伸，这种“公家人”管理模式得以延续，并发展成为适应计划经济体制，融政治、经济、社会功能为一体的特殊社会组织形式——单位制。② 我国城市居民的生产、生活全方位地被纳入工厂、机关、企业、学校等“单位”的轨道，由单位解决城市居民的一切问题。在单位内，各类劳动组织根据国家的总体计划对劳动者进行劳动分工，进而按照一定的标准向他们分配所需要的社会资源，向他们支付各种生活必需品，并组织他们开展本职工作之外的政治和社会活动，同时对他们实行较全面的管理。③ 从城市生活空间结构看，“单位制”的最大特征就是生产空间与生活空间的重叠，一个单位就是一个小社会，基本能够满足单位成员从摇篮到坟墓的所有需求。④ 从社会资源配置模式看，单位制最明显的特征就是“行政制”，即通过政府的行政力量按照单位和单位成员的行政级别自上而下配置资源。

单位制的建立使得国家实现了对体制内人员的有效管理，实现了国家对基层社会的有效整合。但是，单位制发挥作用的范围仅仅限于有单位的人，为了对大量游离在单位之外的人员（如社会闲散人员、民政救济和社会优抚对象等）进行有效管理，街居制应运而生。⑤ 1954 年 12 月，第一届全国人民代表大会常务委员会第四次会议通过了《城市街道办事处组织条例》和

① 何海兵. 我国城市基层社会管理体制的变迁：从单位制、街居制到社区制[J]. 管理世界，2003(6)：52－62.

② 路风. 单位：一种特殊的社会组织形式[J]. 中国社会科学，1989(1)：71－88.

③ 雷洁琼. 转型中的城市基层社区组织：北京市基层社区组织与社区发展研究[M]. 北京：北京大学出版社，2001：81.

④ 顾朝林，柴彦威，蔡建明，等. 中国城市地理[M]. 北京：商务印书馆，1999：398.

⑤ 街居制的设计者彭真认为：“由于我们现在的工业还很不发达，同时还处在向社会主义过渡的新民主主义社会阶段，即使在现代工业较发达的城市中，仍有很多不属于工厂、企业、学校、机关的无组织的街道居民，这种人口在有的城市中，甚至多至百分之六十以上。建立城市居委会和街道办事处是为了把街道居民逐步加以组织并逐渐使之就业或转业，为了减轻现在区政府和公安派出所的负担。”彭真. 彭真文选（一九四一——一九九〇年）[M]. 北京：人民出版社，1991：241.

《城市居民委员会组织条例》，第一次通过法律的形式确立了我国街道办事处和居民委员会的性质、地位、作用和设置。到 1956 年，全国各地相继完成了街道办事处和居民委员会两级组织的组建工作，从此“街居体制”和“单位体制”共同构成了我国城市社会的基层管理体制。在“单位—街居制”的架构之下，单位制和街居制经过一段时间的齐头并进、各自发展、平衡运行，单位制逐渐占据上风。1958 年后，随着社区单位化和单位社区化双向运作速度的加快，单位社会进入全盛时期，越来越多的人进入“单位”，而游离于“单位”之外的人群越来越少，街居制越来越萎缩，“文化大革命”时期，社区被彻底边缘化。[①] 因此，可以说在计划经济时期，“单位”是居于主导和中心地位的，而“街居”则居于辅助和边缘地位。

二、城市社会实践结构性巨变与社区制的兴起

以单位制为主、街居制为辅的城市基层管理体制是与计划经济体制紧密联系在一起的。改革开放后，随着计划经济向社会主义市场经济的转型，我国城市社会发生了深刻的结构性变革，传统的“单位—街居制”模式随之瓦解，社区制正是在因应这一“巨变”的过程中被推上了历史舞台。

第一，城市化的飞速发展使得城市规模和人口结构发生了巨大的变化。20 世纪 80 年代以后，随着城乡“二元体制”及“户籍制度”的松动，人口流动进入控制松动阶段。20 世纪 80 年代以来，中央将城市建设和城镇发展问题放在突出位置，并且明确提出了重点发展小城镇的城市化战略。据统计，1980 年，我国有直辖市 3 个，地级市 107 个，县级市 113 个，市辖区 467 个；1995 年，地级市发展到 210 个，县级市 427 个，市辖区 706 个；2002 年，地级市增至 275 个，县级市减少到 381 个，市辖区达 830 个。1978 年，我国有建制镇 2 176 个；到 1988 年，发展到 11 481 个；1992 年后，进入高速增长期，到 2001 年年底，已突破 2 万个，达到 20 374 个；2002 年新增 227 个，达到 20 601

① 吴群刚，孙志祥. 中国式社区治理：基层社会服务管理创新的探索与实践[M]. 北京：中国社会出版社，2011：32 - 48.

个。与城镇化步伐加快相伴随的是城市人口的剧增。1978 年，我国城镇人口为 1.72 亿人，1989 年增至 2.95 亿人，1997 年 3.69 亿人，2001 年年底达到 4.806 4 亿人。[①] 伴随着城市化的快速发展，城市流动人口也开始大量出现。特别是自 20 世纪 90 年代以来，随着城乡差别的加剧和二元体制的进一步松动，大量农村剩余劳动力涌入城市，使得城市流动人口空前增加，城市的人口结构也发生了很大改变。对日益剧增的庞大城市人口特别是流动人口进行有效管理和服务，需要一种新的组织形式。

第二，"单位制"的逐渐解体使得"单位人"迅速向"社会人"转化。随着社会主义市场经济体制的逐渐建立，传统的单位制不可避免地走向了解体。三资企业、个体私营企业、民办非企业组织、非营利性社会组织等非"单位"性质的新社会组织和新经济组织的出现，使得单位不再是人们就业的唯一选择；国企改革后，出现了大批下岗失业人员，他们不再受到单位的庇护；劳动用工制度和社会保障制度的改革也逐步弱化了"单位"对职工的约束力，职工与单位之间的关系越来越松散，大量"单位人"开始向单位外流失。总之，越来越多的"单位人"转变为"社会人"，即使仍然留在单位内的职工，对单位的依赖也越来越少，单位所能提供的福利也越来越少，"单位"的服务功能、福利功能、保障功能及政治宣传功能正在弱化，居民与"单位"之间的关系正在向纯粹的雇佣关系发展，"单位"的"生活空间"功能逐渐被剥离而变化为单纯的"生产空间"。

第三，社会三大部门的分化使得社会资源配置模式发生了改变。在计划经济时代，政府集不同角色于一身，成为社会生活各个领域组织、领导、管理的唯一主体，兼具政治、经济、社会三位一体的功能，而"单位制"正是这种体制运行的基本形式。改革开放后，通过经济体制改革和社会体制改革，先后经历了"政企分开""政社分开""企社分开"等过程，对政府的权力进行了一些必要的调整，逐步把原来政府"办企业""办社会"的职能剥离出来，分别

① 潘小娟. 中国基层社会重构：社区治理研究[M]. 北京：中国法制出版社，2004：46.

交由市场和社会承担，实现了“政府、市场、社会”三大部门分工协作的良性局面。三大部门的分化使得整个社会的重心向下转移，社会的结构向扁平化方向发展，人们更多地在市场和社会领域中寻求自己各种需求的满足。这样，整个社会的资源配置模式由政府主导配置转向了政府市场社会的“三维合作”，“行政制”功能大大削弱。[①] 随之而来的问题是，在“后单位制”时期，多维主体如何向“生活空间”中的社会成员有效配置社会资源。

城市社会的结构性“巨变”对基层管理模式提出了新的要求，“街居”这一具有一定管理功能但长期处于边缘地位的组织平台越来越多地承接了从单位外溢而出的诸多功能，社区的地位日益凸显，并且逐渐成为“后单位制时期”社会整合的基础平台。费孝通将从“单位包干制”到“社区服务制”的转变，称为“革命性的”变化。[②] 这种变化不单单是人们生活场所从单位转移到社区，也不仅仅是人们日常生活所需的各种服务由单位包干到由社区提供服务的转变；而且意味着日常生活中人与人之间的联结机制发生了变化，人们之间不再依靠单位发生私人生活领域的关联。更重要的是，这还意味着整个社会整合模式和基层治理模式的转型。卢汉龙曾用“中国城市社会生活的组织重建”来概括这一转型。[③] 刘建军曾从整个社会调控体系重构的角度对单位制进行过十分系统的研究，并提出“单位中国”这一概念来概括那一时期中国社会的总体特征[④]。近年来，他提出用“单位国家”向“社区国家”的转变来概括中国社会转型的总体特征。[⑤]

三、社区的独特功能与历史使命

以上分析表明，我国社区的兴起是有其特殊的历史背景和内在逻辑的，

① 郑杭生．走向更加合理的社会资源配置格局：新中国 60 年社会发展与建设成就[M]//郑杭生．新中国 60 年·学界回眸：社会学与社会建设卷．北京：北京出版社，2009：1－43．

② 费孝通．当前城市社区建设一些思考[J]．群言，2000(8)：13－15．

③ 卢汉龙．单位与社区：中国城市社会生活的组织重建[J]．社会科学，1999(2)：52－54，57．

④ 刘建军．单位中国：社会调控体系重构中的个人、组织与国家[M]．天津：天津人民出版社，2000：56．

⑤ 刘建军．社区中国：通过社区巩固国家治理之基[J]．上海大学学报(社会科学版)，2016(6)：73－85．

中国社会的转型赋予了我国社区独有的社会功能和社区建设的特殊历史使命。

（一）社区的基本功能反思

从单位制到社区制的转变，既是为了适应社会结构从传统型向现代型转变的需要，也是为了适应经济体制从计划经济向市场经济转轨的需要，更是为了应对社会结构转型和经济体制转轨两者犬牙交错、既相互推进又彼此摩擦所引发的种种社会问题的需要。从政府和单位转移出来的职能总得找到新的承载者，于是社区就作为满足这种功能性需求的载体被推到了前台。作为基本生活和治理单元，社区承担着形形色色的功能。

第一，社会服务功能。社区是居民日常生活的场所，其首要功能就是满足居民的生活需要，为居民提供优美、舒适、方便的生活环境，从而提升人的生活质量。计划经济时代，人们的吃、喝、穿、用，生、老、病、死和接受教育等几乎一切活动都由单位包办的。随着“单位制”的解体，这些基本的公共服务都需要在社会中来完成。一个社区运转得好不好，首先就是看这些基本公共服务提供得好不好。当然，这些便民利民的公共服务的提供方式可以是多种形式、多种层次的，包括无偿服务、低偿服务和有偿服务；提供主体也最好是多样化的，包括政府、市场、第三部门。

第二，社会保障功能。在计划经济时代，“街居”就富有一些社会保障的功能，如对民政救济和优抚对象的管理、服务。但当前社会保障的内涵和外延都发生了明显的变化。从服务对象来说，不仅包括过去的民政帮扶对象，而且涵盖每一个社区成员的社区保障；从服务内容来看，也不只是管理和救助，而且包括劳动、就业、养老、医疗、低保、优抚、助残等方方面面的保障；从服务主体来看，包括居委会、政府、民间组织、志愿者等力量。

第三，维护稳定功能。社区是社会的细胞，一个社会的和谐与稳定首先取决于一个个社区的和谐与稳定。社区的一项重要功能就是解决社会问题、化解社会矛盾、控制各种不稳定因素。社区是政府和居民沟通的一个中间平台，居民需要通过社区向政府反映问题，政府需要通过社区了解居民的动态。另外，居民也需要一个安全、和谐、融洽的社区环境。这一切都使得社区维护稳定的功能变得非常重要。

第四，民主自治功能。一方面，出于社区居民参与公共事务，实现自我管理、自我服务的需要；另一方面，出于发展全过程人民民主的需要。社区的基本含义就是自治，社区居委会是居民自治组织，但长期以来，社区的自治功能并没有得到很好的发挥。另外，社区是培养人们民主素质的重要基地，社区自治是中国特色民主政治建设的重要内容，也是全过程人民民主的重要体现形式。

第五，交往合作功能。人是社会的动物，每个人都有与人交往、合作，寻求情感支持、精神寄托的需要。如前所述，从滕尼斯到如今，社区概念的核心内涵就是“共同体”。没有交往合作的一群人即使住在同一区域，也称不上“社区”。是否有丰富的社区资本、充盈的社区情感，能否大幅提升社区居民的归属感、幸福感，也是社区能否得到有效治理的重要基础。

（二）社区建设的历史使命

我国社区建设的历史使命主要表现为以下两大方面：

其一，重构整个社会的基本治理单元。正如有学者指出的那样，“各种各样的单位组织，并非仅仅是一个纯粹的‘工作场所’”。[①] 从国家治理的角度来看，在现代社会中，国家要实现对整个社会的有效治理，就必须将整个社会划分为若干基本单元，然后通过科层制管理、提供社会服务等形式实现国家意志和社会整合。而单位制解体后，整个社会的组织形式发生了变化，作为人们集中生活的地域性组织和具有一定管理基础的自治性组织，社区成为社会治理基本单元的最佳选择。实践表明，当前社区越来越成为各类

① 李汉林，李路路. 资源与交换：中国单位组织中的依赖性结构[J]. 社会学研究，1999(4)：46-65.

社会群体的聚集区、各种社会利益的交织处、各种社会矛盾的交汇点、各种社会组织的落脚点和各种社会资源的承载体，也是社会建设和民生保障的支点，只有一个个社区和谐稳定了，整个国家才能和谐稳定。因此，社区建设的首要使命就是将社区打造成一个和谐稳定，并且能够有效贯彻实施政府决策、实现社会控制和社会整合的基本单位。当然，要实现这一使命，不能仅仅依靠"管理"，更要为社区居民提供各种优质服务。

其二，重构人们社会生活的基层共同体。人是社会性动物，总是离不开一定的生活上的互帮互助、精神上的相互依恋，是具有亲密关系的共同体。在一个具有高度流动性和异质性的现代工业社会中，社区是一个天然的地域性社会生活共同体。从"社区"概念的起源来看，正是出于对建立在契约基础之上由"理性的"意志所形成的现代社会的厌倦和对前工业社会基于血缘、亲情、共同习惯和传统纽带的共同体的眷恋，德国社会学家斐迪南·滕尼斯提出了 Gemeinschaft（社区）与 Gesellschaft（社会）这一对概念。① 后来，美国社会学家 R. E. 帕克（R. E. Park）等城市生态学研究者又赋予了其地域性的含义。随后，在漫长的时期内，"社区"的概念发生了复杂的变化，不同学者从不同角度对其进行了界定，如据著名美籍华裔社会学家杨庆堃 1981 年的统计，截至当时，关于"社区"的定义已多达 140 余种。但无论侧重点和表述方式如何不同，社区的核心意涵都是非常清晰的，那就是对"共同体"的追求。可以说，"共同体"是社区的本质。虽然聚居在同一区域内，但没有稳定的情感认同和交往合作的人群不能算作真正意义上的社区。因此，我国社区建设的第二重使命就是要通过创造优美、舒适的生活环境，提升人的生活质量，使社区成为一个"生活共同体"。

正是基于以上功能和使命，改革开放以来，我国的城市社区建设逐渐从自发走向自觉，探索出了一条具有中国特色的社区发展道路。

① 斐迪南·滕尼斯. 共同体与社会：纯粹社会学的基本概念[M]. 林荣远，译. 北京：商务印书馆，1999：265－267.

第二节　城市社区建设：从自发到自觉的实践探索

20世纪80年代中期以来，社会各界对社区的重要性、社区建设的规律性认识逐步提高，社区建设的实践也逐渐从点到线到面，最终作为党和政府治国理政的一项重大战略性基础工程在全国铺开。有学者将这一过程分为社区服务、社区建设、社区治理三个阶段。[①] 笔者将这一过程划分为四个阶段。

一、社区服务阶段(1986—1990年)

我国的社区建设是在社区服务的基础上发展而来的。“社区”这一概念作为政策性语言引入城市管理源于1986年民政部提出的口号，即在城市中开展社区服务工作。1987年9月，民政部在武汉召开全国城市社区服务工作座谈会，总结和交流了武汉、上海、天津、北京、常州等20个城市社区服务工作的经验，并且部署在城市开展社区服务工作，探索建设具有中国特色的社会服务体系。这一阶段，社区服务活动主要以传统的民政服务对象如烈军属、孤老户、特困户、残疾人等为对象。1989年9月，民政部在杭州召开了全国城市社区服务工作会议，进一步总结各地社区服务工作的经验，提出要争取社会各界的广泛参与，以社会效益为目的、以经济效益为手段，走“以服务养服务”的道路，对社区服务工作的进一步开展具有重要的指导意义。同年12月颁布的《中华人民共和国城市居民委员会组织法》规定“居委会应当开展利民便民的社区服务活动”，这意味着开展社区服务成为居委会的法定职责。

① 夏建中.从社区服务到社区建设、再到社区治理：我国社区发展的三个阶段[J].甘肃社会科学，2019(6)：24－32.

二、社区建设的准备、实验阶段(1991—1999年)

随着社区服务的深入开展,社区服务的对象逐渐超出了传统的民政服务对象,其所涉及的项目也远远超出了社区服务所涵盖的内容。为了更好地促进社区服务和整个社区工作的全方位发展,“社区建设”这样一个内涵更为丰富的概念被提出来了。1991年5月31日,时任民政部部长崔乃夫在听取基层政权建设司汇报工作时,从“加强基层政权建设,增强城市基层政权凝聚力”的角度指出,城市基层组织建设应着重抓好社区建设。这是官方第一次正式提出“社区建设”这一概念。1992年10月,中国基层政权建设研究会在杭州市下城区召开了“全国城市社区建设理论研讨会”,从理论和实践层面深入探讨了社区建设的问题,把社区服务推上了社区建设的新阶段。1993年开始,镇江等地开始了社区建设的实践探索。1995年,上海进行了“两级政府、三级管理”的试点工作。1998年,在国务院的机构改革中,民政部被赋予了“指导城市社区居委会建设……推动社区建设”的职能,同时,基层政权司更名为基层政权和社区建设司。1999年,民政部确定了26个“全国社区建设实验区”。① 在一年多的探索中,各实验区大胆实践、勇于创新,创造出许多各有特色的经验和做法,为社区建设在全国的整体推进提供了思路、奠定了基础。

三、社区建设的全面实践阶段(2000—2011年)

在总结26个城市社区建设实验区试点经验的基础上,2000年11月13日,民政部向中共中央和国务院上报了《关于在全国推进城市社区建设的意见》。同年11月19日,中共中央办公厅和国务院办公厅联合下发了《中共中央办公厅　国务院办公厅关于转发〈民政部关于在全国推进城市社区建设的意见〉的通知》,即社区建设史上著名的“中办发〔2000〕23号文件”。自此,

① 多吉才让.城市社区建设读本[M].北京:中国社会出版社,2001:692-698.

社区建设在全国范围内全面展开，进入了整体推进、全面拓展的新阶段。2001年3月15日，第九届全国人大第四次会议审议通过的《中华人民共和国国民经济和社会发展第十个五年计划纲要》设专节对社区建设的发展目标和任务进行了系统的阐述。2001年，为了全面贯彻落实中办发〔2000〕23号文件精神，创建一批具有榜样和示范作用的先进典型，民政部发布了《全国社区建设示范活动指导纲要》，启动了全国社区建设示范市和示范区创建活动。2006年，党的十六届六中全会第一次提出了“农村社区”的概念，开始在全国范围内推进农村社区建设。2009年11月发布的《民政部关于进一步推进和谐社区建设工作的意见》提出了“建设管理有序、服务完善、文明祥和的社会生活共同体”的目标，统筹推进城乡社区建设。同年，民政部在全国范围内命名了188个全国和谐社区建设示范城区(市)、253个全国和谐社区建设示范街道、500个全国和谐社区建设示范社区。在中央和各级政府的推动之下，全国各地展开了轰轰烈烈的社区建设运动。

四、社区建设的全面深化改革阶段(2012年至今)

党的十八大后，我国社区建设进入了新时代。这一阶段，社区建设更加聚焦于“加强和完善城乡社区治理”这一重大主题。2012年11月，党的十八大报告指出：“在城乡社区治理、基层公共事务和公益事业中实行群众自我管理、自我服务、自我教育、自我监督，是人民依法直接行使民主权利的重要方式。”自此，“社区治理”“城乡社区治理”等成为社区建设领域重要的主题词。2015年7月，中共中央办公厅、国务院办公厅印发了《关于加强城乡社区协商的意见》，明确提出“开展形式多样的基层协商，推进城乡社区协商制度化、规范化和程序化”，并提出“到2020年，基本形成协商主体广泛、内容丰富、形式多样、程序科学、制度健全、成效显著的城乡社区协商新局面”。同年，民政部、中央组织部印发的《关于进一步开展社区减负工作的通知》，对社区减负工作做出系统部署。2017年6月12日，中共中央、国务院印发了《中共中央　国务院关于加强和完善城乡社区治理的意见》，强调“城乡社区是社会治理的基本单元。城乡社区治理事关党和国家大政方针贯彻落实，事关居民群众切身利益，事关城乡基层和谐稳定”，并从“健全完善城乡社区治理体系”“不断提升城乡社区治理水平”“着力补齐城乡社区治理短板”“强化组织保障”等方面对加强和完善社区治理工作进行了系统部署。

2017年10月，党的十九大报告提出，“加强社区治理体系建设，推动社会治理重心向基层下移，发挥社会组织作用，实现政府治理和社会调节、居民自治良性互动”。2019年，党的十九届三中全会通过的《中共中央关于坚持和完善中国特色社会主义制度　推进国家治理体系和治理能力现代化若干重大问题的决定》和2021年发布的《中共中央　国务院关于加强基层治理体系和治理能力现代化建设的意见》，将“统筹推进城乡社区治理”作为“实现国家治理体系和治理能力现代化的基础工程”进行战略部署。2021年下发的《国务院办公厅关于印发〈“十四五”城乡社区服务体系建设规划〉的通知》提出，要构建“以满足村（社区）居民生活需求、提高生活品质为目标，以公共服务、便民利民服务、志愿服务为主要内容的服务网络和运行机制”。

这一阶段，各部委、各地方还结合自身特色和优势，开展了丰富多彩的社区治理创新的实践探索。2022年5月，民政部、中央政法委、中央网信办等九部门联合下发了《关于深入推进智慧社区建设的意见》，着力将现代数字技术应用于社区治理。2022年10月，《住房和城乡建设部办公厅　民政部办公厅关于开展完整社区建设试点工作的通知》指出，在全国开展完整社区建设试点，进一步健全完善城市社区服务功能。此外，浙江省近年来大力开展“未来社区”建设的探索，2023年印发的《浙江省人民政府办公厅关于全域推进未来社区建设的指导意见》提出，到2025年累计创建未来社区1 500个左右、覆盖全省30%左右的城市社区，到2035年，基本实现未来社区全域覆盖，打造共建共享品质生活的“浙江范例”。

如果说第一阶段，我国对社区的重视还主要是出于对单位制解体所带来的压力的本能反应的话，那么到第二阶段，我国的社区建设实践的自觉性已大大加强了，各地开始纷纷探索适合本地区的基层管理体制。而第三阶段之后，全国范围内的大规模社区建设和全面深化改革，则是一种从中央到地方的致力于构建一种新型基层治理模式的自觉行动。到了第四阶段，社区建设的定位更加清晰，功能更加完善，行动也更加自觉，更加强调创新社区治理体系。针对社区参与、多元治理等社区治理创新中的一些根本问题，各方面积极探索，逐渐形成政府主导模式、市场主导模式、社会自治模式、专家参与模式等社区发展的多元模式。[①]

第三节　共同体的追求："滕尼斯的遗产"及其现代性反思

"社区"这一概念是从西方引进的，理解中国的社区建设，离不开对西方"社区"发展脉络的梳理和反思。

一、社区概念的多样化与核心意涵的恒久指向

"社区"最初是作为一个社会学概念提出来的，而且由于研究角度的差异，社会学界对其一直没有统一的定义。一般认为，"社区"起源于德国社会学家滕尼斯。他在 1887 年出版的《社区与社会》（原书德文名为 *Gemeinschaft and Gesellschaft*，又译为《共同体与社会——纯粹社会学的基本概念》《礼俗社会与法理社会》）一书中，首先提出了 Gemeinschaft 这一概念，然后进一步将 Gemeinschaft 与 Gesellschaft 进行对比，指出前者是亲族血缘关系而结成的社会联合，在这种联合中，情感的、自然的意志占优势，个体的或个人的意志被情感的、共同的意志所抑制。与此相对应，他将由人们的契约关系和由理性的意志所形成的联合称为"社会"。简单地说，在滕尼

① 李强. 中国城市社会社区治理的四种模式[J]. 中国民政，2017(1)：52.

斯看来,“社区”是建基于“本质意志”这种自然情感至上的人群组合,而社会则是建基于“选择意志”这种理性权衡和强制之上的人群组合[①]。滕尼斯以Gemeinschaft这一概念来反映现代性过程中传统社区的衰落,并且略带感伤地刻画了从“Gemeinschaft时代”走向“Gesellschaft时代”的总体趋势。其后,美国社会学家C. P. 罗密斯(C. P. loomis)将Gemeinschaft英译为Community,含公社、团体、社会、公众、共同体、共同性等多种含义。接着,美国社会学家R. E. 帕克等人又赋予了它地域性的含义。他将Community定义为:“占据在一块被或多或少明确地限定了的地域上的人群的汇集”。1933年,包括费孝通在内的一些学者在翻译R. E. 帕克的论文集时,将Community译成中文的“社区”[②]。

随着城市的变化和研究者视角的不同,学界对于社区这一概念和研究的旨趣也在发生变化。虽然各种定义在表述上千差万别,但有一些基本的指向是一致的。如美国社会学者G. A. 希勒里(G. A. Hillery)对自滕尼斯之后已有的94种community定义的表述进行了研究,发现其中69种定义的表述都包括了地域、共同的纽带和社会交往三个方面的含义,并以为这三者是构成社区必不可少的共同要素[③]。又如,1981年,美籍华裔社会学家杨庆堃发现社区的定义已经多达140多种,其中相当一部分都包含三个因素:地域空间、共同联系和社会互动[④]。纵观社区概念的演变历程,我们可以看到,自从滕尼斯赋予社区“共同体”这一内涵以来,无论是R. E. 帕克的“地域性”的限定,还是伯吉斯(Burgess)“生态共同体”“文化共同体”“政治共同体”的“三个层次”的“地域”必须相互重合的进一步限定[⑤],也无论社区概念的表述如何变化,其核心意涵都是清晰的,那就是对于社会性——“共同体”

---

① 斐迪南·滕尼斯. 共同体与社会:纯粹社会学的基本概念[M]. 林荣远,译. 北京:商务印书馆,1999:324.

② 费孝通. 学术自述与反思:费孝通学术文集[M]. 北京:生活·读书·新知三联书店,1996:22.

③ 中国大百科全书总编辑委员会《社会学》编辑委员会,中国大百科全书出版社编辑部. 中国大百科全书·社会学[M]. 北京:中国大百科全书出版社,1991:357.

④ 黎熙元. 现代社区概论(第二版)[M]. 广州:中山大学出版社,2007:5.

⑤ 许义平,何晓玲. 现代社区制度实证研究[M]. 北京:中国社会出版社,2008:5.

的追求[①]。因此，我们可以将社区视为进行一定的社会活动、具有某种互动关系和共同文化维系力的人类群体及其活动区域。一般来说，社区至少包括以下因素：一定数量的居民、限定的地域、内在互动关系、文化维系力、情感上的认同感。

二、社区发展运动：起源、模式与理念

西方社区发展可以追溯到欧洲工业革命时期慈善、救济、福利等社区救助制度，其后经历了一个内涵逐渐丰富的过程。但是，作为一种大规模的、全球性的社区发展运动则出现在第二次世界大战之后。其最初的动力是应对各种民生问题，调动基层资源以克服政府资源不足的危机。

战后，无论是发达国家还是发展中国家都面临着恢复国内居民生活的任务，但同时又都面临着政府资源不足的危机。许多国家及联合国都慢慢意识到，要提高人民的生活水平，改善人民的生活质量，不能单纯依靠国家投入的资源，很大程度上要从基层做起，即发动、组织、鼓励当地居民的参与，提出自己的需要并依靠自己的资源予以解决，即建立自下而上的机制解决存在的社会问题。[②] 但是，这种最初为了解决民生危机的举措，随之带来了另一种效果，即创造了一条走向政治平民化的道路，地方居民通过社区参与的方式，获得了参与国家建设的机会[③]。进而，社区发展为民主制度的产物，是一种组织的、教育的、自助自治的成长[④]。社区也逐渐被视为推动公民参与、进行政治行动的实验场域。之后，社区发展又进一步向涵盖社区经济、社会、教育、生活全面参与的方向扩展，社区发展的最终目标包括政治、经济、社会、文化各个方面的改善[⑤]。

---

① 对“社区”概念更细致的梳理可参见胡鸿保，姜振华. 从“社区”的语词历程看一个社会学概念内涵的演化[J]. 学术论坛，2002(5)：123－126.

② 黎熙元，童晓频，蒋廉雄. 社区建设：理念、实践与模式比较[M]. 北京：商务印书馆，2006：34.

③ 桑德斯. 社区论[M]. 徐震，译. 台北：黎明文化事业股份限公司，1982：531.

④ 徐震. 社区与社区发展[M]. 台北：正中书局，1994：263.

⑤ 黎熙元，童晓频，蒋廉雄. 社区建设：理念、实践与模式比较[M]. 北京：商务印书馆，2006：22.

有学者将社区管理模式概括为三种类型：(1) 政府主导模式，政府自上而下实行各种计划，社区管理的官方色彩比较浓；(2) 社区自治模式，政府对社区的干预是间接的，主要通过制定各种法律法规来规范社区内不同集团、组织、家庭、个人行为，社区内的具体事务则完全实行自主治理，是一种自下而上的社区发展模式；(3) 混合模式，介于上述两者之间，官方色彩与民间自治在社区发展中交织在一起①。显然，西方发达国家特别是美国的社区发展模式是属于自下而上的社区自治模式，即由社区主导、居民主动参与、自下而上实施的社区发展模式②。正因如此，不少学者将自下而上的社区变迁过程称为“社区发展”或“社区发育”，而将自上而下的社区变迁模式称为“社区建设”。③

西方社区发展的基本理念是很清楚的，那就是通过还权于民实现社区居民自治，激活并充分利用社区资源解决社区问题、促进社区进步，并且重建社会生活共同体。这种模式和理念的突出特点体现在以下三个方面：一是社会重心的下移，主张“谋求福利的计划必须在社区中实施”“政策的决定由联邦与州的权力中心回转到地方社区”④，也就是我们常常说的“以社区为重点”“社区治理社会化”“社会问题解决的社区化”。二是重视社区资源的开发、利用民间力量解决公共问题。这是西方社区发展运动的最初动力，也是其核心理念。三是重视社区居民的参与和自治。联合国社会局1955年推出的《通过社区发展促进社会进步》报告把社区发展定义为“一种通过全体居民积极参与和充分发挥其创造力，以促进社区的经济、社会进步的过程”。联合国经济及社会理事会1956年的年度报告提到，“社区发展一词，业经国际通用，指一种过程，即由人民以自己的努力，与政府联合一致，去改革社区的经济、社会、文化环境，把社区与整个国家的生活合为一体，俾其对国家的进步尽最大的贡献。此一复合的过程包括两种要素：由人民自己参与，尽可

① 叶客南. 都市社会的微观再造：中外城市社区比较新论[M]. 南京：东南大学出版社，2003：34.
② 黎熙元，童晓频，蒋廉雄等. 社区建设：理念、实践与模式比较[M]. 北京：商务印书馆，2006：70.
③ 孙立平. 社区、社会资本与社区发育[J]. 学海，2001(4)：93－96，208.
④ 桑德斯. 社区论[M]. 徐震，译. 台北：黎明文化事业股份有限公司，1982：1.

能靠自己创造，努力提高生活水准；由政府提供技术或其他服务，以促进人民发挥更有效的自助、自发与互助。”①

三、“走出滕尼斯”：“滕尼斯的遗产”及其现代性反思

滕尼斯想象中的社区是一种由具有共同习俗和价值观念的同质人口组成的、彼此关系密切、休戚与共、守望相助，富有人情味和强烈情感依赖的团体。“在共同体里，尽管有种种分离，仍然保持着结合”，“人们生活在社区里与同伴一起，从出生之时起，就休戚与共，同甘共苦。人们走进社会，如同走进他乡异国”。② 他构建起了“共同体”和“社会”两种理想类型，“共同体是持久的和真正的共同生活，社会不过是一种暂时的表面的共同生活。因此，共同体本身应该被理解为一种生机勃勃的有机体，而社会应该被理解为一种机械的聚合和人工制品”。③ 无疑，“‘共同体’这个词传递的感觉总是很美妙的。共同体是一个温暖而舒适的场所，一个温馨的家，在这个家里，我们彼此信任，互相依赖”，“共同体是一种我们热切希望的栖息地，希望重新拥有的世界，是一个失去了的天堂，或者说一个人们还希望找到的天堂”。④

沿着滕尼斯的理路，许多学者对工业化过程中传统社区受到的挤压深感忧虑，视之为现代社会病症的主要根源，因而将重建滕尼斯所说的那种高度熟识、密切交往、精神共同的理想社区，作为解决工业化以来的传统衰败、人们之间的疏离、道德和价值崩解等社会问题的一剂良方。20世纪上叶，欧美发达国家普遍经历了大规模的城市化进程，许多社会学家和社会工作者致力于社区重建，基本上遵循了这种思路。

然而，随着社会分化的加剧，特别是大规模城市化引起的人们生活方式

---

① 徐震. 社区与社区发展[M]. 台北：正中书局，1994：151.

② 斐迪南·滕尼斯. 共同体与社会：纯粹社会学的基本概念[M]. 林荣远，译. 北京：商务印书馆，1999：54.

③ 斐迪南·滕尼斯. 共同体与社会：纯粹社会学的基本概念[M]. 林荣远，译. 北京：商务印书馆，1999：54.

④ 齐格蒙特·鲍曼. 共同体[M]. 欧阳景根，译. 南京：江苏人民出版社，2003：1－5.

的变革，使得滕尼斯所构想的“共同体”一直饱受争议，甚至形成了两种派别：“社区消失论”和“社区发现论与社区转变论”①。前者认为，城市化引起的城市社会方式的变革将会动摇甚至摧毁城市社区的存在基础。② 后者则认为，城市化并没有导致城市社区的衰败或消失，重塑社区精神、培育社区意识已成为促进城市社区持续运行的主要任务。③

无论哪种观点，在以下两个方面是一致的：第一，现代社会中的“社区”与滕尼斯笔下的“共同体”相比已经发生了很大的变化；第二，现代社会中，人们对于“共同体”所蕴含的互助性、归属感、亲密感等因素的需求是与日俱增的。那么，他们所面对的“命题”就是：如何在新的“社区”中重新构建和培育“共同体”。这一命题自 20 世纪 80 年代以来更加突出地摆在了人们的面前，成为一个全球性的议题。正如有学者曾分析过的那样：

20 世纪后期特别是 80 年代以来，随着冷战的结束、全球化过程的开始，世界社会的图景出现了重大改观。社会流动和生活流变的加剧，加速了社会分化，社会世界也迅速地陌生化了。家庭和两性关系的裂变、初级群体的解体、职业群体的变化和重组、社会信任的瓦解、社会资本的流失、以往社会认同的动摇等，使得社区这个基本共同体所具有的重要性，超过了历史上的任何时期。逐渐地，学者们越来越意识到，社区具有滕尼斯在他的时代所未见的内涵，复兴传统社区已不能有效地应对当代社会生活，现代社区事实上势必成为有别于传统的社区，这种新型社区将成为现代社会的组织及制度的重要基础。这就促成了“走出滕尼斯”的理念和实践趋向，推动了社区发展转向当代社区建设的轨道。④

“有别于传统的社区”意味着，社区建设不再是被动地应对现代性过程的社会问题——尽管这一点仍然是重要的，但已经不是社区建设的实质内

① 程玉申，周敏. 国外有关城市社区的研究述评[J]. 社会学研究，1998(4)：56 - 63.

② WIRTH L. Urbanism as a way of life[J]. American journal of sociology，1938(1)：1 - 24.

③ HUNTER A. The loss of community[J]，American sociological review，1975 (9)：537 - 552.

④ 郑杭生. 和谐社区建设的理论与实践：以广州深圳实地调查为例的广东特色分析[M]. 北京：党建读物出版社，2009：323 - 324.

涵。当代社区建设普遍体现出以人为本的基本理念，满足社区居民的需要、提高社区居民的生活质量、营造健康而充满活力的社区生活，并且尽可能使社区成员有更多的机会参与公共事务、实现自我价值。这也是增进社区认同、重建社会共识和一致性的过程。当代社会成员的差异化和多样化、阶层和社会群体的不断分化，使得社区建设对于构建社会的共同生活有着极为重要的意义。同时，现代社区作为有别于传统社区的新型共同体，其形成和发展不是一个自发的过程，而是依赖于现代国家与现代社会的共同成长，依赖于政府行动和公民行动的良好合作，并且两者之间的成长与合作是一个动态的、不断增进的过程。关于现代社区的这类意识和理念推动了世界社区建设新格局的形成。如德国、美国、日本、北欧、新加坡、我国香港等地，以及拉美等地的社区建设，表现出以人为本、服务居民、强化政府对社区的管理、发展民间组织和志愿者组织、推动民主参与等较为普遍性的特点。

第四节　新型现代社区构建：社区建设的“中国命题”

从实践结构论的视角来看，当前中国社会正在以前所未有的速度发生着结构性巨变，而要理解这种巨变离不开“二维视野”和“双侧分析”，即现代性全球化的长波进程及本土社会转型的特殊脉动。[①] 理解当前我国社区建设的目标定位，同样离不开“二维视野”和“双侧分析”。西方国家对于社区价值的发现和社区发展理念的确立给我们以深刻的启发。然而，社区建设在中国的兴起和实践还体现着中国社会转型的特殊脉动，有着自身独特的逻辑；中国社会的转型赋予了社区新的功能，也为社区建设提出了特殊的命题。认识不到这一点，就不能真正理解中国社区，更无法找到中国社区建设

① 郑杭生，杨敏．社会实践结构性巨变的若干新趋势：一种社会学分析的新视角[J]．社会科学，2006(10)：109－115．

的正确路径。

当前中国社区处在传统与现代、全球与本土相互交织的独特时空之中。我们要建设的社区是一种“新型现代社区”：相对于滕尼斯笔下的以熟人社会、同质化人群、情感化纽带为特性的“共同体”来说，是一种现代社区；相对于自下而上演变而形成的松散现代社区来说，是一种新型社区；相对于其前身单位制下的小区来说，既是现代的又是新型的。正如笔者在本书《前言》部分已经分析过的那样，我们要建设的“社区”是一种真正“有别于传统的社区”，对计划经济体制下形成的单位制是一种革命性变革，又时时处于单位制的影子之下；既受西方社区发展理念的影响，又不同于西方的社区发展。

在独特的历史背景和演进脉络之下，我国社区建设的根本使命是在个体化时代重建基层社会治理共同体。而要实现这一目标和使命，就要回应一系列社区建设的“中国命题”。这主要包括五大时代性挑战和五大实践前沿性课题。

五大时代性挑战是指：第一，如何构建政府、市场与社会之间的良性互动关系，在总体上形成合作共治的基层治理格局；第二，如何在社会重心下移的背景下改善民生，构筑基层生活共同体；第三，如何在社会冲突加剧的情形下重建基层秩序，构建基层社会治理共同体；第四，如何在利益日益分化的形势下协调多元利益，构建社区利益共同体；第五，如何在价值观念开放多元的时代促进意义共同性，构建社区精神共同体。这是我国社区建设所面临的普遍性命题，各地形形色色的实践都在这样那样地回应着它们。

五大实践前沿性课题包括：第一，如何在信息化、数字化时代开展社区建设，提高社区智能化水平；第二，如何在风险社会加速到来的时代背景下开展社区建设，提升社区韧性；第三，如何激发社区基金会这一新的组织形式的活力，更好动员本地资源、依靠本地利益相关方寻找问题的本地解决方案；第四，如何开展老旧小区改造，实现社区更新升级；第五，如何推进超大城市的社区治理创新，探索“人口规模巨大的现代化”的基层治理之道。

“问题是时代的声音，回答并指导解决问题是理论的根本任务。”[①]中国社区建设的实践正是对以上问题和命题的回应和求解，本书也是从学理上回应和总结这些问题和实践的！

① 习近平. 高举中国特色社会主义伟大旗帜　为全面建设社会主义现代化国家而团结奋斗：在中国共产党第二十次全国代表大会上的报告[J]. 求是，2022(21).

第二章　迈向复合型治理：新型社区治理体制构建

我们要充分发挥社区的功能，积极探索新的社区管理体制，建立起能够最大限度容纳各种主体、整合各种资源、发挥各方面能动性、高效承载各种功能，并实实在在改善社区民生的新型社区治理模式。

第一节　社区治理的"居委会困境"和"共同体困境"

社区是居民进行自我服务、自我管理的基本生活共同体。社区的核心理念是自治和参与。尽管我国大规模推进社区建设已有十余年历史，但是社区自治和社区参与的不足仍然是制约我国社区发展水平的关键性因素。其表现为社区治理的双重困境，即"居委会困境"和"共同体困境"。

一、居委会困境：行政化困境与边缘化危机

无论是从历史传统还是从现实实践来看，社区居委会都是一个社区最核心的组织机构之一，甚至可以说是一个社区的中枢和象征。但自从社区制取代单位制以后，社区居委会就一直面临着严重的体制性困境，集中表现为“行政化困境”和“边缘化危机”。

所谓“行政化困境”，是指社区居委会作为居民自治组织，本来应该是居民的“头”，但却需要承担街道下派的大量行政事务，成为街道的“腿”，导致其不堪重负、功能错位。按照第七届全国人民代表大会常务委员会第十一次会议1989年颁布的《中华人民共和国城市居民委员会组织法》的规定，“居民委员会是居民自我管理、自我教育、自我服务的基层群众性自治组织”。在政府发布的关于社区建设的文件中，这一点都得到了确认[①]。也就是说，社区居委会属于第三部门，其功能是领导社区居民开展社区自治，而不负有行政管理的职能。实际上，随着社会重心的下移，政府各个部门的工作都下沉到社区，由居委会来承担，使得社区居委会实际上成了街道居委会下的一级“政府机构”，承担着大量繁重的行政性管理工作。“上面千条线，下面一根针”，各个部门的条条块块，集中到社区就编织成一张巨大的网，死死困住了社区干部们的手脚，使他们无法更多地考虑如何为社区居民办实事、急事。从三大部门的关系来看，社区行政化问题实际上是三大部门关系严重错位，本应由属于第一部门所履行的职责被强加到居委会头上，作为第二部门的市场基本缺位，作为第三部门的社会组织逐步萎缩。结果，居委会不堪重负，不但社区自治很难推行，而且社区管理和服务的效率也相对低下，严重阻碍了社区的发展。不少居委会不得不以“选择性应付”的方式来抵抗超

① 参见中共中央办公厅、国务院办公厅发出通知转发《民政部关于在全国推进城市社区建设的意见》(2000年11月)，中共中央办公厅、国务院办公厅印发《关于加强和改进城市社区居委会建设工作的意见》(2010年11月).

负荷的行政任务。①

为了摆脱社区的行政化困境，在大规模的社区建设开始以后，全国各地都开展了各具特色的实践探索。其中一个比较通行的方法就是在社区建立“社区工作站”（或称“社区事务工作站”“社区公共服务工作站”等）来履行下沉到社区的行政事务，而让居委会腾出手脚更多地履行自己的自治职责。但是，当居委会的行政事务管理职能被剥离之后，很容易出现另一个问题，那就是居委会的地位迅速下降，甚至被边缘化（或可称为“空心化”），这就是我们所说的居委会“边缘化危机”。居委会的边缘化同样不利于社区建设的开展，这是因为：首先，一个很现实的问题就是居委会干部这一人力资源的利用问题——一些地方建立社区工作站以后，居委会干部一下子感到无所事事了，有明显的失落感；其次，一些地方的改革实际上仅仅是增加了一级叫作“社区工作站”的政府办事机构，由此增加了行政的成本，并没有增加社区的自组织能力。

二、共同体困境：共同体的追求与缺失

如前所述，尽管不同学者对社区的定义有不同的侧重，但对“共同体”的强调则是永恒的追求。正如笔者在杭州上城区调研时接触的基层同志所概括的那样，社区建设的主要目标就在于通过创造优美、舒适的生活环境，提升人的生活质量，使社区成为一个“生活共同体”；通过人与人的交往与沟通，形成祥和、团结、合作的社会环境，使社区成为一个“社会共同体”；通过互助共济，构成一种我为人人、人人为我的理想与道德境界，提倡诚信友爱、奉献，使社区成为一个“精神共同体”；通过强化社区团结、法律意识，确立共同的社会价值观和精神追求，推动社区发展和社会协调，使社区成为一个“文化共同体”。

① 杨爱平，余雁鸿．选择性应付：社区居委会行动逻辑的组织分析：以G市L社区为例[J]．社会学研究，2012(4)：105－126，243－244．

然而，当前我国社区建设中面临的一个重大难题就是“参与冷漠症”，即社区认同和社区参与严重不足，社区建设主要是由政府主导的自上而下推进的过程，社区居民参与的积极性不是很高，这导致社区在相当大程度上只是一个地域的概念，社区建设在一定程度上还停留在政府自上而下运动式推动的层面，社区居民的归属感不强、参与的积极性不高，这就是所谓“共同体困境”。这一点与20世纪30年代梁漱溟等人推行乡村建设运动所遇到的问题类似。他曾感慨，“号称乡村运动而乡村不动。本来理想的乡村运动，是乡下人动，我们帮他们呐喊。退一步说，也应当是他想动，我们领着他们动。现在完全不是这样。现在是我们动，他们不动”。① 当然，今天的社区建设遇到的“参与冷漠症”远比那时候的复杂。如杭州的同志曾分析的那样，当今中国实际生活中的冷漠是前现代的冷漠、现代的冷漠和后现代的冷漠三种形式的聚合：前现代的冷漠表现为按照“熟人社会规则”对“圈外人”的冷漠，现代的冷漠是使人失去个性的制度性的冷漠，后现代的冷漠则是只愿意享受、不承担任何责任，追求自我享受、绝对快乐和生活刺激，只问索取不思回报。

不少学者分析了这一现象，如郑杭生认为这是由社会结构转型和经济体制转轨导致的人际关系疏离化和日常生活公共化所造成的②，刘少杰认为这缘于当前我国社会主要群体不在场——社会的职业群体主要生活在单位而非社区，社区只是他们休息的地方，因此他们不关心，也没有时间关心社区的发展，真正对社区依赖性高的主要是老年人等非职业群体③。无论原因如何，总体上看，我国社区居民的参与程度都相对较低、社区离真正的共同体理想还很远。

如何既防止社区居委会的“行政化”，又避免社区居委会的“边缘化”，并且保证社区居民对社区公共生活的参与，是社区治理体制改革面临的重要

① 梁漱溟. 乡村建设理论[M]. 上海：上海人民出版社，2006：370.

② 郑杭生. 和谐社区建设的理论与实践：以广州深圳实地调查为例的广东特色分析[M]. 北京：党建读物出版社，2009：1-83.

③ 刘少杰. 新形势下中国城市社区建设的边缘化问题[J]. 甘肃社会科学，2009(1)：11-14.

挑战。北京市的社区管理体制改革实践，为破解这一难题提供了思路。

第二节　复合治理：构建多元主体合作共治的治理结构

所谓复合治理，就是谋求各个治理主体之间的合作互补关系。这一理念最初是在现代社会风险治理研究中提出的①。其精髓在于打破系统世界的分割性，恢复生活世界本来的综合性、模糊性、不可割裂性，直面实践中问题的存在，从实践逻辑探讨治理之道②。因而社区复合治理，是指社区内各主体，如社区党组织、居委会、服务站、社会组织、社区居民、辖区单位等，基于公共利益和社区认同，协调合作、各尽所能，共同提供社区公共服务、优化社区秩序，以最大限度地维护社区公共利益。社区是由各种各样的主体所构成的，社会生活的复杂化和多元化体现在社区就是社区主体的多样化。过去我们常常将社区主体的复杂化看作社区难以治理的根源之一，实际上，换一种思路的话，这也意味着社区潜在资源的丰富性。如果能够把多元化的主体整合起来，使他们形成合力，共同为社区所用，就是社区的宝贵财富。

北京市按照"一分、三定、两目标"思路对社区管理体制进行了改革，初步形成了以社区党组织为核心，以社区自治组织为基础、以社区服务站为依托、以社区社会组织为补充，社区单位密切配合、社区居民广泛参与的现代社区复合治理结构。这体现了社区复合治理的理念。

一、居站分设：构建社区复合治理的总体框架

北京市通过《北京市社区管理办法（试行）》《北京市社区工作者管理办

① 杨雪冬.全球化、风险社会与复合治理[J].马克思主义与现实，2004(4)：61－77.

② 布迪厄对事物的实践逻辑与人们对其的建构逻辑做了精彩的区分，认为实践总是模糊的、各部分相互关联不可分割的、有时甚至是反智主义的。参见皮埃尔·布迪厄，华康德.实践与反思：反思社会学导引[M].李猛，李康，译.北京：中央编译出版社，1998：20－38.

法(试行)》等重要文件，形成了“一分、三定、两目标”的总体思路。

所谓“一分”，就是设立社区服务站，并把社区居委会与社区服务站的职能分开。社区居委会作为基层群众性自治组织，主要依据居民委员会组织法行使职能；社区服务站则作为街道办事处在社区设立的工作站点，负责办理各种公共服务。两者在党的领导下各司其职、相互配合。所谓“三定”，就是“定人、定钱、定事”，明确社区居委会和社区服务站的编制、经费、任务，确保人员到位、经费到位、工作到位。组织框架建立起来之后，要真正高效运作起来，就需要有充分的人力和财力做保障。过去，社区工作陷于困境的一个重要问题就在于“事”与“费”、“责”与“权”不对等，社区承担大量的事务和繁多的责任，而没有或只有很有限的费用和权力，导致社区干部工作积极性难以调动起来。北京市在社区体制改革中明确提出，要“定人”“定钱”“定事”。此外，北京市还建立了社区工作准入制度，限制区街行政事务的下沉。对于那些不属于社区，但社区做起来有优势的行政性工作，要采取“权随责走、费随事转”的办法加以解决。无论政府职能部门及街道办事处长期固定交由社区居委会办理的公共服务和福利服务项目，还是临时交办的工作事项，均要求实行项目管理制度，以项目落实目标管理，按项目支付经费，确保社区的权益。所谓“两个目标”，一是把北京的社区建设成为社会主义新型社区；二是培养一支专业化、高素质的社区工作者队伍。

通过“一分”和“三定”，北京市理顺了社区党组织、居委会、行政组织之间的关系，实现了“把自治的部分还给自治组织”和“把行政的部分还给行政组织”的工作目标，使得社区居委会恢复了其法定的自治职能，而政府则通过其基层办事点社区工作站承接了本属于自己应该承担的责任。同时，社区事务准入制和“权随责走、费随事转”机制，使社区居委会仍然能够发挥其组织优势，“有偿”承担部分下沉到社区的行政事务，避免其被边缘化。

二、以“党建”带“社建”，以基层党组织作为复合治理的主导力量

郑杭生将我国社区建设归结为应对两个时代新问题的实践，即在一个

市场经济的陌生人世界里，构筑人际关系和谐、互助合作的新型社会共同体，在价值观念开放多元的时代构建社会认同度高的意义共同体。他认为在中国这一特定场域中，基层党组织是市场经济陌生人世界中最重要的联结和整合力量，“在中国研究社区建设如果看不到以党建带社建，以基层党组织为整合陌生人世界的主导力量，创造新的联结这一基本经验，就不可能理解中国社区建设的过去、现在和未来，也不可能真正理解中国社区建设最大的特色”①。北京市在社区建设中，始终把社区党建放在首要位置，将社区党组织作为复合治理的主导力量，以社区党建为龙头带动整个社区建设。

如位于北京商务中心区核心地带的北京建外街道，是个新建小区非常集中的地方，可以说是一个最典型的陌生人的世界。这里有 4 万余名常住人口（生活辖区面积为 4.4 平方千米）。不仅有 16 个如同建外 SOHO、蓝堡国际公寓一般的新建小区，81 幢高档公寓楼，而且有近 30 家外国驻华使领馆。此外，这里作为北京市经济发展最具活力的地区之一，还有近 40 家包括国际俱乐部、中国大饭店等五星级酒店在内的宾馆饭店，有超过 60 多栋像国贸中心、万达广场那样的写字楼，更有各类规模的公司企业 6 000 多家。随着新建小区的出现，66 家物业管理公司应运而生，同时作为维权性质的民间组织业主委员会，也有 9 家先后成立。其中南郎家园社区由 2 个新建高档住宅小区和 3 个老小区，以及 9 座写字楼、4 个星级饭店组成，面积为 0.8 平方千米；有居民 4 611 户，12 000 余人，其中来自全国各地的流动人口占 60%以上；有各类公司 1 500 多家。南郎社区的 5 个居住小区和写字楼全部实行了物业管理，现有物业管理企业 13 家，其中居住小区物业管理企业有 6 家，有 4 个小区成立了业主委员会。要在这样一个市场经济的陌生人世界里，构筑人际关系和谐的、互助合作的新社区，其难度是可想而知的。在南郎社区现代城小区，几年前刚入住时，有一些业主认为，业主们投资买了房子，小区就是业主们的“私人领地”，必须实行绝对封闭式管理，任何方面都不能插手。

① 郑杭生.破解在陌生人世界中建设和谐社区的难题：从社会学视角看社区建设的一些基本问题[J].学习与实践，2008(7)：5-12,1.

最终，他们通过以“党建”促“社建”，在新建高档小区建立了由居民党员、流动党员和物业在职党员组成的联合党支部，成为凝聚小区各种力量、保证社区各项工作在小区得以落实的组织保证，打开了新建高档小区的工作局面。他们因此创造了“1＋3”的模式，即在社区党委的统一领导下，由社区党组织、居民委员会、业主委员会和物业企业这四个社会管理主体共同承担责任，发挥作用。他们把“1＋3”模式概括为“四位一体”的共建机制。这个例子充分说明了中国社区建设的一个基本规律，即越是陌生人的世界越需要有社区党组织的支撑。如果说，在新民主主义革命中，党支部建在连上是保证革命胜利的基层军事基础，那么现在，党支部建在社区，则是保证社区建设成功的基层社会基础。①

三、以建立多元主体互联、互补、互动机制作为复合治理的主要内容

与过去的单一式治理模式相比，复合治理模式最显著的特点就在于：治理主体由单一的政府（通过街道和居委会）转变为政府（通过社区服务站）、居委会、社区社会组织、社区居民、辖区单位等多元主体；治理的过程由行政控制转变为民主协商；治理的组织体系由垂直结构转变为横向网络结构。因此，能否建立起多元主体的互联、互补、互动机制，真正实现“1＋1＞2”的合力效应，是复合治理成效大小的关键因素。

北京市在这方面有很多宝贵的探索，东城区的“一委三会一站、六层联动”模式就是其中的典型。“一委”是指社区党委，“三会”是指社区居民会议、社区居委会和社区代表会议，“一站”是指社区服务站。“六层联动”的含义是：社区党组织是领导层，是社区各项工作的领导核心，在街道党工委的领导下开展工作，通过党的组织体系和党员队伍进行政治和思想领导，领导和协调社区各种组织围绕社区建设发展需要共同建设好社区。社区居民会议是决策层，是社区居民依法行使民主管理权利的组织形式，决定本社区居

① 郑杭生. 破解在陌生人世界中建设和谐社区的难题：从社会学视角看社区建设的一些基本问题[J]. 学习与实践，2008(7)：5－12，1.

民公共事务管理和社区居民利益相关的重要事项。社区代表会议是咨议层，是联系全体社区成员的枢纽，由社区居民会议常务会成员、社区单位代表、社区社会组织代表、流动人口代表组成，是社区民主议事协商的组织形式，反映社区成员的诉求，行使对社区事务民主协商议事和进行民主监督的职能，有权对社区居委会的工作提出建议和监督。社区居委会是执行层，是社区自治主体组织，依法选举产生，接受党的领导，向社区居民会议报告工作，接受其监督，对政府部门和社区服务站的工作进行监督评议。社区服务站——公共管理服务层，是政府在社区层面设立的公共服务平台，负责组织开展公共管理服务，对政府各职能部门下派到社区的工作进行有效的运作，促进政府职能的转变，接受街道办事处的管理和政府职能部门的业务指导，同时接受社区党组织的领导和社区居委会的监督。社区社会组织是协同层，是活动在社区里的各种社会服务组织，拥有较强的参与意愿和一定的社会服务资源，可以与政府合作，发挥补充作用。社区单位和居民是参与层，共同参与社区治理，共同享受社区发展成果。这五个组织和六大主体的分工合作，形成了社区党组织统一领导、社区自治组织依法自治、社区服务平台提供公共服务、社区社会组织有效协同、社区单位和居民密切配合广泛参与的社区治理模式。

四、以“小政府、大社区，小机构、大服务”作为复合治理的目标取向

社区管理体制改革的中心任务就是通过调整国家与社会的关系，实现从行政社区到自治社区、服务社区的转变，使社区的自治功能、服务功能得到最大限度的发挥，实现“小政府、大社区”和“小机构、大服务”的目标。北京市石景山区的“鲁谷社区管理模式”就是这方面的尝试。鲁谷社区于 2003 年 7 月 18 日正式成立，是北京市第一个街道层级的社区。它成立的目的就是在街道这一层面上，从行政管理体制改革入手，上下联动，进一步促进由无限责任政府向有限责任政府转变，由管理型政府向服务型政府转变，由政府单一行政化管理向社会化管理转变，强化社区民主自治功能，弱化政府对

社会事务的管理职能，转化政府面向市场的职能，理顺政府、社会、市场在社区建设中的关系，进一步提高城市基层管理水平。

鲁谷社区管理体制改革的基本思路是：(1)“理顺一个关系”，就是通过体制改革，在社区进一步理顺政府、社会和市场的关系，实现“政事”和“政社”分开。(2)“坚持两个依法”，就是政府依法行政，社区依法自治。(3)“构建三个体系”，就是建立坚强有力的社区党的核心——社区党工委；建立精干、勤奋、务实、高效的社区行政管理机构——社区行政事务管理中心；建立充满生机与活力的社区自治工作体系——社区代表会议及其委员会。(4)“实现两个归位”，包含两个方面。一是政府行政管理职能归位，把目前街道本不应该承担的各项带有行政审批和执法的职能，经梳理后归位于政府，建立“责、权、利”相统一的新型“条块”关系。二是将部分社会管理职能归位，把原来由政府直接管理的有关社会事务归还社会，逐步交由社区自治组织和社团组织承担，实现党、政府及群众自治组织对社区的有序和高效管理。

总之，多元复合治理模式是一种新的治理理念，它的确立既加强了党的领导，又突出了居民自治，完善了公共服务，注重多元参与，形成了社区多元主体明确分工、协作治理的大管理格局，改变了居委会孤军奋战的局面，初步实现了政府依法行政与社区依法自治的有效衔接和良性互动。

第三节　参与式治理：构建开放多元的社区自治体系

共同体困境不是我国社区建设中出现的独特问题，而是伴随着现代性的兴起而出现的全人类的共同困境。美国著名社会学家罗伯特·帕特南(Robert D. Putnam)曾以翔实的数据表明，当初托克维尔所描述的美国社区生活在逐渐衰落，那种喜好结社、喜欢过有组织的公民生活、关注公共话题、热心公益事业的美国人不见了。今天的美国人似乎不再愿意把闲暇时间用在与邻居一起喝咖啡，一起走进俱乐部去从事集体活动上，而是宁愿一个人在家看电视，或者独自去打保龄球。① 为了应对日益严重的参与危机，自20世纪90年代以来，参与式治理（participatory governance）理念被提了出来。所谓参与式治理，是指与政策有利害关系的公民个人、团体和政府一起参与公共决策、分配资源、合作治理的过程。与传统治理模式不同的是，参与式治理最明显的特征就是强调公众的参与。在这一治理理念中，“公民—公众”被视为利益相关者，即需要在治理过程中紧密团结、分享政策影响力的伙伴（partner），而非消极的治理客体。② 社区参与式治理是参与式治理的主要形式之一，也是社区自治的必然要求。需要特别说明的是，参与式治理强调公民参与和社区自组织能力建设，并不是让政府“走开”，而是一种在合理分工的基础上，让政府更好地发挥自己的功能。相反，政府在培育社会组织、引导帮助社会自治组织能力的提高，最大限度地整合社会资源等方面还有巨大的空间。这正如郑杭生所指出的那样，“自治是一种关系，是正确处理国家、社会组织、市场、个人等不同主体之间的关系，促成多元主体的有机合作；自治是一种分工，是不同主体在结构上相互补充、功能上相互促进、行动上相互监督，使各种社会资源和社会机会形成整合并形成良好配置”③。

北京市在社区建设中，围绕提高社区居民的参与程度、提升社区自治水平，进行了艰辛的探索，努力向着构建开放多元的社区自治体系的方向迈进。

一、构建社区居民自治组织体系

构建新型社区居民自治体制的首要任务是建设完善的居民自治组织体

---

① 罗伯特·帕特南. 独自打保龄：美国社区的衰落与复兴[M]. 刘波，祝乃娟，张孜异，等译. 北京：北京大学出版社，2011：1-2.

② 王锡锌，章永乐. 从“管理主义模式”到“参与式治理模式”：两种公共决策的经验模型、理论框架及制度分析[M]. 北京：法律出版社，2009.

③ 郑杭生. 社会公平正义与和谐社区建设：对社区建设的一种社会学分析[J]. 中国特色社会主义研究，2007(6)：36-42.

系。在深入调研、认真学习借鉴国内外先进经验的基础上，北京在各社区建立了涵盖社区居委会、居民小组、楼门院长、家庭的居民自治组织网络，使社区居委会能够有效地组织、宣传、教育、服务居民。如东城区建立了“社区居民会议→居民会议常务会→居委会→分片主任→巷长→楼、院长→志愿者→居民家庭”的居民自治组织网络，使居民自治管理和政府的各项服务通过这个网络贯彻落实到每户居民，居民提出的各类诉求也通过这个自治网络进行反馈并得以回应。社区居民对社区的认同感、参与率和满意度大幅提高。西城区月坛街道与清华大学网络行为研究所共同开发了“楼门院长交流系统”，并与街道政府网站对接，形成了街道、社区、楼门院长的互动平台，大大促进了楼门院长报告工作的日常化、规范化和信息化，特别是在完善民主诉求渠道、有针对性地开展服务方面有了新突破，楼门院长的作用得到有效发挥。朝阳区亚运街道推出了“1＋1”社区自治和服务管理模式，即将 20～40 户居民划分为一个网格，把亚运村 10 个社区划分为 982 个网格；每个网格设 1 名和谐促进员，作为本网格自治事务的发言人和协调人，全权负责本网格内一切自治事务，不断完善社区居委会与居民、业主委员会、物业、社会单位、社会组织等共同参与的议事协商机制，实现网格化社区自治；每个网格组建一个由社区工作者、社会组织等组成的服务管理团队，督促每个团队加强对各自网格责任区的多元化、人性化服务，以及动态、全方位管理，同时积极依托基础人口数据库等信息化手段，实现对社区居民的精细化服务与管理。

二、构建社区居民自治制度体系

北京市通过逐步完善社区居民民主选举、社区民主议事协商、社区民主听证会、社区服务承诺、社区事务公示、居民代表联系群众、社区居委会定期向社区居民会议述职和接受评议等制度，形成了涵盖民主选举、民主决策、民主管理和民主监督的制度体系，使社区居民民主自治各项活动有章可循，有效保障居民的知情权、参与权、表达权和监督权。具体来说，包括以下四个方面：

第一，完善民主选举制度。积极推进居民民主选举的制度化、规范化、程序化，不断扩大社区居委会直接选举的覆盖面，研究拓宽外来务工人员参与社区居民自治的途径。此外，还鼓励、引导并依法规范社区群团组织、民间组织、业主组织的民主选举。

第二，完善民主决策制度。专门制定了《北京市居民会议规则》，规范社区民主决策程序，提高民主决策水平。凡是与社区居民切身利益密切相关的事项，都要实行民主决策。此外，还广泛实行社区民主听证制度，广泛听取居民对社区事务的意见，提高社区民主决策水平。

第三，完善民主管理制度。指导各社区结合实际制定《社区居民自治章程》和《居民公约》，加强居民的自我管理、自我教育、自我服务。制定《北京市社区议事协商会议规则》，建立起社区居委会与驻区单位共同参加的议事协商会议制度，实现资源共享。

第四，完善民主监督制度。制定《北京市健全完善社区居务公开制度的指导意见》，明确社区居务公开的内容、时间、形式和程序，提高居委会工作的透明度，完善社区自我监督体系。建立科学合理的评议标准、方法、程序、结果运用等评议监督体系和“下评上”的评议监督机制，让社区居民、社区民间组织和社区单位依法行使对政府及派出机构的评议监督权利。

三、推进社区居民参与机制建设

研究表明，社区居民的参与不足很大程度上是因为既有的社区力量结构挤压了居民主体性发育的空间。增强居民的社区参与意识，积极培育社区居民的主体意识，促进“社区主导”的参与转变为“居民为本”的参与，是改变城市居民现有社区参与不足、提升居民主体性与实现社区善治的必由之路。① 为了实现社区居民的参与式治理，北京市还在参与机制上进行了

① 焦若水，王凯. 发现主体性：城市社区参与的困境与出路[J]. 开发研究，2019(5)：147－154.

创新。

第一，创新参与载体。北京市通过魅力社区评选、市民中心、街社区“一站式”办公大厅等特色性载体，大大增进了社区居民的参与积极性。如东城区设立了东城区市民中心和东城区社会组织指导服务中心，两个中心与东城区行政服务中心一起形成了“三位一体”的政府新型服务模式，成为政府、社会组织与市民之间沟通交流与互动的新型平台。

第二，建设社情民意的收集、反映和解决通道。如通过设立人大代表和政协委员接待日、民愿接待室，以及开设居民论坛、网上论坛等途径让居民以理性、合法、便捷的方式表达意见和利益诉求。以充分发挥北京市社区服务信息网联结街道和社区的作用，设置“社情民意”通道，建立社区社情民意的反馈渠道，为社区居民提供了解政策、反映诉求的窗口。

第三，创新自治组织工作机制。如充分发挥社区居委会反映群众意见和要求的作用，建立社区专职工作者分片包户制度，安排社区居委会成员定期入户、入单位走访，主动了解社情民意机制，形成街道和社区办理居民诉求的快捷通道。又如大兴区清源街道、东城区和平里街道引入“社区参与行动”(SSCA)，开展以居民需求为导向的社区服务项目化管理，探索参与式社区治理新模式，打造多元特色的社区服务项目品牌——“参与式社区治理与社区服务项目化管理”。

第四，创新社区民间组织参与机制。北京市积极鼓励并规范社区组织的发展，使其成为社区居民自我管理、自我教育、自我服务、自我监督的有效载体。如东城区成立了专门的社会组织指导服务中心，区政府为社会组织提供了 600 平方米的活动场地和每年 100 万元的培育发展社会组织专项资金，重点扶持公益服务类社会组织的发展。目前，全区登记注册的各类社会组织达 353 个，在社区登记备案的社区社会组织达 1 700 余个，成为社会建设中一支不可或缺的力量。他们还推出了社区自治“6631”工程，即依托社区居委会下属的 6 个委员会，培育发展治安维稳、公益服务、计划生育、文教体育、环境保护和社区共建等 6 类社区民间组织，重点做好访民情、做服务和开展活动3项工作，从而通过建立社区居委会与社区民间组织的有效衔接机制，扎实推进社区居民自我管理、自我服务。

第五，建立健全社区居民的互助机制。如建立社区志愿服务制度，建立与个人信用挂钩的社区志愿者工作机制，培育和发展社区志愿者组织，壮大社区志愿者队伍，动员社区居民中的共产党员、共青团员、国家公务员、专业技术人员和有一技之长的人士积极加入社区志愿者队伍；通过“邻居节”等活动载体，完善邻里互助机制，培育社区居民和睦相处、互助互利的良好社区风气；建立社会捐赠制度，积极动员驻区单位支持社区建设，多渠道筹集社区建设资金。

第六，利用新技术，拓展参与渠道。如东城区运用“开放空间技术”，组织社区开展居民参与式讨论，解决事关居民切身利益的问题，目前已取得初步成效。这种方式确立了以项目运作为纽带、以社会组织为载体、以协商讨论为方法、以居民自我管理为依托的社区参与式治理模式，畅通了社区民意表达和居民参与渠道。

总之，社区管理体制改革和社区治理模式创新是我国当前社区建设的中心任务，也是加强和创新社会管理体制的基础性工作。要实现这方面的突破，必须解决长期以来困扰社区发展的“居委会困境”和“共同体困境”，真正理顺社区各主体之间的关系，建立起既能够保障居委会自治功能发挥，又能够保障各项行政事务在社区“落地”，同时也能够吸纳社区居民广泛参与的新型社区治理模式。北京市社区管理体制改革的实践为解决社区治理中的双重困境提供了思路：一方面，按照复合治理的理念，构建起多元主体合作的新型社区治理结构，有利于避免社区居委会的行政化和边缘化，充分发挥各社区主体的能动性、主体性，最大限度地整合社区资源、服务社区居民，从而化解“居委会困境”；另一方面，按照参与式治理理念，通过体制机制创新，构建起开放多元的社区自治体系，从而最大限度地吸纳居民参与社区公共生活，逐渐把社区建设成为凝聚力强、认同度高的生活共同体。

第三章　在陌生中重建“家园”：社区服务与基层生活共同体构建

社区复合型治理能否实现，关键因素之一是能否合理配置资源，实现多元主体的力量均衡。正如有的学者指出的那样，“权力大小取决于治理主体掌握资源的多寡，没有资源或者资源配置不平衡，所谓的合作协商必然演绎为一方主导。权力意味着对资源的占有，没有资源就没有权力”[①]。这在社区服务领域内体现得尤为明显。通过社区服务改善社区民生是社区建设最重要的目标之一，也是社区建设的根本指向，而社区服务的模式和水平总是和社会资源配置模式联系在一起的。改革开放以来，特别是进入 21 世纪以来，我国社会资源配置模式发生了深刻变化。与此相适应，我国社区服务事业在理念和实践方面也积极回应这一变迁带来的机遇和挑战。本文将以北京市在社区服务方面的实践探索为基础分析新型社会资源配置模式下社区

① 夏建中. 基于治理理论的超大城市社区治理的认识及建议[J]. 北京工业大学学报(社会科学版)，2017(1)：6－11.

服务发展的新趋势。

第一节　社会资源配置模式变迁与社区服务面临的挑战

从社会学视角来看，社会发展和民生改善的方方面面最终都可以归结到一点，即社会资源及其配置。[①] 社会资源配置模式的变迁为社区服务的发展带来了新的机遇，也提出了新的挑战。

一、社会资源配置模式变迁

中华人民共和国成立后，我国建立起了高度集中的计划经济体制，由国家集中计划分配、管理各种社会资源和社会机会。为了实现这种集中分配和管理，国家又建立了单位制、行政制和身份制等“次级制度”。[②] 直到改革开放前，我国城市社会管理体制的最大特色是与行政制和身份制紧密结合的单位制——单位包揽一切，几乎掌握着一个人从摇篮到坟墓所需的所有资源。这一时期，社会资源配置的基本模式是，国家（政府）通过行政权力按照行政级别将社会资源配置到各个单位，然后单位运用行政权力按照个人的级别和身份将部分社会资源配置给单位成员。改革开放后，随着以市场化为主导的经济体制改革的启动及逐渐深入，政府和单位的职能都发生了转变，政府逐渐从主导一切的管理型政府向以提供公共服务为主的服务型政府转变，而附着在单位上的种种社会功能也逐渐被剥离，单位制逐步解体。在这一过程中，整个社会的资源配置模式发生了深刻变化，具体表现为以下四个方面：

① 郑杭生，杨敏，等.“大民政”的理论和实践与“中国经验”的成长：夯实中国特色世界城市基础的“北京经验”[M]. 北京：中国社会出版社，2011：138.

② 郑杭生. 走向更加合理的社会资源配置格局：新中国 60 年社会发展与建设成就[M]//郑杭生. 新中国 60 年・学界回眸：社会学与社会建设卷[M]. 北京：北京出版社，2009：1－43.

第一，资源配置方向的社区化。单位制解体后，特别是随着 20 世纪末，国有企事业单位大规模改革以来，原来附着在单位之上的社会管理功能转移到社区。相应地，越来越多的社会成员也从对本单位有极强依附性的“单位人”变成自主性越来越强的“社会人”“社区人”，“社区”取代“单位”成为人们社会生活和国家治理的基本单元，城市基层社会管理体制也逐渐由以单位制为主、街居制为辅转变为社区制。为了实现对“社区人”的有效管理，整个社会的重心不得不逐渐下移。于是，便民服务、警务治安、人民调解、基层民主、教育科技、社保医疗、卫生环保等一系列社会公共服务走进了社区。有学者将其概括为“社会资源配置的社区化”①。

第二，资源配置主体的多元化。在计划经济时代，社会资源配置的主体很单一，就是国家（政府），相对独立于国家的市场和社会基本上不存在，任何一个社会成员离开了国家及其延伸的组织——单位，都无法获得所需的社会资源。从某种意义上来看，市场化改革实际上就是要改变这种全职全能的国家体制，重新确立行政权力在资源配置中的合适地位。在这一过程中，作为第二领域的市场和第三领域的社会先后从全能的国家体制中分化出来，在社会资源配置中发挥越来越重要的作用。随着现代市场经济体制的完善，我国已经逐渐确立起国家、市场、社会三者相互补充、相互促进的“三足鼎立”和“三维合作”的资源配置格局②。

第三，资源配置领域的民生化。近代以来，国富民强一直是我国几代人的强烈愿望和追求。中华人民共和国成立后，由于国内工业化的发展和国际竞争的压力，国家在国防和重工业建设方面倾斜了大量的资源。改革开放后，在新的历史条件下，国家又提出以经济建设为中心的战略目标，在经济建设领域内倾斜了大量资源。到了 21 世纪初，我国综合国力已经大大提高，“国富”目标基本实现，中共中央适时提出“加强以改善民生为重点的社

① 杨敏. 我国城市发展与社区建设的新态势：新一轮城市化过程社会资源配置的社区化探索[J]. 科学社会主义，2010(4)：90-94.

② 郑杭生. 走向更加合理的社会资源配置格局：新中国 60 年社会发展与建设成就[M]//郑杭生. 新中国 60 年·学界回眸：社会学与社会建设卷[M]. 北京：北京出版社，2009：1-43.

会建设”这一新的战略任务，强调社会资源要更多向民生领域倾斜，切实提高老百姓的生活水平和改善生活品质。

第四，资源配置理念的均等化。在计划经济时代，社会资源配置是与社会成员的阶级成分、户口性质（城镇户口或农村户口）、就业身份（干部或工人）、所有制身份（全民所有制、城镇集体所有制）等“身份”密切相关的，不同身份的人获取社会资源的机会和数量迥然不同。目前，阶级身份和所有制身份已经失去了其原有功能，户籍身份和就业身份在资源配置中的作用也大大降低了，整个社会的资源配置理念逐渐向均等化、普惠化方向转变。如2005年10月11日党的十六届五中全会通过的《中共中央关于制定国民经济和社会发展第十个五年规划的建议》，首次提出了“公共服务均等化”的原则要求。随后，在2006年10月通过的《关于构建社会主义和谐社会若干重大问题的决定》，进一步提出“要逐步形成惠及全民的基本公共服务体系”。这一原则和理念在此后党的十七大报告和“十二五”规划等重要文件中都得到了进一步的强调。当然，要真正实现这一理念，改变社会资源配置的不平衡状况，还需要在具体政策层面进行大量的艰辛探索。尤其要注意的是，均等化的真正含义是强调社会资源配置的“公平”而非“均平”。①

二、社区服务所面临的机遇和挑战

社会资源配置模式变迁为我国社区服务事业的发展提供了宝贵的历史机遇，同时也对其提出了严峻的挑战。

就机遇来讲，主要是为社区服务提供了资源。从社会学视角来看，社会资源及其配置是社会发展的核心问题。社区服务搞得好不好，一定程度上也取决于社区拥有或能够调动的资源数量和质量，离开了资源谈社区服务只能是无源之水、无本之木。因此，社会资源配置的社区化、多元化、民生化和均等化，都为社区服务的开展提供了重要的物质基础。

① 贾康. 区分“公平”与“均平” 把握好政府责任与政策理性[J]. 财政研究，2006(12)：6－10.

就挑战来讲，主要是在新型社会资源配置模式下社区服务的使命更加艰巨。社区服务开展的好坏直接关系到社会成员的生活质量、社会认同，以及社会的和谐稳定。具体说，在新型资源配置格局下，社区服务面临着两个突出问题：

第一，如何有效承接、整合、发掘社会资源，使社会资源转变为可用的社区资源。首先，下沉到社区的资源需要承接平台，而传统的社区平台比较单一，主要指居委会。很显然，作为自治组织的居委会，无论是从名义上还是从能力上，都无法有效承接各部门下沉的社会资源。其次，公安、卫生、社保等各个不同部门的资源是相互分割的，从各个“条线”下沉到社区之后也呈现分散状态，需要在社区内进行有效整合，以最大限度地形成合力。最后，社区作为一个“地方性社会”，其中蕴含的资源往往是潜在的（如驻区单位），甚至是无形的（如社区内的人力资源、文化资源），需要去开发、激活。无论是构建社区资源承接、整合还是开发平台，都需要在社区进行体制机制创新。

第二，如何高效配置和运用社区资源，使其能够满足社区居民需求、提高其生活品质。社区服务最终要把社区资源按照公平正义的原则配置到社区居民头上，使他们的合理需求得到满足、生活质量得到改善。与计划经济时期的单位居民小区不同，现代社区居民成分非常复杂，不同利益群体的人居住和生活在同一社区中，每个人都会按照自己的需要对社区服务提出更高的要求，而且社区居民的需求往往是动态的、变化的。如何及时掌握居民的具体需求及其动向，满足这种复杂、多元的利益诉求，使不同层次、不同需求的群体都能够得到实惠，是对社区服务能力的一项综合考验。

所有这些要求创新社区服务模式，以新的理念、新的体制机制，将社会资源真正转化为社区民生的改善。近年来，北京市在“大民政”理念①的指引下，在社区服务领域内进行了一系列积极探索，为新形势下社区服务的发展

① 吴世民.“大民政”与适度普惠型社会福利制度[N].北京日报，2011-02-28(18).

指明了方向。以下我们将从理念、体制、机制方面，对其进行论述。

第二节　社区服务模式创新的新趋势

一、社区服务的理念创新

创新社区服务模式，首先要创新社区服务理念，打破传统社区服务的“小服务”理念，树立“大服务”的新型社区服务理念。所谓“小服务”，是指由政府民政部门提供的针对城市社区中老年人、残疾人和优抚对象等特殊人群基本生活保障的社区服务；所谓“大服务”，是指打破社区服务的对象、主体、城乡等限制，为所有社区居民提供全方位、多层次的服务。[①] 社区服务的理念创新具体表现为服务对象的普惠化、服务主体与服务机制的多元化、城乡社区服务的均等化。

（一）服务对象的普惠化

所谓服务对象的普惠化，是指社区服务的覆盖面要从面向少数弱势群体逐渐拓展到以此为重点的全体社区成员。这不是一个简单的口号。它包含着深刻的理念创新，即要建立起服务型政府和现代福利的理念，把为居民提供高质量的社区服务看作政府的责任和义务，而不是恩赐；每一个居民都有享受政府公共服务的基本“公民权利”(citizenship)[②]。

早在1995年12月，北京市委、市政府印发的《市民政局关于加快发展社区服务事业的意见》对“社区服务”的定义是，在政府领导下，以街道、居（家）委会为依托，为满足社区居民日益增长的物质文化生活需求，发动和组织社区力量开展的具有公益性、福利性和互助性的社会化服务。1999年召开的北京市社区服务工作大会又明确地把构建覆盖全体社区居民的社区服务体

① 景天魁，毕天云. 从小福利迈向大福利：中国特色福利制度的新阶段[J]. 理论前沿，2009(11)：5-9.

② 马歇尔. 公民权与社会阶级[J]. 刘继同，译. 国外社会学，2003(1)：1-29.

系作为北京市社区服务工作的首要目标。[1] 2008年，北京市提出了"大民政"的理念，更加强调社区服务的"普惠性"。一方面，强调面向社区残疾人、老年人、优抚对象和其他困难群体的社会救助和保障服务，做到应保尽保、应管尽管；另一方面，强调在此基础上，要加快拓展社区服务覆盖面，由过去为民政对象服务转变为既为民政对象服务，又为全体社区居民服务；由过去的为居民服务转变为既为居民服务，又为社区内企业、机关团体服务，以满足全体社区成员在社区服务方面的需求。

（二）服务主体与服务机制的多元化

社会资源配置的多元化要求社区服务主体的多元化。但在对市场机制介入社区服务的认识上一直存在着分歧，主要表现为社区服务公益化和社区服务市场化的争论。

一种观点认为，社区服务是福利性、公益性的，只能由政府来操办。这曾是我国社区服务的主要发展思路。在相当长的一段时期，我国社区服务被当作社会保障体系的组成部分，由政府来推动。在运作机制上，强调社区服务的福利性和社会效益，主张应由政府提供无偿服务，限制有偿服务。另一种观点则认为，社区服务应该走市场化、产业化的道路。在运作机制上，把社区服务当作营利性产业来抓，通过市场机制和企业化运作的方式为社区居民提供社区服务。

实际上，上述两种观点都主张服务主体的单一性，前者是政府主体论，后者是市场主体论。前者已被实践证明是一种低效率的模式，使得大量想投入这一领域的社会资源进不去，而政府又不堪重负，严重限制了社区服务业的发展。后者打破了由政府主导一切的僵化局面，但社区服务在相当大程度上具有福利和公益性质，特别是其中的公益性服务部分，如果按照市场利润最大化的原则运行显然是行不通的。

北京的社区服务实践超越了这种二元对立的模式，通过政府购买服务、

---

① 吴世民. 民政30年·北京卷(1978年—2008年)[M]. 北京：中国社会出版社，2008：90－91.

社区服务项目化管理等方式，积极鼓励企业、社会组织、志愿者、社区居民等多个主体共同参与，形成了“政府主导、多元参与”的社区服务参与格局，实现了服务主体与运行机制的多元化。政府向社会组织购买服务是政府将公共服务事项通过合同的形式交给社会组织完成，然后根据其提供服务的数量和质量支付费用。这是一种政府出资、定向委托、项目管理、社会组织承接、市民受益、第三方评估的公共服务提供模式。

这种“政府主导、多元参与”的新型社区服务格局，实现了政府与社会的互动合作，既发挥了政府统筹全局、维护公正的优势，又降低了行政成本，提高了财政资金使用效率；既利用了市场机制的灵活性、专业性优势，又避免了泛市场化所带来的弊端；同时还促进了社会组织的健康发展，拓宽了社会参与的渠道。

（三）城乡社区服务的均等化

我国社区建设是从城市开始的。在城市社区建设发展到一定阶段后，2006 年《民政部关于做好农村社区建设试点工作推进社会主义新农村建设的通知》的发布，正式拉开了农村社区建设的序幕。可见，农村社区建设是晚于城市社区建设的，加上城乡二元结构等因素的影响，我国城乡社区服务发展很不平衡。长期以来，我国农村基本上处于“自给自足”的状态，农民的福利和保障主要依靠家庭和村落共同体来提供。这是特定历史时期形成的对农民的不公平待遇，也与现代社会的福利理念和国家“基本公共服务均等化”的倡导相悖。

2007 年 9 月，北京市发布了《关于开展农村社区建设试点工作的意见》，正式开始了农村社区建设。主要做法包括：第一，开展大规模的农村社区服务站建设，搭建起农村社区服务的平台。第二，采取政府购买服务、项目式管理等手段，拓展社区公共服务项目，为农民提供社会救助与社会保障、社区警务、医疗卫生、文化教育等公共服务。第三，积极提供适合农民需求的便民利民服务。以“96156 社区综合服务平台”为载体，建立农村服务热线，为农民生产生活提供服务。以各级社区服务中心（站）为依托，开发代办理、便利缴费、商品配送、农科咨询等服务项目，形成全市统一的配置市场资源的基本社区服务项目。第四，积极组织开展农村志愿服务和群众性互助服务。第五，积极鼓励和引导驻村机关、部队、学校和其他企事业单位参与到农村社区建设中来，提高服务资源的社会化水平。

目前，北京市已初步建立起了包括公共服务、公益服务、便民利民服务、志愿互助服务在内的农村社区服务体系。虽然这一工作还处于起步和探索阶段，但其在城乡社区服务体系建设和发展上遵循相同的制度理念、采用协调的制度标准，从而保证城乡社区服务软硬件的均衡投入、逐渐实现城乡居民享受社区服务公平性的做法代表了未来社区服务发展的一个重要趋势。

二、社区服务的体制创新

要最大限度地调动社区资源、实践新型社区服务理念，首先必须在社区服务体制上进行创新，构建对外能够承接社会资源、对内能够整合社区资源，而且能够充分调动社区居民参与积极性的新型社区服务体制。

（一）传统社区服务体制及其困境

在相当长的一段时间内，我国社区服务工作几乎由社区居委会包揽，其他社区组织数量很少，发挥的作用也微乎其微。这种社区服务体制存在着管理主体单一、管理机制行政化、社区自治浅层化、社区参与初级化、支撑体系薄弱化等诸多问题[①]，集中体现为上一章所分析过的“居委会困境”和“共同体困境”。如何实现社区居委会“行政化”和“边缘化”的双控，并且保证驻区单位和社区居民对社区公共生活的参与，是社区服务体制创新的目标。

（二）北京社区复合治理结构的构建

北京市在社区服务体制上的创新主要体现在其社会复合治理结构的构建上。如前所述，北京市按照“一分、三定、两目标”思路对社区管理体制进行了改革。所谓“一分”，就是设立社区服务站，并把社区居委会与社区服务

① 吴群刚，孙志祥. 中国式社区治理：基层社会服务管理创新的探索与实践[M]. 北京：中国社会出版社，2011：70－110.

站的职能分开，两者在党组织的领导下各司其职、相互配合。所谓“三定”，就是定人、定钱、定事，建立社区工作准入制度，对那些不属于社区行政的任务，但需要社区配合来做的采取“权随责走、费随事转”的办法加以解决。所谓“两目标”，一是把北京的社区建设成为社会主义新型社区，二是培养一支专业化、高素质的社区工作队伍。通过采取这些措施，北京市理顺了各个主体之间的关系，也使社区居委会仍然发挥其组织优势，避免其被边缘化。

此外，北京市还致力于构建开放多元的社区自治体系，大力推动社区的参与式治理。如建立社区居民民主选举、社区民主议事协商制度、社区民主听证会、社区服务承诺、社区事务公示、居民代表联系群众、社区居委会定期向社区居民会议述职和接受评议等制度，构建社区居民参与制度体系；通过鼓励社区民间组织发展，健全社区居民的互助机制，搭建与驻区单位的共建共享平台等，构建社区居民参与的组织体系。

通过这些创新实践，在宏观层面，实现了党的领导、完善居民自治和严格依法办事的有机统一；在微观层面，理顺和规范了社区组织体系各主体之间的关系。正如这一改革的直接推动者们所总结的那样，这一治理模式的实质是创建一种中国式政府、市场与社会在社区的合作模式，即 PPNP (Public-Private-Nonprofits Partnerships)模式[①]。通过这一模式，三大部门(政府、市场、社会)相互补充，实现社会资源的最优配置，共同致力于推动社区居民整体利益的最大化。

三、社区服务的机制创新

要在社区服务中实现资源配置效率的最大化，就必须在具体运行机制上进行创新。北京市在这方面的突出表现是推动服务方式的信息化、服务载体的标准化和服务平台的品牌化建设。

---

① 吴群刚，孙志祥. 中国式社区治理：基层社会服务管理创新的探索与实践[M]. 北京：中国社会出版社，2011：139.

（一）服务方式的信息化

现代社会是一个信息社会，高水平的现代社区也应该是一个"双维社区"，既包括传统的实体性、物理性和地域性社区，也包括虚拟化、数字化和信息化社区。正如有学者指出的那样，社区的信息化已成为有效化解政府"小"体制制约与社会"大"需求压力之间的矛盾，实现社区资源有效配置的一种重要方式。[①] 运用信息化手段实现社区服务资源的合理配置，是北京新型社区服务模式的核心内容之一。这既包括比较成熟的"96156 社区综合服务平台"，也包括快速推进中的"3＋1"社区信息化建设工程[②]和"小帮手"社区便民服务工程。

以"96156 社区综合服务平台"为例，该平台最初是北京市人民政府于 2000 年建设的一个市民求助热线，逐渐形成了一个集多重功能于一身的综合性社区服务平台。其运行模式是：通过信息网络平台，实现全市各类社区服务信息的联网，任何一个社区居民在任何时候任何地方需要社区服务时，只要拨打 96156 服务热线，就可以通过网络服务平台迅速找到最优资源，然后由相关社区服务中心提供优质服务。目前，全市已有 1 700 余家服务商家和街道自管服务队伍加盟了"96156 社区综合服务平台"，可提供咨询服务、家政服务、综合修理、为老服务、租赁服务、配送服务等 6 大类 200 余项社区服务。此外，北京还建立起了"接入渠道统一、平台数据库统一、管理统一、服务标准统一"的市、区、街三级社区服务信息网站群和全市统一的 96156 北京市社区服务热线系统、街道呼叫系统。强大的服务队伍、丰富的信息资源和科学的管理方式，保障了服务需求方和服务供给方的有效衔接，构建起了一个融服务供应和信息呼叫为一体的网络系统。

从本质上看，这一平台是政府利用其权威、信誉和组织协调能力，通过

① 杨敏. 我国城市发展与社区建设的新态势：新一轮城市化过程社会资源配置的社区化探索[J]. 科学社会主义，2010(4)：90－94.

② 即利用 5G、物联网和移动互联网等新技术手段，开发 3 大系列应用系统，社区管理、社区服务、社区互动应用系统，搭建 1 个平台，即一体化社区信息平台——北京市社区管理与服务信息平台。

构建一个互动的信息化公共服务平台，在千家万户的分散需求与成百上千服务主体的服务供给之间实现了有效对接，找到了一个富有张力的公共服务空间。[①] 这一模式改变了传统公共服务的提供模式——或由政府直接提供，或由市场自发提供，形成了政府主导、市场和社会组织运作的新模式。这种模式带来了所有参与主体的共赢，实现了社会效益和经济效益的统一，如政府增加了税收，促进了就业、公共服务等社会问题的解决；企业拓展了市场，促进了服务业的规范化、品牌化发展；社会团体获得了巨大的活动空间；居民的服务需求能够得到及时、高质量的满足。

（二）服务载体的标准化

服务载体的标准化主要是指社区服务站的标准化、规范化。北京市在社区建设中非常重视社区服务站的标准化、规范化建设，将其作为新时期社区建设的基础工程。2006 年 6 月，北京市在东城、西城、海淀、宣武、石景山等 5 个区的 10 个街道 60 个社区启动了社区服务工作标准化的试点建设工作。2007 年 8 月，北京市民政局发布了《关于做好 2007 年标准化社区服务站设施设备的配置建设工作的通知》，正式在全市范围内启动了社区服务站的标准化、规范化建设。2022 年 9 月，北京市人民政府办公厅印发的《北京市“十四五”城乡社区服务体系建设规划》提出将社区综合服务设施建设纳入国土空间规划，推进新建社区综合服务设施标准化规范化建设，确保新建社区商业和综合服务设施面积达标。条件允许的新建小区的社区服务管理用房面积一般不少于 500 平方米，有条件的社区可将服务设施向小区延伸。

社区服务站标准化建设的主要内容包括：第一，统一形象标识，包括灯箱、门头、咨询台、服务指示牌、功能引导牌、资料宣传架、公示栏，以及“社区之窗”电视大屏等标识物都以“北京市社区服务标志”和“北京市社区公共服务平台标志”为核心设计要素统一设计；第二，统一项目设置，全市共确定了代理代办、公益服务、便利服务等 3 种类型 100 个项目，构成社区服务站的服

① 许义平，何晓玲. 现代社区制度实证研究[M]. 北京：中国社会出版社，2008：157.

务项目体系；第三，统一运行流程，对社区服务站各个服务项目从受理、办理、监控到办结反馈的全部流转过程进行规范；第四，统一服务规范，按照项目管理制、代理代办制、事项公开制、服务承诺制、流程监管制进行统一规范，实现被动服务向主动服务、单一服务向全方位服务、无序服务向有序服务的转变；第五，统一资源调配，社区服务站通过对社区自身资源、政府行政资源、社区服务体系资源的力量凝聚并成功调配，统一实现资源配置。

通过社区服务站的标准化建设，北京市夯实了公共服务的社区平台，为民生项目在基层的落实奠定了坚实的基础。首先，明确了社区能够承接的公共服务项目，而且在政府职能部门、街道和社区之间建立起了有效的衔接机制，初步形成了"上下贯通、纵向到底、资源整合、相互衔接"的新型社区服务体制。其次，建立起以信息网络为支撑的标准化服务体系，发挥社区服务站的网底功能，把各社区的资源整合起来，形成强有力的服务支撑体系，以有效突破区域资源短缺的问题，实现规模化运作，使现代社区服务业的发展成为可能。此外，统一的社区服务标识系统，可以强化人们对社区服务的认识，对于塑造全市社区服务品牌、形成居民的需求定势具有长远持久的影响。

（三）服务平台的品牌化

品牌化对于社区服务发展来说至关重要。其一，社区品牌是形成社区认同的载体，是一个社区对于其所在生活地域中形成的一种社会生活的体悟和展示，是本土社会文化传承的现代形式和版本升级，是社区地域内居民共同生命气质的一种有形展示。其二，社区品牌是整合社区资源的载体，通过社区品牌可以将社区的各种资源整合起来、形成合力。其三，社区品牌具有很强的示范效应，一个品牌能够带动一批类似平台的建设。其四，品牌就是形象、品牌就是名片，社区品牌可以为社区居民寻求社区服务提供便利。

北京市在社区建设中十分注重通过品牌打造来整合社会资源，形成了多样化的首都社区建设品牌体系。首先，在市级层面，打造一批具有北京特色的全国知名社区品牌。一方面，不断完善"96156 社区综合服务平台"这一传统品牌，在做大做强 96156 热线服务的同时，与相关单位联手打造 96156 系列服务品牌，如北京市养老（助残）96156 精神关怀服务热线、首都殡葬公益服务热线、民政业务咨询热线、政法民声热线民政分中心、12345 北京市非紧急救助系统民政分中心、慈善公益热线、北京市社区法律咨询服务热线、北京市社区心理健康咨询服务热线、北京市青少年心理咨询服务热线、姐妹驿站公益服务热线、北京市残疾人信息无障碍交流温馨平台、96156 婚姻家庭咨询服务热线。另一方面，又培育出“小帮手”、养老助残服务券、老年餐桌、东城市民中心等新品牌，将它们与 96156 有效联动。其次，北京市还通过创建和谐社区、星级社区、特色精品社区等专项活动，引导各社区结合自己的社区形态、规模、资源和居民构成的多样性创建特色亮点，因地制宜打造自己的品牌，逐步形成“人无我有、人有我优”的和谐社区创建特色和“一街一品、一（社）区一特（色）”的格局。通过这些品牌，大幅提升了社区服务水平。

第三节　社区服务中国家、市场与社会的互构

公益化还是产业化在社区服务理论和实践中争论不休，两者分别强调国家和市场在社区服务中的功能和优势。但从社会互构论的理论视角来看，国家、市场和社会并不是对立的，完全可以通过体制机制创新来实现三者良性互构、优势互补的复合治理，以达到社会资源的最优化配置的目标。随着社会管理重心的下移，大量社会事务和社会资源下沉到社区，社区服务成为国家公共服务提供和民生改善的重要渠道。但是究竟如何实现社区服务资源的优化配置，兼顾公正和效率，是一个重要难题。北京市 96156 社区服务模式为破解这一难题提供了一种新的模式，即通过信息化平台实现国家、市场和社会三大主体的良性互构与合作治理。从社会互构论的视角来看，这一创新具有重要的理论和实践价值。

一、社区服务的传统思维及其演变与发展

如何在市场体制下开展社区服务一直是理论和实践领域的难题，特别是在市场机制介入社区服务的问题上一直存在着分歧。传统思维通常将公平和效率、社会效益和经济效益等对立起来，突出表现在对社区服务究竟应该公益化还是产业化的争论上。

（一）社区服务的传统思维

一种观点认为，社区服务是只能由政府来操办的福利性、公益性事业。如有学者强调，“在市场条件下，社区服务仍然应该是一种福利性服务”，是“在政府的支持下，通过调动社区内外的各种资源而进行的福利性服务”，与商业化服务有着本质的区别。[①] 有学者进一步强调，“福利性和公益性是社区服务的本质属性，是中国大陆今后发展社区服务的根本之所在”[②]，“保持非营利性是中国社区服务机构当前面对的重要问题”，“对于中国的社区服务机构的评估，首先要确认其非营利性”。[③] 这也曾经是我国社区服务的主要发展思路。20 世纪 80 年代中期，基于“社会福利社会化”的考虑，我国民政部门发起和推动了社区服务事业。我国社区服务曾被当作社会保障体系的组成部分，强调其福利性和社会效益，由政府提供无偿服务、限制有偿服务。但实践表明，这种模式是低效率的。它导致社区服务领域主体单一、筹资渠道狭窄，社区自我完善、自我积累、自我提高发展潜力不足，严重限制了社区服务业的发展；同时也造成了地方财政负担的加大和社会资源配置的不合理，大量想投入这一领域的社会资源进不去，而政府又不堪重负。

另一种观点则正好相反，其认为在开展社区服务的过程中，应充分发挥

① 关信平，张丹．论我国社区服务的福利性及其资源调动途径[J]．中国社会工作，1997(6)：38－39．

② 徐永祥．论社区服务的本质属性与运行机制[J]．华东理工大学学报(社会科学版)，2002(4)：50－54．

③ 杨团．推进社区公共服务的经验研究：导入新制度因素的两种方式[J]．管理世界，2001(4)：24－35．

市场敏感性、灵活性优势，走市场化、产业化的道路。在运作机制上，把社区服务当作营利性产业来抓，通过市场化运作为社区居民提供高效率的社区服务。如一些学者将社区服务归属于第三产业，强调坚持社区服务的产业化方向，在保证社会效益的前提下追求经济效益最大化；支持通过在社区引入商业化机制，走产业化道路来解决社区服务所需要的资源。[①] 还有学者提出社区服务业"应打破传统的社会福利无偿服务格局"，使它成为"实体经营业"。[②] 在实践中，也有一些地方把本应由政府主办的社区服务中心当作新的经济增长点来进行市场化经营。[③] 这种模式打破了过去由政府主导一切的僵化局面，但同时也产生了一些新的问题，如市场完全是以营利为目标，而社区在相当大程度上具有福利和公益性质——特别是其中的公益性服务部分，完全按照逐利原则来运作显然是行不通的，也是与社区服务的宗旨背道而驰的。

有学者提出了折中主张，即认为社区服务具有经营性和福利性的双重属性，应该建立福利性和经营性两种运行机制，对特殊群体是福利性服务，对一般居民是经营性服务。[④] 还有学者认为，"社区服务是为满足社区成员多种需求的一项社会福利性和公益性事业，但在当前政府所提供的福利资源不足的情况下，社区服务可以允许有少量经营性的便民利民服务项目"。[⑤]

以上争论的焦点有两个：第一，如何看待社区服务的性质；第二，如何看待政府和市场在社区服务中的功能。笔者认为，第一个问题较好回答，那就是社区服务是公共服务的一种形式，而不是商业化服务。但是，这种公共服务已经远远超出了过去单纯为孤老残疾、优抚对象及其他困难人群提供的

① 夏学銮，唐忠新，徐永祥. 社区服务产业化？社会化？市场化？[N]. 中国社会报，2001-12-08(3).

② 吴铎. 社区服务若干理论问题的探讨：内地与香港社会福利发展第四次研讨会观点综述[J]. 中国社会工作，1997(6)：32-35.

③ 许义平，何晓玲. 现代社区制度实证研究[M]. 北京：中国社会出版社，2008：38.

④ 邓锁. 社区服务研究：近十五年以来的发展和评析[J]. 甘肃社会科学，2000(4)：63-66.

⑤ 郭安. 关于社区服务的涵义、功能和现有问题及对策[J]. 中国劳动关系学院学报，2011(2)：92-97.

福利性、保障性服务，而是为包括这类人群在内的全体社区居民提供的公共服务。[①] 既然是一种公共服务，提供的是公共物品，就必然具有公共性、公益性，作为公共部门的政府就应该承担提供的义务。但是政府通过什么样的形式来承担呢？这就涉及第二个问题。笔者认为，政府承担与政府直接包揽一切是两个概念。前者是指责任归属，后者是指履责方式。那么，在政府承担责任的前提下，有没有可能超越公益化和产业化之争呢？

（二）社会互构论视野下的社区服务

社会互构论是近年来我国本土化社会学理论建构的重要成果。其核心理念是个人与社会、社会与自然、社会与国家、市场与国家等不同主体之间既存在差异、对立和冲突，又彼此适应、协调和整合。社会互构论就是研究不同行为主体间的互构共变关系的社会学理论。所谓“互构”，是我们对参与互构主体间的关系的本质刻画，即指社会关系主体之间的相互建塑与形构的关系。所谓“共变”，是指社会关系主体在互构过程中的相应性变化状态，相应性是共变状态的基本特征。从形式上来看，此种互构共变又主要有两种类型，即正向谐变和逆向冲突。[②] 从根本上来说，社会发展实践创新，就是要不断寻求各社会主体之间正向谐变之道。

在社会快速转型的过程中，公共权力部门、市场组织和社会组织三大部门的分化日趋明显，逐渐形成了国家、市场、社会三大社会关系主体。从社会互构论的视角来看，三者之间不仅存在差异，是对立和冲突的，还是相互建构、彼此形塑的。它们之间的理想状态应该是比例协调、功能互补。[③] 在社区服务领域内，同样存在国家、市场和社会三大行动主体。这三者之间的关系既有可能相互冲突、彼此排斥，也有可能相互协调、形成合力。无论是

---

① 民政部前部长李学举曾这样界定，社区服务是指政府、社区居委会以及其他各方面的力量直接为社区成员提供的公共服务和其他物质、文化、生活等方面的服务。李学举. 一篇指导社区服务的重要文献[J]. 中国民政，2006(6)：6-9.

② 郑杭生，杨敏. 社会互构论：世界眼光下的中国特色社会学理论的新探索：当代中国“个人与社会关系研究”[M]. 北京：中国人民大学出版社，2010：519-562.

③ 郑杭生. 社会三大部门协调与和谐社会建设：一种社会学分析[J]. 中国特色社会主义研究，2006(1)：27-29.

单纯主张社区服务的公益化，还是单纯主张社区服务的产业化，都是仅仅看到两者之间相互冲突和排斥的一面，而忽视了两者有可能出现“正向谐变”的一面。社会服务创新，从根本上来说，就是要寻求该领域中国家、市场、社会三大主体之间“正向谐变”的体制机制。北京市 96156 社区服务模式正是这种创新性实践的典型案例。

二、96156 社区综合服务模式的基本架构与运行机制

所谓 96156 社区服务模式，是笔者对北京市以“96156 社区综合服务平台”为平台，充分整合各种社会资源，实现国家、市场、社会三大主体互构同强，从而为社区居民提供高效便捷的社区服务这样一种模式的概括。其突出特点是以信息流为主体整合社区服务资源。

（一）96156 社区综合服务平台的基本架构

如前所述，“96156 社区综合服务平台”由全市三级社区服务中心和北京市社区服务信息网络平台两部分组成，前者提供组织、设施、服务等支撑，后者提供网络、应用系统等信息管理和服务支撑。

(1) 三级社区服务中心。全市建立了三级社区服务中心，即 1 个市级、19 个区县级、183 个街道级社区服务中心。其中，每个区县级社区服务中心有不少于 3 000 平方米的用房，每个街道级社区服务中心有不少于 1 000 平方米的用房。三级社区服务中心负责辖区内社区服务体系建设，满足辖区居民社区服务需求，构成了层次清晰、较为完备的社区服务组织体系、设施体系和服务体系。

(2) 社区服务信息网络平台。北京市社区服务信息网络平台由网络系统和应用系统组成，目前应用系统包括管理和服务两个大类共 10 套应用软件。

社区网络系统：市社区服务中心，19 个区县级和 183 个街道级社区服务中心专线连接（光纤或 DDN），2 552 个社区服务站以 ADSL＋VPN 方式动态接入并进行数据交换和数据同步作业，基本实现了社区服务网络对城

市社区的全覆盖。北京市还制定了《社区管理与服务信息分类代码》《社区管理与服务信息系统通用数据结构》两个地方标准，建立了社区基础信息、动态信息采集与交换体系，形成了社区基础数据源。这些措施为全市范围内的信息资源共享和整合提供了基础。

社区管理系统：包括社区管理信息系统、社区信息管理应用系统、社区志愿者管理系统，以及居(村)委会换届选举系统。设置 9 个大类 198 个一级模块的 2 259 个数据项，汇聚了大量户籍信息和人口动态信息；26 万社区志愿者和 4 600 余个社区志愿组织数据；居(村)委会基本信息、居(村)委会选举信息、居(村)委会成员信息等。各级政府部门和街道办事处及有关单位可在网上进行数据查询和统计分析。

社区服务系统：包括市中心和区县、街道(街道“小呼叫”)接听座席设计的 96156 社区服务呼叫系统、服务支撑系统，以及由 1 个市级、19 个区县级和 183 个街道级网站组成的社区服务网站集群系统。以电话、网络、短信等多种接入方式，提供包括家政、综合维修、生活配送、租赁服务、文体娱乐、咨询服务等 6 大类 200 余项社区服务。此系统累计有上千家服务商信息和社区录入的 36 000 余条辖区服务项目信息，成为政府、居民及商家之间沟通的桥梁。

(二) 96156 社区综合服务平台的运行机制

96156 看上去只是一个简单的呼叫号码，却能够发挥巨大的威力，原因就在于其背后庞大的资源支撑体系，包括无形的网络信息资源体系和有形的社区服务资源体系。通过 96156 这一平台，这些海量的资源得到了有效整合，与巨大的社区服务需求之间形成了有效对接。具体运行机制如下：

(1) 服务资源整合机制。社区居民的需求是多种多样的。同样，现代社会，满足居民需求的资源也是无限丰富、多种多样的。从提供主体来看，有政府提供的资源，有市场提供的资源，也有各种社会组织提供的资源。从内容上来看，有家政服务、咨询服务、文体娱乐、生活配送等各种类型。这些资源往往都是分散的、零碎的，甚至不规范的，只有将它们整合起来，才能成为可以随时被激活和调遣的资源，并且发挥规模效应。96156平台正是通过数据资源库建设，对全市各种各样的资源信息进行审核、汇总、分类整理，形成一个巨大的资源网络。该网络包括市、区、街三级社区服务中心和各社区服务站所掌握的所有资源信息。各级服务中心还会在严格审核后，与这些资源主体进行签约，所以每条信息背后对应的都是一个合格的服务主体（服务商、社会组织等）。

（2）居民需求表达与服务提供机制。由于全市建立起了“接入渠道统一、平台数据库统一、管理统一、服务标准统一”的市、区、街三级社区服务信息网站群和全市统一的96156北京市社区服务热线系统、街道呼叫系统，居民在任何时间任何地点都可通过网络在线、热线电话申请等途径随时随地申请社区服务。“96156社区综合服务平台”在接到居民需求信息后，会第一时间在网络资源系统中找到最合适的服务主体，并且组织其第一时间提供上门服务。对于咨询类的服务需求，服务平台会根据需求类型自动转接到相关“专线”（如心理咨询、法律咨询等），及时提供专业化、个性化服务。

（3）服务反馈与监督机制。服务平台在组织各服务主体开展服务后，还会在第一时间（通常是30分钟后）对用户进行回访，调查其对服务的满意程度，从而保证服务质量。居民的反馈信息在服务平台对服务主体的考核和续约中占很大比重，对于社区服务的规范化和专业水平的提高有着重要的激励作用。

96156社区服务模式的运行流程可以简单地用图3-1来表示。可见，96156社区服务系统正是通过先进的电子技术、强大的服务队伍、丰富的信息资源和科学的管理方式，保障了社区服务的需求者和提供者之间的有效对接，构建起了一个服务供应和信息呼叫一体化的网络系统。[①] 这一看似简单的流程实际上蕴含着大量的信息和资源的流动。

---

① 许义平，何晓玲．现代社区制度实证研究[M]．北京：中国社会出版社，2008：159.

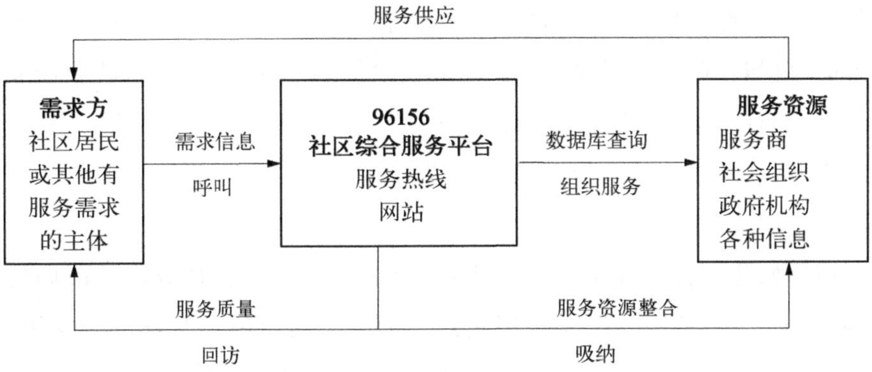

图 3-1　"96156 社区综合服务平台"运行流程图

三、96156 社区服务模式中国家、市场和社会的互构

96156 社区服务模式改变了传统的或由政府直接提供或由市场自发提供的传统社区服务的提供模式，形成了政府、市场和社会良性互动的新型社区服务模式。从社会互构论的视角来看，这种模式的核心价值在于其通过信息化的方式实现了各个社会主体的"正向谐变"，而且形成了各个参与主体各得其所、互利共赢的局面，从而探索出一条社区服务资源整合的道路。

（一）"政府失灵""市场失灵""社会失灵"

如前文所分析的那样，如何处理好国家与市场的关系，一直是我国社区服务理论和实践中的一个关键性问题。社区服务属于公共服务，按照埃莉诺·奥斯特罗姆(Elinor Ostrom)的看法，公共服务是以服务形式而存在的公共物品，具有公共物品的特征，如非排他性、非竞争性、不可分割性和不可衡量性。[1] 这种公共性产品理所当然应由作为公共部门的政府来主导提供，才能保证其公正性。政府在提供普适性、大规模、惠及大部分大众的公共服务方面具有优势，但在提供小规模、灵活性、个性化服务方面存在着天然的缺陷。而社区服务往往需要的正是大量小规模的、灵活性、个性化的服务。

① 埃莉诺·奥斯特罗姆，帕克斯，惠特克. 公共服务的制度建构：都市警察服务的制度结构[M]. 宋全喜，任睿，译. 上海：上海三联书店，2000：2.

此外，与私人部门相比，政府在对居民需求信号的把握、运行的灵活性等效率方面，也与企业存在不同之处。如果仅仅依靠公共部门的话，就会造成这样一种局面：一方面，政府付出了大量的人力、物力、财力，以至于不堪重负；另一方面，社区居民的差异化需求并没有得到满足。这就是社区服务中的“政府失灵”。

正因如此，在现代社会中，政府在开展社区服务时往往要借助市场的力量，如美国学者凯特尔(Keitel)指出：“今天政府的角色已经发生了变化，政府很少是公共产品及公共服务的生产者，而更多成为实际从事公共服务的代理人的监督者。”①但市场关注的只是获得利润，资源都会投入利润较大的领域，而社区服务领域相当大一部分都是薄利、微利，甚至无利的。再加上，当前，我国社区服务业还不发达，总体上规模较小、资源比较分散，无法形成规模效应。如家政行业，目前市场上存在大量的中小型企业，竞争非常激烈，为急于寻求消费需求，往往花费大量的人力、财力在市场散发广告，但实际上每家规模都不大，服务水平都不高。因此，单靠市场，显然无法解决我国社区服务方面存在的问题，特别是无法解决那些薄利、无利领域(如一些弱势人群的照顾)的社区服务问题。这就是社区服务中的“市场失灵”。

无论是政府还是市场，在针对社区特殊人群的特殊需要方面，都很难令服务对象满意，因为他们既需要人性化、个性化的服务，又无法承担过高的费用。因此，这一领域往往是政府和市场双重失灵的领域。正如美国学者伯顿・韦斯布罗德(Burton Weisbrod)所说，在市场和政府双重失灵的情况下，必然会寻求一种新的公共服务提供模式，第三部门的介入成为必然的选择——“私人非营利组织的存在，是为了提供一定范围的、被社区的某一部分而不是大多数人需要的集体物品”②。长期以来，在美国政治思想传统中一直存在着一对矛盾，即对公共服务的渴望与对提供这些公共服务的政府

① ［美］乔治・弗雷德里克森. 公共行政的精神［M］. 张成福，刘霞，张璋，等，译. 北京：中国人民大学出版社，2003：7.

② ［美］莱斯特・M. 萨拉蒙. 公共服务中的伙伴：现代福利国家中政府与非营利组织的关系［M］. 田凯，译. 北京：商务印书馆，2008：41.

部门的敌意，这使得不少人对作为第三部门的社会组织的“第三方治理”大为推崇，甚至“顶礼膜拜”。[①] 其实，作为第三部门的社会组织同样不是万能的，它也有失灵的时候。美国著名学者萨拉蒙(Salamon)提出了著名的“志愿失灵论”观点。他将现实中存在的慈善不足、慈善的特殊主义、慈善的家长式作风、慈善业余主义等统称为“志愿失灵”。当前，我国社区服务领域的社会组织方兴未艾，一方面，其重要性和独特功能初步显现；另一方面，大量小规模的社会组织的运作还很不规范。所以国家既要鼓励其发展，又要对其加强引导、规范和管理。需要强调的是，即使社会组织发展成熟了、管理规范了，也不能将其功能神化。[②]

可见，政府、市场和社会都不是万能的，但对现代社区服务来说，缺少其中任何一方，也是万万不能的。一个最佳的方案就是，通过某种机制，政府、市场和社会三者能够各显所长、优势互补，实现社区服务的复合治理。96156 社区服务模式正是在这方面取得了一定的突破。

(二) 96156 社区服务模式中的国家与市场的互构

在公共服务中，政府(国家)和企业(市场)的关注点有所不同，前者关注的是公共性维度，后者关注的是效率维度，两者合作的目的就是要在保证公平正义的前提下提升效率。在 96156 社区服务模式中，国家与市场实现了良性互构，通常被视为对立的两大主体在互构过程中实现了功能互补，而且国家和市场分别收获了社会效益和经济效益。

政府在两者的互构中实现了角色的“归位”和社会效益的提高。过去，政府在社区服务中大包大揽，既当运动员又当裁判员，现在逐渐转变为平台的提供者、规则的制定者、合作的谈判者和服务的监控者。具体来说：第一，

---

① 如有学者把社会与市场、国家截然对立起来，提出“拒绝与市场和国家的共谋”，一个独立于国家并具有抗争和制衡力量的社会，完全能够自主、自治、能动的社会，是解决现代社会一切问题的一剂良药。参见郑杭生．我国社会建设社会管理的参照系及其启示：一种中西比较的视角[J]．国家行政学院学报，2011(6)：8－13，1.

② 已有学者对夸大社会组织功能的观点进行了反思。参见郑杭生．我国社会建设社会管理的参照系及其启示：一种中西比较的视角[J]．国家行政学院学报，2011(6)：8－13，1.

搭建了整个“96156社区综合服务平台”，这个平台是整个服务模式运行的核心枢纽，正是这一平台把作为具体服务提供者的企业和社会组织与作为规划者的政府，以及作为服务使用者的广大社区居民三者紧密联系在了一起。第二，对加盟企业进行规范管理，严格保证服务质量。政府实行严格的准入制度，对每一家合作企业的资质都会进行严格的审核，在服务过程中，也会通过回访及时监控服务效果。此外，由于市场更能满足社区居民的多层次的个性化需求，而且市场提供的服务专业化程度和效率往往也要大大超过政府，因此居民的社区服务需求得到了更好的满足。社区服务业的发展，也解决了不少如就业等社会问题。这些都是社会效益的集中体现。

企业在两者的互构中实现了角色的“正位”和经济效益的提高。过去，市场在社区服务中要么“缺位”，即不参与社区服务领域，完全由政府包办，要么“越位”，即抛开公共性原则，在所有的社会服务领域内都按照市场化原则运作，以实现盈利为宗旨。而在96156社区服务模式中，市场的角色得到了“正位”，即由政府进行统筹管理，适合其承担的业务就给它们，而且对其运行过程进行严格监控，保证其严格按照社区服务业的规范加以运行。在这一过程中，社区服务企业也实现了自身的发展壮大。这是因为：首先，“96156社区综合服务平台”为其提供了大量的居民需求信息，实现了供需的对接；其次，该平台将大量服务企业整合起来，使它们之间的竞争从无序转为有序，而且能够形成规模效应；最后，政府的规范化管理，使其提高了规范化程度和专业化水平，有利于打造企业的品牌效应。这些都有利于其经济效益的提高。

（三）96156社区服务模式中国家与社会的互构

相较于政府和市场，作为第三部门的社会组织（社会）的最大优点是其超然性、自愿性。其追求的既不是权力，也不是利润，而是对社会的奉献程度，特别是对社会弱势群体的帮扶。这一主体对于社区服务来说至关重要，因为它既可校正社区服务中的“政府失灵”，又可校正社区服务中的“市场失灵”。在96156社区服务体系中，通过“96156社区综合服务平台”，政府（国家）与社会组织（社会）之间也实现了相互建构、彼此形塑，并在这一过程中实现了各自功能的提升。

在政府和社会组织的互构中，政府的公共性得到了加强，其社会效益进一步提升。政府在社区服务提供中，由于自身精力和能力的局限，主要是针对社区居民的一些共性需求，如对社区公共设施的需求、社区环境的需求、老年人残疾人等特殊人群物质生活方面的需求等，因而对于一些特殊人群的特殊需求，往往容易忽视甚至爱莫能助，这使他们特殊的公共诉求无法实现。社会组织的出现弥补了这一缺陷。不同的公益组织是不同利益群体的代表，会为它们所代表的那些团体争取应享有的公共服务。社会组织的成员往往充满了爱心和奉献精神，能够在无权无利的领域奉献自己的力量。这大大节约了社区服务的成本，提升了公众的利益，更多地体现社会公平正义，从而夯实政府的公共性基础，促进了社会和谐。同时，随着社会的进步，社会组织越来越成为人们就业的一种重要选择，这为解决就业等社会问题提供了帮助。

在这一互构过程中，社会组织自身也得到了发展，主要表现在两个方面：首先，96156 信息平台实现了社区居民需求和社会组织服务供给的有效衔接，拓展了社会组织的活动空间；其次，政府的严格培训和规范化管理，也促使社会组织提高专业化水平，避免“社会失灵”现象的发生。

总之，在这一模式中，通过国家、市场和社会的互构，社区各个主体形成了互利共赢的局面。这种“国家—市场—社会的三维合作”模式与传统的“国家—社会二元对立”模式是截然不同的。

在社会互构论的理论视野中，不同社会主体之间不是孤立的，也不是对立的，而是相互建构、彼此形塑。社会体制创新归根到底是探寻避免各主体之间发生“逆向冲突”、促进各主体之间实现“正向谐变”的体制机制。从这一视角来看，北京市 96156 社区服务模式是我国社会体制创新的重要成果，代表了我国社区服务发展的未来趋势。

第四章　在冲突中寻求秩序：社区调解与基层治理共同体构建

注重调解的理念植根于中国传统的“和合”文化，是实体主义的传统中华法系的重要表征。它与西方形式主义法律中“以法律为准绳”“捍卫每一寸权利”的理念是截然不同的。[①] 但自清末以来的历次以法律移植为主要特征的“变法”中，调解都顽强地存活下来并得到了新的发展。自 20 世纪 70 年代以来，这一古老的传统竟然在法治主义一统天下的西方社会中能够勃然兴起，并且逐渐形成一种 ADR（非诉讼纠纷解决机制）运动[②]。然而，自 20 世纪 80 年代以来特别是在 20 世纪 90 年代，人民调解制度在中国遭遇了前

① HUANG J L. How are laws practiced? a sociological analysis based on a judicial case in China [J]. Chinese sociology and anthropology, 2008(2): 41 - 77.

② 从寻求纠纷的社会解决而非国家解决这一点上来说，西方的 ADR 与中国的社区调解有异曲同工之处。但是，在运作方式、实践效果等多方面两者都是有区别的，绝不能望文生义地将其等同，特别是要防止犯两种错误：一是将中国调解的合法性建构在西方 ADR 运动的兴起之上；二是将中国调解附会为 ADR 理念的直接来源。关于两者的区别，参见黄宗智. 中国法庭调解的过去和现在[M]//许章润. 清华法学(第十辑). 北京：清华大学出版社，2007：37 - 66.

所未有的生存危机，人们纷纷将解决纠纷的希望寄托于“法律的武器”而抛弃传统的调解。这种看似悖谬的现象背后到底是什么样的逻辑呢？换句话说，人民调解制度在中国究竟遇到了什么问题？这一被西方学者称为“中国法律制度最引人注目的一个方面”[①]的悠久传统是否就只能坐以待毙呢？

第一节　社区调解的传统及面临的挑战

一、社区调解：从传统到现代

调解作为中国特色的纠纷解决机制，具有悠久的传统，是中华民族亘贯古今、最具活力的法律传统。据考证，《周礼·地官》中即有“调人”之设，“掌司万民之难而谐和之”。秦汉大一统以后，皇权不下县，地方治安、微罪处罚、民事争执等，大多由地方自治或“调处”解决[②]。此后，历朝历代的统治者都对调解给予极大的关注，将“调处”作为解决纠纷的主要方式。《大明律》明文规定了民间“调处”的法律地位，一旦未经“调处”而先上诉即以“越诉”处置；清朝著名的康熙“圣谕十六条”也大力推崇“和乡党以息争讼”“明礼让以厚风俗”“息诬告以全良善”等教条[③]。中国传统社会之所以如此重视调解正是与儒家伦理中“和谐为贵”“讼则终凶”，主张“无讼”“息诉”的“法律意识”相关。[④]

晚清以降，在西学东渐的浪潮中，包括法律文化在内的儒家思想体系逐渐瓦解，韦伯笔下的欧陆“形式的—理性的”(formal-rational)法律体系[⑤]快

① COHEN, JEROME ALAN. Chinese mediation on the eve of modernization[J]. Journal of asian and african studies, 1967(4): 54 - 76.

② 林端.儒家伦理与法律文化：社会学视点的探索[M].北京：中国政法大学出版社，2002：361.

③ 同②，362.

④ 张晋藩.中国法律的传统与近代转型(第 2 版)[M].法律出版社，2005：267 - 1286；COHEN, JEROME ALAN. Mediation in the eve of modernization[J]. California law review, 1966(54): 1209 - 1211.

⑤ 马克斯·韦伯.经济与社会(下卷)[M].林荣远，译.北京：商务印书馆，1997：138.

速地被移植进来。然而,法条可以一夜间完成移植,传统却没有那么容易应声而倒,而且往往会在新的环境中成长为具有现代性的新事物,这正体现了“传统是被发明的、现代是成长的”这一经典论述。[①] 人民调解制度的形成和施行就是在传统民间调解思想的基础上所进行的一次制度创新。该制度最早在土地革命时期的苏区实行,既吸纳了传统调解制度讲究说服教育、化解矛盾、提高效率、节约成本等优势,又赋予其群众动员、政治教育乃至社会再组织等新的社会治理功能。[②] 西方学者习惯于将从苏区到改革开放前的人民调解称为“毛泽东时代的调解”,并且认为这个时期的人民调解制度最大的特点就是包含着共产主义意识形态,即“共产党已经将调解纳入了他们重新安排中国社会并动员群众支持执行党的政策的努力之中”[③]。黄宗智先生曾对中国革命前后的调解做了深入且细致的研究。他认为,与革命前的调解相比,革命时期的社区调解呈现一种高度政治化的运动型纠纷处理特点:调解的主要主持者由之前的村庄内生的非正式威望人士转变为半官方的社区干部,调解的主要原则和方法由人情为主、辅之以法律和道理,转变为以法律和政策为主、人情和道理为辅。[④] 总之,人民调解制度延续了传统民间调解的脉络并将之发扬光大,是社区调解的重要阶段。该制度在我国新民主主义革命和社会主义革命与建设的实践中,为维护社会稳定、实现群众自治、加强社会民主法治建设做出了重要贡献,并且在国际社会上获得“东方经验”和“东方一枝花”的美誉。

改革开放以后,社区调解逐渐进入一个新的发展阶段。在一些人看来,强调“调和”“情理”的传统调解已成为与现代法治观念格格不入的陈旧观念,必将被更具现代理性精神的民事审判制度所取代。[⑤]

---

① 郑杭生.论现代的成长和传统的被发明[J].天津社会科学,2008(3):64-68.

② 强世功.调解、法制与现代性:中国调解制度研究[M].北京:中国法制出版社,2001:204-263.

③ LUBMAN S. Mao and mediation: politics and dispute resolution in communist China[J], California law review, 1967(5): 1284.

④ 黄宗智.过去和现在:中国民事法律实践的探索[M].北京:法律出版社,2009:22.

⑤ 熊易寒.人民调解的社会化与再组织对上海市杨伯寿工作室的个案分析[J].社会,2006(6):95-116,210-211.

这是否意味着社区调解这一重要的中国法律传统必然会逐渐走入历史，成为被珍藏和观瞻而不具现实意义的“博物馆珍藏品”呢？[①] 要回答这一问题，首先必须抛弃意识形态，既要抛弃现代主义的意识形态，也要抛弃民族主义的意识形态，要对这一制度所处的实践基础进行具体分析，看看到底发生了什么使得这一制度的实践效果出现了问题；然后，再来看看是否有修复的可能。

二、现代社会中社区调解的合法性危机

从社会学的视角来看，人民调解制度所面临的这一尴尬局面是有深刻的结构性背景的，甚至可以说是“现代性全球之旅”[②]的必然产物。简单地说，这主要包括相互联系的两个方面：一是中国社会从传统的自然经济或计划经济向市场经济的转变；二是中国基层的社会关系由熟人社会向陌生人社会转变。正是这样的结构性巨变，使得这一制度立足的社会基础[③]发生了深刻的变化，继而面临着继续存在的正当性诘难，即哈贝马斯（Habermas）所说的合法性危机[④]。

（一）市场经济对传统社区调解制度合法性的挑战

市场经济对于人民调解制度的冲击最直接的表现是使社区纠纷的形态发生了巨大的变化，具体来说呈现以下新的特点[⑤]：

第一，纠纷形态的多样化。当前的社区纠纷既包括传统的家庭纠纷、邻

① 黄宗智．过去和现在：中国民事法律实践的探索[M]．北京：法律出版社，2009：48.

② 郑杭生，杨敏．两种类型的现代性与两种类型的社会学：现代性与社会学的全球之旅[J]．福州大学学报（哲学社会科学版），2005(1)：8－20，38，112.

③ 对于传统调解制度的社会基础更细致的分析，参见刘敏．论传统调解制度及其创造性转化：一种法文化学分析[J]．社会科学研究，1999(1)：57－62.

④ 尤尔根·哈贝马斯．合法化危机[M]．刘北成，曹卫东，译．上海：上海人民出版社，2000：128.

⑤ 本文立足于对城市社区纠纷和调解进行分析，所用的经验材料主要来自笔者在深圳城市社区调查中所获取的资料，同时也包含这样的思考：相对于农村来说，城市社区调解的作用弱化要明显得多，如果我们的分析表明调解在城市社区中有可能获得“重生”，那么农村社区中调解传统的重建更是不言而喻。此外，本文所分析的城市社区中的调解的合法性危机或多或少地存在于农村。因此，本文的结论也适用于农村调解。关于农村调解所面临的困境，参考董磊明．宋村的调解：巨变时代的权威与秩序[M]．北京：法律出版社，2008.

里纠纷，也包括一些新的纠纷，如劳资纠纷、物业纠纷、“三失”（国企改制带来职工下岗失业、农村征地造成农民失地、城市房屋拆迁导致居民失房）带来的纠纷。而且，即使是家庭纠纷、邻里纠纷等传统纠纷也不像过去那么单一。以邻里纠纷为例，当前新型社区的居住形态与传统单位型社区（家属院）已大不一样。一是熟人社会的解体。居住在同一社区里的人职业、身份都比较复杂，互动较少，甚至“老死不相往来”。二是房产权的私有化和人们权利意识的增强。计划经济时代，小区居民大多只拥有住房及小区内公共设施的使用权，并无所有权。现在则是产权私有化，“他我”观念非常明确。这些变化导致了邻里纠纷一旦发生就可能向尖锐化方向发展。

第二，纠纷主体的复杂化。随着现代社会利益的多元化，社区纠纷的主体也日趋复杂化。传统的社区纠纷主体主要是家庭内部成员、社区内部成员，而现在的社区纠纷除此之外，还包括大量的其他主体。单就物业纠纷来说，业主、开发商、物业公司、房产主、租赁者、业主委员会、居委会等各个行为主体之间都有可能发生错综复杂的矛盾。此外，本地居民与外地居民、常住居民与流动人口、居民与地方政府、劳方与资方等都可能成为纠纷的主体。

第三，纠纷诉求的理性化。传统调解面对纠纷的态度主要是“息事宁人”，给双方一个“说法”，而现代社区纠纷的诉求越来越趋于理性化，即越来越趋向于维护自己实实在在的权利。而且，现代社区居民都具有一定的法律意识，在调解的过程中总是会与诉讼相对照，只有当调解能够更好地实现自己的利益时，他们才会选择这种方式。

传统人民调解的制度设计主要是针对传统自然经济或计划经济下简单的纠纷形态，是通过不具备各种专业知识的社区权威人士就可以平息的。而市场经济环境中的这些新的纠纷形态使这一制度往往显得力不从心。

（二）陌生人社会对传统社区调解制度合法性的挑战

社区关系的陌生化是传统人民调解制度面临的又一挑战。传统社区基本上是一个熟人社会，人们大多是基于一定的关联（或是单位同事，或是世代比邻而居）而居住在一起，而且流动性很小，彼此之间的互动是持久的、多方面的。在这种传统的熟人社区中，社区秩序维系的机制是“礼俗”而非规范性的法律①，或用埃里克森（Erikson）的话来说是“无需法律的秩序”②。所以，梁漱溟说：“社会秩序所以维持，在西洋为法律，在中国则倚重习俗。近代法律之本在权利，中国礼俗之本则情与义也。”③在此种文化氛围中，“闹上法庭”对于当事人双方来说是恩断义绝的表现，相对于外人来说则是丢面子的事，不到万不得已不会被人们所选择。这就不难理解为什么有学者说“传统社会的核心（家庭、家族、村落、行会）的结合为法外调解创造了压力和制度”④。另一方面，调解在传统熟人社会中能够被广为接受，还在于社区权威的存在并被广泛认同。传统的社区权威通常是由具有一定阅历的族长、乡绅、长老等人担当的，之所以如此，是因为“维持礼的是传统，而传统是社会所积累的经验”⑤，正是这些具有丰富人生和社会经验者被认为是传统的化身而被大家所认同。换句话说，只有他们拥有足够的知识和威信才能使纠纷双方心服口服。

而现代社会的一个显著特征就是熟人社会的解体，社区关系的陌生化。如有学者分析的那样，“社会结构转型不可避免地造成社会流动加快、社会分化加剧，经济体制转轨则不可阻挡地引发人际关系松散，传统社会人与人之间的联系减弱——所有这些都从各个方面促进市场经济下陌生人世界的形成。‘熟人社会’的分量渐次减少，‘生人世界’的成分快速增长”⑥。陌生人社会使得传统的人情、面子等机制在抑制诉讼上失去了作用，同时传统的社区权威也一去不复返了。这对于传统人民调解制度的合法性来说是颇具

① 费孝通. 乡土中国　生育制度[M]. 北京：北京大学出版社，1998：48.
② ELLICKSON R C. Order without law：how neighbors settle disputes[M]. Cambridge：Harvard University Press，1991.
③ 梁漱溟. 梁漱溟全集（第二卷）[M]. 济南：山东人民出版社，1990：168.
④ LUBMAN S. Mao and mediation：politics and dispute resolution in communist China[J]，California law review，1967(5)：1284.
⑤ 费孝通. 乡土中国　生育制度[M]. 北京：北京大学出版社，1998：50.
⑥ 郑杭生. 破解在陌生人世界中建设和谐社区的难题：从社会学视角看社区建设的一些基本问题[J]. 学习与实践，2008(7)：5－12，1.

颠覆性的。因为基层调解最大的特点是利用地方资源，包括人际关系、公共道德、习惯和乡规民约等，以及特定的人际关系及环境等条件促成和解的氛围，一旦这些因素对当事人失去了约束力，基层调解就会随之受到冷落。①

传统的调解制度正是建立在自然经济、计划经济及由此带来的熟人社会的基础上的，因此这些变迁必然会使调解制度面临着深刻的合法性危机。是否能够在新的社会背景下，重新赋予其新的合法性，是决定这一制度能否“起死回生”的关键。在这一问题上，深圳市的实践探索给了我们很大的启发。深圳市是一个典型的移民城市，外来人口占总人口的70%以上，在绝大多数社区中，外来人口占据主导地位；而且，深圳的市场经济发展程度也处于中国前列。也就是说，我们所分析的导致人民调解制度合法性危机的两大结构性因素在深圳表现得尤为突出。因此，深圳经验对于全国人民调解制度的合法性重塑具有重要的意义。

第二节　制度创新与合法性重塑

一、市场经济条件下的社区调解探索

要破解市场经济条件下推行人民调解制度的难题，就不得不通过制度创新使该制度适应社区纠纷的新变化。纠纷形态的多样化要求拓展调解领域，不能仅仅将调解局限在传统的婚姻、家庭纠纷、邻里矛盾等方面，而应该探索如何在物业纠纷等新领域中推行人民调解制度，做到“哪里有矛盾，哪里就有调解”；纠纷主体的复杂化，意味着调解主体的多元化，单纯依靠传统的居委会调解及其附设的人民调解委员会是解决不了问题的，而应该将党组织、政府、司法机关、社会机构等部门的力量整合起来，形成“党政领导，综治牵头，司法主办，部门参与，联合调处”的大调解格局；纠纷诉求的理性化

① 范愉.社会转型中的人民调解制度：以上海市长宁区人民调解组织改革的经验为视点[J].中国司法，2004(10)：55-62.

就要求调解方式的创新，传统“动之以情、晓之以理”的调解方式固然重要，但对调解员的法律专业知识要求不能不提上议事日程了，即调解必然会走向规范化和专业化。深圳市的探索正是循着以上思路展开的。

（一）拓展人民调解的工作领域

传统人民调解的局限性首先体现在其调解领域的狭窄性上。这表现为：第一，调解对象主要停留在对婚姻、家庭、邻里等矛盾纠纷的排查调处；第二，调解的范围主要局限在社区内部。随着社会转型的逐步深入，劳动纠纷、物业纠纷、土地纠纷、环境纠纷等新情况不断出现，越来越成为威胁社会稳定的新因素。针对这一状况，深圳市大力拓展人民调解的工作领域，力争做到“哪里有民间矛盾纠纷，人民调解就延伸到哪里，及时把矛盾纠纷解决在基层、消灭在萌芽状态”。

首先，调整人民调解的对象和重点。在做好传统的婚姻、家庭、邻里等矛盾纠纷排查调处工作的同时，把工作重点放到容易引发社会不稳定因素的重大、复杂纠纷上，特别是因农村城市化、征地拆迁、安置补偿、企业改制重组、职工下岗待岗、拖欠工资等引发的矛盾纠纷上。如针对愈演愈烈的外来劳务工维权问题，深圳市首创劳动争议人民调解新机制。据统计，2006年，深圳市1.4万件诉讼案中，劳动争议纠纷占70%以上。为此，深圳市在宝安区9个街道办的劳动管理站建立了劳动争议联合调解室，由人民调解员进入劳动管理站，形成基层劳动行政监察和人民调解合力调解辖区劳动争议纠纷的新机制。

其次，拓展人民调解的范围，建立新型物业小区、新兴行业，以及跨社区、跨行业的调解组织。如罗湖区探索了在新型物业小区内实行人民调解的方式。该区共有900多个物业小区，居住人口近100万，外来人口众多、成分复杂。在这种陌生人的社区里，一旦发生矛盾，居民就向物业管理处求助，物业管理处也经常自发地处理业主间的矛盾纠纷，但这种自发性调解缺乏规范的业务指导，调解形式随意、松散，纠纷复发率较高。自2004年起，罗湖区先后建立物业小区人民调解组织471个，覆盖全区90%的物业小区，发展物业小区调解员 1 500 多人，调解纠纷 3 700 多宗，排查矛盾纠纷近 200 宗，为实现“小区平安、社区稳定、全区和谐”发挥了积极作用。

（二）完善组织体系，创新调解载体

传统人民调解主要依托的载体是社区居委会及其附设的社区调解委员会。显然，这种组织形式很难适应纷繁复杂的现代社区纠纷。[1] 深圳市从两个方面入手，构建人民调解的组织网络体系：

首先，构建纵横交错、相互补充的调解网络体系，形成了“纵到底、横到边”，不留死角的网络格局。深圳市营造出了一个主要领导全面抓，主管领导直接抓，责任人员具体抓，部门之间协同抓的“网络覆盖、功能齐全、事有人管、调防有序、层层设防、道道把关”的矛盾纠纷防控体系。在纵向上，建立以司法所为核心，由街道、社区人民调解委员会和调解小组组成的三级调解网络，并且致力于企业、行业性人民调解委员会和区域性人民调解委员会建设，形成区域、行业和企业相互补充、相互交叉的立体调解网络。目前，全市有各级人民调解委员会 1 000 多家，社区人民调解委员会覆盖率为 100%，企业人民调解委员会有 300 多家，区域性、行业性人民调解委员会有十几家，人民调解员有 13 000 余名。在横向上，以司法行政机关正在开展的“法律进社区”工作为载体，强化基层人民调解工作，并且加强人民调解委员会与各相关部门的联系，共同做好矛盾纠纷排查调处工作，创造出了著名的“警民联调模式”和“桃源模式”。

所谓“警民联调”是指将人民调解和治安调解有机结合，组建一支专职调解员队伍，在派出所和社区警务室设立“人民调解工作室”（又称“警民联调工作室”），民警负责处置治安和刑事案件，人民调解员负责调解各类民事纠纷，两者互相配合，共同做好社会治安工作。这一制度创新是基于这样一个难题：在“有困难找警察”的思维定式下，人们一旦出现纠纷就找公安机关。这造成两个方面的结果：一方面，民警每天要花 60%以上的精力来处

① 何兵. 论民间调解组织之重构[J]. 中国司法，2004(2)：24－27，53.

理非警务纠纷，严重制约了有限的警力，直接影响了治安管理和刑事打击的效能；另一方面，人民调解的资源大量闲置，发挥不了应有的作用。“警民联调模式”的精髓就在于探索出了一条警力资源和调解资源优势互补、互利双赢的大调解模式。

所谓“桃源模式”就是指“一合、两进、三调、四结合”的社区司法信访工作模式。所谓“一合”是指司法所与信访办合署办公，实现资源共享；“两进”是指通过建立社区法律工作站和基层调解组织，推动信访工作进社区、进企业，把矛盾排查化解在基层；“三调”是指通过运用“行政调解、司法调解、人民调解”三级调处机制，把绝大多数信访问题解决在基层、化解在萌芽状态；“四结合”是指把信访工作与人民调解相结合、把矛盾排查与矛盾化解相结合、把信访救济与司法救济相结合、把法制教育与法律约束相结合，多管齐下，综合治理，实现社区司法与信访工作“双赢”。这一模式的精髓在于探索出一条把信访工作与人民调解工作结合起来的纠纷化解机制，形成一套“发现情况—迅速反馈—协调处理”的反应机制，使绝大部分矛盾纠纷在萌芽状态、在基层就得以妥善解决。

其次，推进调解组织的规范化建设。调解组织的架子搭起来后，紧接着就是人民调解委员会和司法所的规范化建设。在人民调解委员会规范化建设方面，深圳市认真落实司法部等部门关于人民调解委员会“五有四落实”的要求。所谓“五有”是指有人民调解委员会标识牌，有固定的人民调解工作场所，有人民调解委员会印章，有调解及回访等记录簿，有统计台账；“四落实”是指组织落实、制度落实、工作落实、报酬落实。在司法所规范化建设方面，全市司法所全部达到一级所标准，特区内不少于150平方米场地，特区外不少于300平方米场地，每个司法所至少有一名全日制法律本科毕业生或通过律师、司法考试的法律相关专业人才。

（三）构建大调解格局，创新工作机制

目前，社区纠纷大多呈现主体的多元性，牵涉面广、复杂程度高、涉及的职能部门多，单靠一个部门的调解往往无法发挥作用，必须构建多方面协调、合作的大调解工作格局。深圳市的探索包括以下三点。

第一，建立人民调解与司法诉讼的衔接机制。人民调解的一个突出缺陷就是其强制力不足，甚至有学者认为“调解协议对当事人没有拘束力和执行力是人们不愿意利用调解制度的根本原因”①。因此，调解与诉讼有效衔接机制的建立至关重要。2002 年，最高人民法院颁发的《最高人民法院关于审理涉及人民调解协议的民事案件的若干规定》第一条明确规定：“经人民调解委员会调解达成的、有民事权利义务内容，并由双方当事人签字或者盖章的调解协议，具有民事合同性质。当事人应当按照约定履行自己的义务，不得擅自变更或者解除调解协议。”法院在审判时可以直接把调解书的内容作为法律依据予以采纳，而不能再像以前那样轻易废止民事调解的协议内容。深圳市认真落实这一规定，使人民调解的权威性极大增强。此外，深圳市还做了一些创造性的探索，如为了使劳动争议纠纷的调解协议更具有法律效力，深圳市中级人民法院明确规定，法院可以向不履行该调解协议的单位发出“支付令”。

第二，建立人民调解与法律援助的协调机制。群体性涉法纠纷很容易因为贻误时机而酿成影响社会稳定的群体性事件。针对这一状况，深圳市司法局法律援助处和各区法律援助机构均成立了法律援助调解小组。为群众提供法律咨询，协调政府和有关部门化解矛盾、平息事态，将问题消灭在基层。2007 年 1 月至 11 月，全市法律援助机构共处理 10 人以上群体性纠纷 30 宗，涉及近 1 万人，其中一半以上都是通过调解解决的。

第三，建立人民调解与警务工作、信访工作等方面的协调机制。如前文提到的“警民联调模式”和“桃源模式”。

二、陌生人社会中的社区调解

在陌生人社会中，权威人物“动之以情、晓之以理”的传统调解方式很难

① 张卫平. 我国替代性纠纷解决机制的重构[J]. 法律适用，2005(2)：15 - 16.

发挥作用。首先，传统的族长、长老、乡绅等社区权威在陌生人社会中不存在了，单位制时代的社区居委会干部的权威也大大下降。其次，即使这些权威能够发挥部分作用，他们也很难有能力面对现代社区中越来越专业化和复杂化的纠纷。因此，人民调解的专业化、职业化是时代发展的必然趋势①。围绕这一目标，深圳的制度创新包括以下四点。

（一）聘请专职人民调解员

传统的人民调解员大多由居委会成员兼任，既缺乏专业知识又难有时间保障。这大大削弱了调解工作的效果。目前，越来越多的专职人民调解员参与社区的矛盾与纠纷化解。这些专职调解员上岗后，迅速全面整理社区的调解文书、档案及其他相关资料，落实各项调解工作制度，规范调解程序，健全各种调解登记和统计，推动了调解工作在基层的落实，大大提高了人民调解工作的水平。

（二）建立人民调解指导员制度

人民调解指导员制度最早是在深圳罗湖区展开探索的。最初的做法是由区人民法院选派经验丰富、业务水平高的资深法官担任街道人民调解委员会指导员。指导员的职责是参与组织街道和社区人民调解员的培训，指导调解文书的制作，对重大、疑难纠纷的调解进行个案指导等，将人民法院对人民调解工作的指导具体化。后来，罗湖司法局又会同区人民法院共同制定了《深圳市罗湖区人民调解指导员制度试行办法》，规范和加强了人民调解指导员的工作，将区法官担任街道人民调解委员会指导员推至街道担任人民调解指导员，其职责扩大为指导整个街道的人民调解工作，包括警民联调工作。罗湖区的这一探索已经在全市范围内逐渐铺开，这对于不断提高人民调解委员会的工作水平和社会公信力发挥了非常积极的作用。

（三）从经验型调解向专业型调解转变

近年来，深圳市司法行政机关大力推进“法律进社区”工作，以社区法律

---

① 李玉华，杨军生. 论人民调解员的职业化[J]. 中国司法，2006(6)：67－69.

服务站为平台，组织律师、公证员、法律援助工作者、基层法律服务工作者和法律服务志愿者等 5 支队伍深入社区，为社区居民提供各种法律指导和服务，以实现法治工作的重心下移。法律进社区工作的重点是律师进社区。进入社区的律师等法律专业人员积极协助社区或街道做好矛盾纠纷排查、纠纷调解、信访工作等，尤其是参与重大、疑难矛盾纠纷的处理，这为提高调解组织的调解水平，推动社区人民调解从经验型向专业型转变提供了一定的条件，也取得了良好的效果。如龙岗区横岗司法所在西坑社区设立法律服务站，专门聘请 4 名法律专业人员，先后调解了一大批家庭、婚姻、劳资和承包经营方面的纠纷；又如宝安区西乡司法所聘请已退休的原西镇乡法庭庭长担任首席调解员，罗湖区笋岗街道司法所聘请知名律师傅志伟担任人民调解委员会副主任等，都取得了良好的社会效果。

（四）推行社区人民调解员培训制度

从当前的现实情况来看，社区人民调解的大量工作还是得靠社区内的人民调解员来做，因此深圳市非常重视社区人民调解员的培训制度的建立和健全。首先，抓好上岗培训，专职调解员由各区司法局统一培训考核后才能上岗，社区兼职调解员由各街道司法所组织开展培训，经考核通过后发放上岗证。其次，建立区、街道、社区三级持续培训制度，全区每年组织专职调解员、社区工作站兼职调解员开展 2～3 次专题培训，街道每年组织社区调解员至少开展 1 次业务培训，社区专职调解员配合街道司法所对物业小区调解员进行集中培训和上门辅导培训。

三、社区调解将向何处去？

至此，我们至少可能得出这样的结论：随着社会实践的结构性巨变，社区调解这一中国传统的法律手段确实面临着深刻的合法性危机。然而，仔细分析，这种危机并非不可化解，深圳经验为我们提供了化解这一危机的思路。社区调解的命运既不会像法律现代主义者所悲观地认为的那样，必然会被西方式的法院诉讼所取代；也不会像民族主义者所乐观地认为的那样，具有不证自明的合法性。其面临着市场经济和陌生人社会两大历史性挑战，必须进行根本性的制度变迁才能焕发活力。

深圳经验的启发是：在现代社会中，重塑这一社区调解制度的合法性必须通过制度创新拓展调解领域、创新调解载体、构建大调解工作格局，使人民调解走向规范化、专业化、网络化、社会化、公共化。所谓规范化是指调解委员会建设和调解过程的规范化，这是在熟人社会解体后人民调解机构塑造其公信力的首要条件；所谓专业化是指调解人员的专职化和调解依据的法律化，而不再是像过去那样依靠权威人物的威望和经验；所谓网络化是指调解载体和调解手段的多元化，把纠纷涉及的各主管部门都整合在一个网络中，协同化解矛盾，特别是实现人民调解、行政调解和司法调解的良好协调，互利双赢；所谓社会化是指要善于利用社会组织，发动各种社会资源来化解纠纷；所谓公共化是指要树立现代公共管理的理念，逐渐实现以政府购买服务的形式化解纠纷。

第三节　社区调解中的信任机制

一、调解、场域与信任

（一）问题的提出

社区调解是社区调解者根据有关法律法规对社区内相关民间纠纷的当事人进行说服教育、规劝疏导，促使纠纷各方互谅互让、平等协商、自愿达成协议、消除纷争的一种群众性自治活动，是我国最重要的纠纷解决方式之一。随着我国的改革和转型进入深水区，各种利益矛盾空前尖锐，社区作为化解社会矛盾的第一道防线所承担的责任越来越重大。要真正发挥社区调解的功能，必须对实践过程中社区调解的运行逻辑有一个清晰的认识。而信任是调解的基础，信任机制是调解过程中的核心机制，要理解社区调解的运行逻辑，离不开对调解过程中信任机制的理解。那么，在调解过程中，信任究竟是如何建立起来的？或者说当事人到底是怎样形成对调解人的信任的，调解员又是如何赢得当事人的信任的？在不同“场域”中，不同的信任机制又是如何影响调解策略的选择的？

（二）理论视角

布迪厄(Bourdieu)将场域定义为经过限定的位置间客观关系的网络或结构。因此，场域是一种具有自身独特运行逻辑与规则的独立空间，即基于调解主体间互动的情境概念。关于惯习，布迪厄认为，惯习将其特殊影响归结为在意识、语言之下或意愿控制之上来发挥作用，并且它自身还包括了个人的知识和对世界的理解①。因此，笔者认为在调解过程中，惯习体现了调解人在解决矛盾纠纷时体现出的应对策略。而在调解场域中，调解人会采用调解惯习来获取各种社会资本，这种资本就是信任。正如李全生所说，场域内存在各种力量和竞争，但能够决定竞争的逻辑就是资本的逻辑，一种资本若不与场域联系在一起则很难存在和发挥相应的功能。② 本研究将“场域”定义为社区调解互动空间，即 M 社区和 K 社区范围内的情境概念；将“惯习”定义为基于特定情境下的行为、心理反应模式；将“资本”定义为调解过程中信任机制的影响因素。

（三）社区简介

本研究的一个基本假设是，在不同的“场域”中，信任机制是不尽相同的。具体到社区调解过程中，在传统的熟人社区和现代陌生人社区中，信任机制和调解策略有很大差别。笔者选择了两个典型社区分别代表这两种类型的社区。③

M 社区，S 省农村社区，位于 C 市县区，距市区 2.5 千米。该村有近百年的历史，民国时期各地逃荒难民在此聚居而逐渐形成村庄。全村总面积为 32 万平方米，人口有 669 人，人均收入为 3 700 元。村支书兼村委会主

---

① BOURDIEU P. Distinction[M]. Sage CA: Routledge and Kegan Paul, 1984.
② 李全生. 布迪厄场域理论简析[J]. 烟台大学学报(哲学社会科学版)，2002(2)：146-150.
③ 本文中的社区类型是一种“理想类型”意义上的划分。

任，还有副支书2名、副主任3名、委员2名。

K社区，S省城市社区，于20世纪80年代初组建，地处C市繁华的东一环路旁，由部分社区合并而成，辖区面积约0.8万平方千米。辖区内有居民3 200多户，10 000多人，并且人口流动性较强，在此社区居住超过10年的居民仅占社区总人口的9%；居住超过5年的居民占社区总人口的23%。居委会现有工作人员8名，其中书记1名、主任1名、副书记1名、副主任1名、委员4名。

二、社区调解：乡土正义与法理正义

通俗说，调解做的是人与人之间的工作，调节人与人之间的关系。不同场域中，人与人之间的关系基础不同、调解的利益诉求也不同，因此调解的目标和策略也不一样。

（一）传统农村社区调解中的乡土正义及其运行逻辑

在农村社区场域中，当事双方彼此熟悉，会因在同一地域生活而产生一种地域认同感，这使得该场域具有“乡土性”特征；而维系这个熟人社会的纽带是“伦理道德、人情和情分”，这是作为一种社区共识的“乡土认同”。他们求助于调解的目的或是避免更大的分歧而使双方的矛盾能够以较小的成本加以解决，即寻求乡土正义。如徐忠明所言，在熟人社会中，较为紧密的人际关系决定了“舆论、人情和面子”的治理是最佳的治理模式，也是较为经济的治理模式。[①] 这就决定了调解人所使用的调解惯习的具体顺序应为“情为主、理为辅、法次之”。

在调解中，调解人往往会“打感情牌”，即将当事双方的矛盾转化成对乡土人情的破坏。例如：

案例1：2012年10月，村民张某和徐某为了方便自家生活，在各自院内

① 徐忠明.如何思考中国传统法制的现代意义[J].中西法律传统，2004(00)：164－175.

新挖了一条下水道。其中一户人家认为该下水道贴近他家自来水管，冬天容易使水管冻住，因此到村委会反映情况。从此，两人结下矛盾。（资料来源：M社区村委会调解档案20121008）

该案例中，村民委员会主任用"同理心"使矛盾的焦点转换为如何理解和宽容对方，将双方的不满情绪加以引导，即将双方的行为给彼此生活带来的负面影响和对邻里关系的破坏讲清楚。村民委员会主任这样做的目的在于维护乡土人情。这种"乡土认同"成为该场域中村民的行为准则和是非判断标准，正如刘海强所言，在乡土社会中，人情成为一种资源，在乡土社会中个体一旦离开人情，就很难生存下去。①

在调查时，笔者也发现在双方关系不是很亲近，即"乡土认同"不是非常强的情况下，调解人的调解惯习便是"讲理"。例如：

案例2：王某和杨某都是刚搬来该村的，两家还不是很熟，但关系还可以。自从2012年杨家的猪圈修起来以后，两家的关系就变得越来越差了。猪圈的坡顶朝向王家院子方向。下雨的时候会使王家变成"沼泽"。二人为此争吵不断。（资料来源：M社区村委会调解档案20120820）

在这种情形下，村民委员会主任先让杨某到王某家实地查看一下自家猪圈带来的影响，并告诉他邻居之间得互谅互让，尽可能地将矛盾降到最低；同时也让王某得饶人处且饶人，维护好邻里关系。在调解纠纷的过程中，笔者认为调解人若能运用"同理心"指引当事双方从对方的角度看看对方的难处及自己行为的不当之处，当事双方则容易说清道理和解决问题。

而在双方矛盾异常激烈的情况下，对于调解人来说，除了讲"理"，就只能用法律来决定谁是谁非了。例如：

---

① 刘海强.乡土人情社会向法治社会转型的困境和出路[J].才智，2013(17)：271-272.

案例 3：2012 年 3 月，本村和邻村的村民为争水而大打出手，并就水源归属问题闹得不可开交。双方各执己见，互不相让，矛盾异常激烈。（资料来源：M 社区村委会调解档案 20120305）

显然，这时候村民委员会主任只能先稳定住大家的情绪；然后由他组织村民集体学习《中华人民共和国水法》，明确责任利害关系，使问题最终得以解决。调查中笔者也发现，只有涉及必须使用法律条文的情况，调解人才会采用这种方式，而且对于其可能产生的“破坏人情”的后果是比较忌惮的。实际上这类案例并不常见。正如布莱克(Blake)所言：“在关系密切的人们中间，法律通常是不活跃的。”[1]

（二）现代城市社区调解中的法理正义及其运行逻辑

在城市社区场域中，居民之间的联系通常较少，而且人们更多的是在遵守公共秩序和权威的前提下进行交往。在同一社区场域中生活的人们会产生规则认同感，使该场域具备“法理性”特征。因此，居民之间形成的“社区共识”便是“法理认同”。他们仅将调解视为解决纠纷的一个手段，目的是从中维护自身的权益，即寻求“法理正义”。正如张华所言：“法律成为他们最重要的信仰，即便抛情弃理于后。”[2]所以，城市社区调解人使用的调解惯习的具体顺序应是“法为主、理为辅、情次之”。

就大部分案例而言，最简单和最常用的调解方法就是讲法。例如：

案例 4：2009 年 2 月，开发商将该小区中几幢新建好的房屋交予各业主，有几个业主拖欠购房款。到约定期限后，这几个业主仍然没有还款。于是，在 2010 年初物业就停掉了这几家的水和电。为此，这几个业主到物业讨要说法，但没有下文。（资料来源：K 社区居委会调解档案 20100225）

---

① 布莱克. 法律的运作行为[M]. 唐越，苏力，译. 北京：中国政法大学出版社，1994：47 - 48.
② 张华. 城乡人民调解双线发展模式探析[J]. 华南理工大学学报(社会科学版)，2011(5)：62 - 66.

城市社区的场域特点决定了其在矛盾的解决上存在适用规范性法律法规的契机。因此,本案例中,调解主任查阅了有关法律规定并咨询专业人士,明确各主体之间的法律关系,这为解决问题奠定了基础。在法治环境中,矛盾的解决必然会尊重当事双方的意见,从而寻求解决方案的正当性与合法性。最后的解决方案是通知物业尽快恢复水和电,并且要求几个业主尽快付清房款。

同时,在调查中笔者也发现,K 社区调解人在化解民事纠纷的时候也采用了“讲道理”的方式,即“理”可在不同类型的社区场域中作为一般判断标准进行使用,这里的“理”应为人际关系通行准则。例如:

案例 5：2012 年 8 月,小区居民反映楼上邻居家漏水,严重影响了自己的生活。为此其曾与楼上多次交涉,并且提出了民事赔偿的要求,但问题一直得不到解决。(资料来源：K 社区居委会调解档案 20120815)

调解制度在解决纠纷的过程中可最大限度地应用社会通行规范,使纠纷得到合理的解决。本案例中,调解主任先解决了漏水的问题,再给楼下的居民做思想工作,并且从邻里和谐的角度出发对两家进行调解,希望他们之间能互谅互让。就像徐迈所言,在城市社区里,人们在一定范围内活动的过程中会形成特定的文化和制度规范,同时该社区成员又必然会受到约束,而这对于灵活、迅速地解决纠纷具有十分重要的意义。① 如果调解人不使当事人之间产生“共情”的话,调解的效果也就不会那么明显了。所以,调解主任也让楼上居民向楼下居民致歉并给予适当经济补偿,使问题得到解决。

另外,调解中同样存在“情”的使用。笔者认为,这里的“情”仅限于家庭内部,即“亲情”。例如:

---

① 徐迈.城市社区人民调解制度研究：以法社会学为研究视角[D].长春：吉林大学,2010.

案例 6：2013 年初，一个中年妇女来居委会哭诉自己惨遭丈夫家暴，请求居委会主任主持公道。（资料来源：K 社区居委会调解档案 20130128）

在解决家庭内部矛盾与纠纷时，调解人应在讲“法”的基础上，更多地讲“情”。于是，调解主任除了告知当事人丈夫家暴的违法性外，还从两人的感情基础出发进行劝导，将双方的焦点放在如何维护家庭的和谐与稳定上。这也体现了调解人性化的一面。

（三）比较与小结

尽管场域不同，但对上述两个社区而言，调解人在调解中均使用了“同理心”，即将当事双方置于相应的社区场域中，使当事双方之间及其与调解人之间产生“共情”。这使当事双方能够以客观的态度来面对矛盾纠纷，而且也是调解人获得调解话语权的基础。同时，在特定社区共识的基础上，各方才能够展开沟通和对话，调解也才能进行下去。其中的区别仅是具体内容存在差异，而且在调解过程中所使用方法的具体顺序也是不同的。

“乡土认同”本质上是对彼此间亲密关系的认可和信任，尤其是将“情”摆在了突出的位置；而“法理认同”本质上是对公共权威和秩序的认可和信任，即将“法”放在首位。这与两社区场域的环境特点紧密关联，即传统性与现代性的区别。可以发现，从 M 社区到 K 社区，存在着从“乡土认同”到“法理认同”、从边界模糊的“乡土正义”到量化清晰的“法理正义”的渐变，并且“乡土认同”与“乡土正义”、“法理认同”与“法理正义”互为对应。对 M 社区来说，“乡土认同”决定了“情”在调解中的重要地位，而作为可能会破坏“人情”的法律，则不会作为首选的调解惯习进行使用，即“情＞理＞法”；对 K 社区来说，“法理认同”决定了“法”在调解中的重要地位，而作为存在基础较弱的“情”，则除家庭纠纷之外，是不会作为主要的调解惯习而被使用的，即“情＜理＜法”。这里“情”和“法”地位的变化与两社区场域环境的变化是一脉相承的。另外，因“理”作为人际关系通行准则在任何场域中都会被使用到，笔者将它的位置放在“情”和“法”之间，以体现其一般性的特征。

三、城乡社区调解中的信任：机制与比较

社区调解的基础是信任机制。当事双方在发生矛盾纠纷后，无论出于何种原因而选择调解的方式加以解决，都体现了对调解人的信任，这是调解能够进行下去的前提条件，并且由此形成各方之间的合作关系。为了在调解中对信任机制进行阶段研究，笔者将信任机制的研究分为调解前、调解中和调解后三个阶段。

（一）M社区信任机制研究

研究发现，M社区信任机制的运行逻辑如下：在调解前需凭借资历、威望、人际关系及个人品质得到村民的“乡土信任”，取得“信任存量”，而这是一种原始信任①。通常，年龄越大、辈分越高、经历越丰富，越有话语权。如某村民这样对笔者说：

“他是我长辈，我当然信任他了。”(20140210－SFQ)

正像费孝通所言：“在这样的社会里，社会秩序主要依靠老人的权威、教化以及人们的社区习惯、规矩的主动服膺来保证。”②可以看出，资历和威望构成农村社区场域调解前“信任存量”的先赋因素。在笔者对村民委员会主任的访谈中，他这样说：

“刚参加工作的时候在村民中的认可度不高。当村民之间发生矛盾时，我去调解，但村民不认可。后来，随着我跟大家的接触越来越多，我也不再担心这个问题了，大家越来越熟悉，对我也就比较信任了。”(20140212－WSC)

① 笔者将其定义为在调解人信任的“品牌效应”影响下，当事人在遇到矛盾纠纷时会主动求助于调解人的一种心理倾向性选择。

② 费孝通．乡土中国　生育制度[M]．北京：北京大学出版社，1998：31－36.

但必须承认的是，这样的信任资本形成时间是比较长的，并且这种“信任存量”具有相对稳定性和持久性的特点。同时，调解人的人际关系和个人品质也成为“信任存量”的构成要素，会形成信任的品牌效应，所以对调解也起着积极的作用。就像某村民的回答：

“一开始我跟他并不熟，是家里老人让我去找他的，说他为人不错，值得信任。”(20140213 - XWF)

这样就会使得调解人在该场域内的地位越来越高，并且与其他影响因素互相作用，共同增进调解人信任资本的良性积累。

在调解中，调解人则是借助“同理心”和对“人情”的把握，通过解决矛盾纠纷来取得“信任增量”，这是一种实质信任①。调查发现，村民委员会主任在调解中运用的调解惯习大体如下：先了解情况，让自己心中有数。在访谈中，他说：

“村里的矛盾一般都不是原则性的。发生了矛盾，先听双方怎么说，这样就有一个大致的判断。”(20140212 - WSC)

接着，对与当事双方有着亲属关系的人进行走访，并且在必要时请在当事人面前有话语权的人帮着调解。如他所言：

“包括当事人自己、亲戚、朋友等，凡是跟这件事或当事人有关的都得问到，必要时也得请与当事人关系近的人帮忙。”(20140212 - WSC)

最后，调解人结合该场域的“乡土认同”，将村民对“人情”的重视作为出发点进行调解，站在村民的角度使矛盾纠纷的调解转化为如何维护村民之

① 笔者将其定义为调解人与当事人在共同解决矛盾纠纷的过程中，当事人在互动形式下对调解人产生的一种实体信任感受。

间的关系。正如他所说：

“最为关键的一点，就是你得让当事人觉得你是站在他们的角度，替他们说话，这样才有谈下去的可能，要是摆着一副说教的姿态，就会让矛盾激化；而且你得把在农村里比较看重的‘人情’讲出来，这样一般村民就不会再闹了，即使再有矛盾也不想摊上‘破坏人情’的责任。”(20140212 - WSC)

对村民委员会主任而言，他认为把道理讲清楚后再附加上解决办法的话，既能化解纠纷，又不伤和气。毫无疑问，调解人在解决矛盾纠纷的过程中会获得“信任增量”，表现为在原有“信任存量”的基础上信任的持续增加。

调解后，及时的回访或反馈不仅能够拉近调解人与村民之间的关系，增加村民对调解人的认同感和信任感，而且无形中也为新一轮“信任存量”的积累奠定基础。在对某位当事人访谈时，他如是说：

“他知道我刚来，所以很照顾我，也经常让我反馈一些情况，看我能不能适应这里的生活，慢慢地我也逐渐信任他了。”(20140215 - GD)

正如毛高杰所言：“社会秩序是社会资本的一个函数，只有当社会资本为群体提供足够的秩序压力时，一个社会的社会秩序才可能维持下去。”[①]这样，社区信任机制也就处于一个良性的循环过程之中。

(二) K社区信任机制研究

在对K社区的研究中，笔者得出其信任机制的运行逻辑如下：在介入调解前需凭借合法地位、人际关系和个人品质得到居民的“法理信任”，取得“信任存量”，而它的形成则依赖于科层制下的权力赋予，即调解人必须具有合法的身份，因为在这样一个社区场域中，大家认同的是代表公共权威和秩

① 毛高杰. 社会资本与农村纠纷解决[D]. 长春：吉林大学，2012.

序的法律。笔者在提出相关问题后，很多居民这样回答：

“他是上级任命的，当然信任他了。”(20140216 - HHZ)

邓锁曾提出，科层制赖以生存的“理性”具有连续性和一贯性的特征，其本身的发展过程仍是理性发展的过程。① 现代化发展与法制化进程是相辅相成的，理性主义成为发展的核心，那么基于“法理认同”的城市社区中的调解人也必须拥有合法地位。因此，合法地位构成了该场域内调解前“信任存量”的后赋因素。这样的信任资本形成时间是比较短的，但这种“信任存量”却具有相对稳定性和持久性的特点。

调解人运用调解惯习在解决矛盾纠纷中可以取得“信任增量”。该社区调解主任的调解惯习大体如下：首先站在当事双方的角度考虑问题，为纠纷的解决创造和谐的氛围。如调解主任表示：

“我们一般是先站在当事双方的角度来分析问题，特别是分析利害关系，讲讲道理也就可以了。”(20140217 - ZYD)

其次，就实际情况而言，如果涉及利益冲突，像家庭内部、邻里之间以及居民和物业之间的矛盾纠纷等，最有效的方法就是依据相关法律法规进行调解。在访谈中，主任说：

“如果涉及有关利益冲突的话，我们就去寻找相关法律依据。这样我们的调解就会有说服力，居民也能够认同。”(20140217 - ZYD)

与 M 社区相同的是，K 社区调解人的个人品质和人际关系也是“信任存

① 邓锁.科层制与现代性的命运[J].甘肃社会科学，2004(6)：125 - 128.

量”的组成要素。它们成为调解的“润滑剂”：一方面，能够减少居民对调解主任的生疏感，增加居民的安全感。如笔者在访谈某居民时得到的观点是：

“他的口碑不错，为人正直，大家都很信任他，我当然也信任他。”(20140218－YLZ)

另一方面，也能够使调解人在具有合法地位的前提下进一步增强权威，形成信任的“品牌效应”，使得调解人在该场域内的地位越来越高，并且促进调解人信任资本的积累。调查中某居民是这样说的：

“他为人比较热情，也乐于助人，大家有事都找他，我们当然也都挺信任他的。”(20140218－MYQ)

正像常沛所言：“当地的人会从心里认可他的言行，信服他的调解，这体现为一种良好信用秩序的信任心理状态。”①

在调解后，及时的回访或反馈既能拉近调解人与居民之间的关系，又能在无形中为下一轮“信任存量”的积累奠定基础。就像某居民对笔者所说：

“他工作挺认真的，到哪都带个笔记本，随时记录、随时解决，也经常让我们反馈一些情况，我们对他更加信任了。”(20140220－ZL)

最终，该场域的信任机制形成良性循环。

正如张广利所言：“对于一个共同体，社会资本的主要作用是维持共同体的稳定和行动的相对一致性，明确共同体的认同感，从而提高共同体内部

① 常沛. 论民间调解人的权威与信用[J]. 理论月刊，2013(3)：128－132.

的行为效率，以较低的成本获得较大的收益。”①

（三）对比分析

可以发现，M社区和K社区信任机制的运行逻辑是一致的。在调解前，M社区调解人凭借资历和威望取得话语权，而K社区调解人凭借的则是合法地位。两社区的调解人都具备良好的人际关系和个人品质，这在调解中起到了积极的作用。这些因素之间虽有区别，但却共同促进了调解人“信任存量”的形成。同时，两社区调解人在调解中也均使用了符合各自场域特点的调解惯习来解决矛盾纠纷，利用“乡土信任”或“法理信任”来赢得“信任增量”。此外，在调解后均使用反馈或回访来完成整个调解过程，这既加深了当事人与调解人之间的关系，又促进了新一轮“信任存量”的良性资本积累，也形成了以“信任存量”和“信任增量”为核心的信任机制模型（如图4－1所示）。

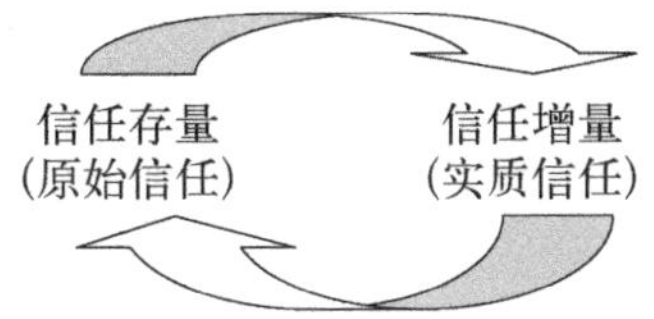

图4－1　信任机制模型

四、小结

作为传统农村社区的代表，M社区场域基于“乡土性”特征使“乡土认同”成为其社区共识，在调解中寻求“乡土正义”，使调解人获得“乡土信任”；而作为现代城市社区的代表，K社区场域基于“法理性”特征使“法理认同”成为其社区共识，在调解中寻求“法理正义”，使调解人获得“法理信任”。而两社区的信任机制均是利用各种先赋或后赋因素形成“信任存量”，调解人凭借合适的调解惯习在解决矛盾纠纷中获取“信任增量”，在完成调解的同时，整个过程形成了信任资本的良性循环。在不同场域中，信任机制的不同使得调解策略也有明显的差别。在熟人组成的乡土场域中，调解员更多调动的是“人情”“面子”等道德资源，其次是“理”，再次是“法”；在陌生人组成的城市社区场域中，调解员更多调动的是“法律”“规则”等法理资源，其次是“理”，再次是“情”。

① 张广利．社会资本与和谐社区建设[J]．华东理工大学学报（社会科学版），2005(2)：1－6.

第五章　在多元中凝聚共识：社区协商与社区利益共同体构建

习近平同志曾强调，基层矛盾要用基层民主的办法来解决。社区是一个由各种利益主体所组成的社会生活共同体，也是化解社会矛盾、促进社会和谐的社会治理共同体。伴随着社区主体的日益多元化，在居民中凝聚共识，达成利益均衡，构建一个动态平衡的社区利益共同体，对于构建和谐的社区秩序来说至关重要。有学者将社区协商、社会服务和居民自治并列为社区治理的三个方面。[①]

① 黄晓星，蔡禾．治理单元调整与社区治理体系重塑：兼论中国城市社区建设的方向和重点[J]．广东社会科学，2018(5)：196－202.

第一节　“电梯困境”与社区分化

近年来全国各地广泛开展的老旧小区改造，是从顺民意、解民忧、暖民心的小事做起的，不断满足社区居民对美好生活的需要。然而在实践中，各种原因使得这一工作的开展出现重重困难。以加装电梯为例，不少老旧小区在建设时受到条件限制没有安装电梯，由此，对于居住在高层的居民特别是老年人、病人来说，生活特别不方便，有的甚至长年被困在楼上，无法正常生活，因而加装电梯的需求特别强烈。其实，对于楼内绝大多数居民来说，也都有加装电梯的愿望，但这种愿望往往短期内无法实现，主要原因在于单元住户无法达成一致意见、无人牵头组织相关工作等。笔者把老旧小区改造中出现的这种困境称为“电梯困境”。

以下是两个典型案例。

案例 1：

北京某小区因加装电梯引起了居民之间持续的矛盾与纠纷。以下是一个居民的诉求，代表了该楼栋多数居民的主张：

领导您好！我在＊＊＊小区 422 楼 7－401 居住，总楼层共有七层，居民大多是＊院退休职工，年龄平均在 70～80 岁，居委会曾考虑老人腿脚不便，可以在楼外免费安装电梯，但需整栋楼居民同意，处在低层的邻居认为装电梯会影响采光，拒绝签字。我认为这样非常不妥，大大影响了邻里间的情感！只因这一户的不同意全楼层的人便要妥协，有时候老人突发疾病，救护担架由于楼梯狭窄都无法顺利通行！这一点涉及楼内老人生命安全，望领导协调！

案例 2：

＊＊＊小区建于 1997 年，是一个集团公司的家属院，多数住户在小区建

成时就入住了。3 号楼共有 84 户住户，住在 3 单元 6 层的一个居民是这座楼里最年轻的“老伙计”，年龄最大的一户居民今年已经 81 岁，“他们都是当年一个集团的职工，在这里也住了 20 多年了”。

多层老楼在早年建设时没有安装电梯。随着住户年龄越来越大，上下楼成了他们日常生活中的大难题。“我已经好几个月没有下楼了。”一位老人说，作为一个“老病号”，他每次上楼都要歇上三回。印象中最险的一次，是他突发心肌梗死的时候，急救车来了，医护人员却上不来，物业 4 名保安花了近半个小时，才用担架把 200 斤的他抬到 1 层。“电梯对我这样的老人来说，就是救命的梯子，感谢政府为我们办了件大好事。”看着崭新的电梯，他不停地感谢着。

“电梯困境”是一种典型的社区矛盾纠纷。加装电梯看似是利民惠民、皆大欢喜的好事，但为什么同一单元内的居民都难以达成共识呢？道理很简单，电梯是个公共物品，虽然大家都住在同一栋楼、同一个单元，但是不同居民对电梯的需要是不同的。从楼层来看，居民所住的楼层与其对电梯的需要是直接相关的，楼层越高的居民对电梯的需要越强烈。加装电梯是有代价的，包括分担的费用、对采光的影响、噪声等多个方面。对每个居民来说，其对加装电梯的态度主要取决于他对从中得到的好处和所需付出代价两者的平衡。对于住在低层的居民来说，收益很少甚至没有收益却需要承担不小的代价，如从电梯对采光可能产生的影响来看，楼层越低受到的影响往往越大，他们持消极的态度也就可以理解了。

当前社区矛盾纠纷呈现一个明显的特点，即社区居民的权利意识迅速增强，对个人利益、个人权益越来越敏感，而且居民之间的利益诉求日益多元化，不同居民有着明显不同的利益诉求。① 面对这种矛盾纠纷，不应该简单通过开设“道德法庭”，从道德的角度去谴责少数人冷漠、消极，而要正视

① 郑杭生，黄家亮. 当前我国社会管理和社区治理的新趋势[J]. 甘肃社会科学，2012(6)：1－8.

群体内部利益冲突的根源，认真分析冲突背后不同群体的利益诉求，通过耐心协商找到各个群体利益诉求的“最大公约数”，从根本上化解矛盾。

第二节　社区协商的基本内涵与重要价值

国家治理体系和治理能力的现代化水平很大程度上体现在基层。社区治理是国家治理的基础，社区治理共同体的构建是社会治理共同体构建的基石，要有效开展社区治理、构建社区治理共同体，离不开完善而有效的社区协商机制。社区协商是基层群众自治的生动实践，是社会主义协商民主建设的重要组成部分和有效实现形式，构建起制度化、体系化的社区协商机制是我国民主体系建设的重要组成部分。近年来，我国社区协商机制的构建更是有了诸多丰富的理论成果与实践经验，议事协商机制在实践中不断得到优化。

一、社区协商的基本内涵

总体来说，社区协商具有两重意涵，一是被视作一种民主模式的协商民主，一是被视为一种治理模式的协商治理。也就是说，发展社区协商的目标有两重，一是发展民主，二是解决具体问题[①]，此两者均有着丰富的理论内涵。

究其原生内涵，协商民主是其最早的生发渊源与理论根基，由约瑟夫·毕塞特(Joseph Bessette)、伯纳德·曼宁(Bernard Manin)和乔舒亚·科恩(Joshua Cohen)等为代表的美国学者于20世纪80年代率先提出[②]。其核心价值在于对以“代议制”为主的民主制度的逻辑反思，尤其是对代议制民主

① 吴晓林，邓聪慧，张翔. 重合利益中的工具性：城市基层协商民主的导向研究[J]. 学海，2016(2)：86－93.

② BESSETTE J M. Deliberative democracy：majority principle in republican government[M]//GOLDWIN R A，SCHAMBRA W A. How democratic is the constitution?. Washinton：American Enterprise Institute，1980：102.

所带来的精英式民主问题的否定。约翰·罗尔斯(John Rawls)在关于正义的讨论中进一步对协商民主做出了相应的界定。他从公共理性的视角出发,强调了正义性、分配正义和平等辩论等特质的重要性,认为应当在民主实践中促进政治共识的创造,而协商恰是实现此种价值的路径。

20 世纪 90 年代,哈贝马斯以其话语政治的讨论为基础,将协商民主的位置提升至重要的位置。他视协商民主为政治的三种基本范式之一,居于自由主义与共和主义之间,以突出民主的普遍性。在他看来,个体所关注的往往不是关乎民主、选举的"大政治",而是关乎生活中如何体现个人选择的自由、需要做出的妥协、私人空间与公共利益的平衡等"小政治"。21 世纪初,也是经由他的介绍,协商民主作为一种民主模式被引进国内,迅速成为我国学界的一种理论工具。

2003 年,刘晔在国内学界首次将协商民主作为概念工具,来评价国内城市中最早创设的社区议事机构——上海市静安寺街道办发起成立的 18 个"居委会社区建设议事会"①。此后,陈家刚②、何包钢③等学者系统地对协商的民主特性进行了归纳总结,唐娟等④梳理后将其概括为 7 个关键特征——多元性、平等性、合法性、程序性、公开性、责任性与理性化,而这 7 个特征也成了学界将社区协商作为一种民主模式的重要评价标准。协商的民主意涵长期以来始终是我国社区治理中采用协商的主要原则,以自治为目标的各类社区建设所打造的协商大多也具有浓厚的民主色彩。

与民主模式源于理论的思辨不同,社区协商作为一种治理模式源于我国本土化的实践探索,其基本要义是执政党领导下的多元主体共同治理。⑤早在协商民主理论引入学界之前,20 世纪末的单位制向社区制转型就催生

---

① 刘晔. 公共参与、社区自治与协商民主：对一个城市社区公共交往行为的分析[J]. 复旦学报(社会科学版),2003(5)：39-48.

② 陈家刚. 协商民主：概念、要素与价值[J]. 中共天津市委党校学报,2005(3)：54-60.

③ 何包钢. 协商民主：理论、方法和实践[M]. 北京：中国社会科学出版社,2008：78.

④ 唐娟,谢靖阳. 城市社区协商民主的细节：结构、过程与效能：基于深圳市 Y 社区居民议事会的考察[J]. 社会政策研究,2019(4)：113-123.

⑤ 王岩,魏崇辉. 协商治理的中国逻辑[J]. 中国社会科学,2016(7)：26-45,204-205.

了各类协商性质的基层实践，以民主、自治为价值取向的社区建设运动率先在我国城市展开，世纪之交诞生的“温岭实验、上海模式、沈阳模式、江汉模式”等均是各地社区体制改革的实验探索，形成各地叫法不一的社区“四会制度”[①]。就治理的具体内涵而言，其所要实现的是“共治”的目标[②]，在构建协商议事的过程中让更多社区居民积极主动投入社区公共事务的管理中，并且最终实现“善治”的结果。一定意义上，社区协商的着力点就在于将治理目标隐含在协商议事的互动之中，发挥社区的主体性、能动性和创造性。[③]因而，协商在治理的情境中是作为一种动员、互动模式而存在的，其本质是通过构建起治理信息、治理资源交流交换的平台来实现对社会的有效治理。在此种意义上，社区协商是基层政府为了实现良好的社会秩序、营造和谐的社区环境的一种治理工具。[④] 这一协商在价值取向上也偏向于实用主义，其构建的方式也更为行政化、程序化、实质化，以追求更为实际的治理效用为目标，同时形成了以社区建设、社区营（改）造、社区管理等具体事务为中心的运作模式。

但该时期的协商治理模式缺乏系统性的总结与归纳，不过是作为国家治理的体制转型的一种基层社区体制模式而存在。不过，正是这些探索，夯实了党的十八大以后我国在国家治理转型中对于基层社区治理模式构想的基础，而伴随顶层政策设计的逐步明确与完善，协商作为一种治理模式也有了更为清晰的方法与内涵。

---

① 社区“四会制度”通常是指民情恳谈会、民主听证会、工作评议会和议事协调会。“四会”发挥的作用各不相同，并且形成了功用的互补。民情恳谈会以温岭模式为代表，以行政决议前的民情咨询为目的；民主听证会以行政决策后、实施前的决策通气为目的；工作评议会以决策落地后的评估监督为目的；议事协调会以协调社区、群众内部矛盾为目的。各地在名称上有所不同或创新，但发挥的功能实质并无变化。

② 文小勇. 协商民主与社区民主治理：罗伯特议事规则的引入[J]. 河南社会科学，2021(7)：106-115.

③ 文军，吴晓凯. 社区协商议事的本土实践及其反思：以上海市普陀区“同心家园”建设为例[J]. 人口与社会，2017(1)：13-23.

④ 张晨，赵云云. 走向程序民主：城市社区基层议事协商机制的建构：以苏州工业园区Q社区实验为例[J]. 地方治理研究，2017(3)：47-57.

二、社区协商的重要价值

当前，随着新型工业化、信息化、城镇化、农业现代化的深入推进，我国经济社会发生深刻变化，利益主体日益多元，利益诉求更加多样。除了理论的构想与制度设计之外，推行社区协商还有着非常重要的实用意义，多样化的社区协商实践也是为了回应差异化的实际社会诉求。

一是有利于解决群众的实际困难和问题，化解矛盾纠纷，维护社会和谐与稳定。毛泽东同志在《关于正确处理人民内部矛盾的问题》一文中提出，"用民主方法解决人民内部矛盾"，习近平同志又进一步强调，基层矛盾要用基层民主的办法来解决。进入21世纪以来，社会矛盾的多元化、激烈化与专门化的趋势十分突出，发展带来的利益多元与利益冲突加剧，但相应的社会发育却与经济发展相脱节，基层矛盾纠纷化解体制改革诉求迫切，原有的依赖基层政府相对单一化、强制化的解决手段已无法有效应对此种严峻的社会矛盾情境。各地积极探索的基层社区协商机制存在大量调解类的协商内容，均是为了回应此种困境。矛盾化解的核心在于多方的妥协与共识的达成，协商议事机制恰恰提供了这样一个平台，在多方无法自己达成良好沟通的情况下，第三方中立主体的主动介入往往能为矛盾的化解提供可能。此外，半官方半社会性质的议事协商机制既能提供正式的法律服务，也能通过非正式的邻里调解搭建更易被接受的人民调解，增加了基层问题化解的灵活性。同时，社区的矛盾主体也变得越发多元，居民间矛盾的激烈程度与危害性也逐步让位于居民与物业、居民与政府的矛盾，尤其是在社区改造、社区征收等触及集体利益的事务中。而建立在基层政府领导基础上的议事协商机制恰是提供了搭建协商平台的可能，并且为协商结果的落地提供了坚实可靠的支撑。

二是有利于在基层群众中宣传党和政府的方针政策，努力形成共识，汇聚力量，推动各项政策落实。伴随着我国城市社区建设的现代化转型，城市居民生活方式也发生了公共性转型，市民个体性权利意识不断觉醒，越来越多的居民萌发了参与社区公共建设、投身日常公共管理的公民意识。具体来看，部分社区居民已然摒弃了原先的政策被动接受者的角色，转而寻求自我利益与社区公共利益的表达者与维护者的角色。因而，基层党委和政府也需要转变原有的单向度管理思维，转为更贴合社会发展需要的双向互动型治理思维，以更开放、更包容、更审慎的服务者角色来对待社区居民。而社区协商正是在这种服务型政权建设的过程中，为实现政府与社会多元主体的充分沟通，模糊治理者与被治理者角色实现共同治理而构建起的重要治理机制。在有效发挥社区协商的双向信息沟通的情况下，政策的落实本身也变得不再是“剃头挑子一头热”，而是更可能成为基层政府与社区居民的“双向奔赴”。尤其是那些触及社区居民核心利益的政策的落实，对于潜在矛盾的漠视只会招致更为激烈的反抗，其造成的意料外危害可能远不止政策无法落实这样简单。在追求效率的施政取向下，只有充分考虑社会的实质需求才可能实现真正的高效行政。而有效的回应与积极的沟通也能形成正向反馈与循环，以不断增强基层政府与社区居民的力量联合，不断扩大社会治理的成效。

三是有利于找到群众意愿和要求的“最大公约数”，促进基层民主健康发展。在中国特色社会主义制度下，有事好商量，众人的事情由众人商量，找到全社会意愿和要求的“最大公约数”，是人民民主的真谛①。伴随社区居民不断增强的公民意识觉醒的，还有社区居民政治参与的意识。公民个体利益的伸张背后所彰显的是政治权益需求的增加。作为基层民主建设的主要参与机制，社区协商所发挥的是对部分知情权、表达权与选择权的重新找回，以增强基层社区区域性政治生活的活力。在社区居民参与议事协商的过程中，那些更为贴合其日常生活需求与利益表达实现的更为贴合现实的民意不断聚合，而这些聚合的民意也为政府政治决策提供了有效的参考和指引，在与地方人民代表大会、政协民主议事机制的统筹结合发展的情况

① 习近平. 决胜全面建成小康社会　夺取新时代中国特色社会主义伟大胜利：在中国共产党第十九次全国代表大会上的报告[N]. 人民日报，2017－10－28(1).

下，实现了对代议制民主政治的有效补充和促进。因而，社区协商机制的整体性、均衡性的深度发展，在很大程度上也能构建起基层民主的健康发展，乃至助力于国家民主体系的健康发展。

近年来，我国各地基层认真贯彻落实中央关于加强协商民主建设特别是加强城乡社区协商的相关要求，在坚持有事多协商、遇事多协商、做事多协商方面积累了丰富的实践经验，同时也遇到一些需要进一步探索的理论问题和现实问题。现实来看，基层协商民主和城市社区治理的实践在发展目标上有着内在的一致性，即更好地保障和实现人民的权利和利益，有利于人民追求更加美好的生活①。

2019 年，习近平同志在上海考察基层治理实践时开创性提出“全过程人民民主”的重要论述，将“全过程人民民主”视为新时代人民民主的重要实现形式和实现路径②。系统总结来自基层的协商实践与探索，对于推进我国基层协商民主工作，进而提升国家治理体系和治理能力现代化水平、完善中国特色社会主义协商民主制度、推动全过程人民民主的实现均具有重要的意义。进一步来说，在协商民主实践理论的归纳与提升过程中，实行全过程人民民主有利于确立我国在协商民主体系与世界民主话语体系中的位置，推进中国民主模式、治理经验的全球性推广，构成富有中国特色的全球治理模式的一环。

第三节　我国基层协商治理的发展历程

基层协商治理是我国基层治理的重要传统和特色，中华人民共和国成立以来，协商民主逐渐被作为一项制度确定了下来。在不同的历史时期，党

① 王芳，陈进华. 城市社区协商：从基层民主到社区共治的内在逻辑及实践路径[J]. 江海学刊，2019(5)：148－154.

② 习近平. 深入学习贯彻党的十九届四中全会精神　提高社会主义现代化国际大都市治理能力和水平[N]. 人民日报，2019－11－4(1).

带领人民在基层协商治理方面进行了丰富的理论和实践探索。

一、我国基层协商治理的起源与初探

我国的基层协商治理有着深厚的历史渊源，社会主义协商民主在我国有根、有源、有生命力，是中国共产党人和中国人民的伟大创造。究其根源，早在民主革命时期，中国共产党围绕民族救亡和人民解放两大主题，有选择性地与不同的阶级、阶层、政党、集团、派别和社会团体进行政治联盟和民主协商，不断发展和巩固统一战线，动员和壮大革命力量①，成为革命胜利的基本经验，如抗日根据地的"三三制"党际协商民主制度。1944 年年底到 1945 年，各根据地开展"公民评议"运动②，同时强调了基层群众评价政府工作报告及干部深入群众并以个别谈话等方式鼓励后者评议的重要性。

到了解放战争后期，为了促使更多的民主党派人士站到坚决反对美蒋反动派、同共产党携手奋斗的立场上来，共产党积极探索了新的协商活动。1948 年 4 月 30 日，中国共产党发表了"五一口号"，号召"各民主党派、各人民团体、各社会贤达迅速召开政治协商会议，讨论并实现召集人民代表大会，成立民主联合政府"。口号发布后，受到了各民主党派与无党派人士的积极响应，纷纷受邀赴解放区共商建国大事。这也在一定程度上将民主协商作为我国重要执政方式的基础。

中华人民共和国的成立也是一个"协商建国"的过程，中国人民政治协商会议第一次全体会议成为协商民主和协商治理发展的重要历史起点，协商治理的法律和制度基础随着社会主义事业的发展而日益稳固。中华人民共和国成立后，中国共产党进一步对协商治理进行了创新与发展，"双周座

① 付建军. 从建立政权到治理现代化：中国共产党协商治理的百年历程与实践进路[J]. 江西财经大学学报，2021(4)：14－24.

② 方雷，孟燕. 新中国成立 70 年来基层协商民主发展的历史逻辑[J]. 中共中央党校(国家行政学院)学报，2019(5)：30－38.

谈会”和“协商座谈会”等协商形式被广泛运用于国家治理中。① 这些创新对中华人民共和国成立初期的土地改革运动和资本主义工商业的社会主义改造等的开展均产生了积极作用。

作为协商治国的一部分,我国基层协商的实践也有着非常早的探索,只是发挥的作用相对较弱,并且无正式制度设计可言。不过,中华人民共和国成立后的基层协商治理实践融入了基层自治制度建设当中,在华东地区率先有了丰富的体系建设尝试。中华人民共和国成立初期,国民党残余势力在华东地区的地下活动十分猖獗,国民党空军飞机时常来袭,很多保甲长仍对大势已去的国民党政权心存侥幸,不配合人民政府的工作。居民也很难发动,不敢出来工作,人民政府的政令传达不下去;防火防盗、卫生防疫、烈军属及困难群众救济等很多工作无法开展。由于警力不足,防匪、防特形势严峻,不但城乡生产、生活秩序缺乏保障,而且连干部安全也难以确保。为了应对这种情况,杭州、上海等地开展了积极的基层体制改革。1949 年 10 月 23 日,浙江省杭州市上城区上羊市街成立了新中国第一个居民委员会,同年 12 月上旬,在上海市市长陈毅的支持下,上海市第一个基层群众自治组织宝兴里居民福利委员会(后改名为“宝兴里居民委员会”)成立。

“保改居”②实践的成功迅速得到了制度化,1949 年 12 月 1 日,杭州市人民政府正式向全市发出《关于取消保甲制度建立居民委员会的工作指示》(以下简称《指示》),正式开启了全市范围建立居民委员会的实践。《指示》明确号召“用‘民主’的理念取代几千年来对人民进行控制性管理的传统观念——保甲制度”,呼吁“建立新的居民组织的目的是动员、组织群众,团结教育群众”,在“自己当主人,自己来办事”的口号下去提高群众的政治觉悟,使人民自己真正当家办事,最终目的是要建立“人民民主管理城市的基础”。这也是城市社区管理的街居制理念的发展前身,为后期形成基层协商民主

① 中央社会主义学院中国政党制度研究中心. 社会主义协商民主制度研究[M]. 北京：九州出版社,2014：7.

② 指保甲制度改为居民委员会。

观念奠定了基石。这份《指示》在理念上率先强调了“人民民主管理城市”的思想，从而又从理论上提供了一种公民参与国家政治和社会公共事务的现实途径。这份文件明确规定，居民委员会“不是一级政权机构”，是“各界人民群众联合的组织”，但同时赋予了居民委员会政治、经济和社会的职权，把它作为人民群众与政府之间的桥梁。《指示》规定：由居民委员会来向居民传达和推行政府政令，反映群众意见，巩固城市革命秩序；组织生产，改善劳动群众的生活；推动文化活动，举办公共福利事业等。

可以说，早期的居民委员会发挥了重要协商治理的功能，彰显了我国人民民主专政的独特基层民主特性。不仅能够组织生产自救，还能广泛地反映人民的意见，传递和推行政府的政策法令，加强政府与群众的联系，动员群众协助政府来做好城市的管理与建设工作。作为顶层制度设计的《指示》更是成为当时各地基层治理实践的重要参考，深刻影响了 1954 年颁布的《城市街道办事处组织条例》和《城市居民委员会组织条例》等法律法规，奠定了“区-街-居”三级政权组织体系的基本框架及各自功能定位，即街居制的雏形和基础。1955 年，全国绝大多数地区健全了街道办事处组织，到 1956 年年底全国城市普遍设置了居民委员会①。

随着“大跃进”“四清运动”“文化大革命”的开展，基层协商民主的实践空间受到了一定程度的挤压，基层协商治理在较长一段时间内陷入了发展停滞的状态。

在 1958—1962 年的“人民公社化”时期，我国曾尝试在城市社区中也建立政社合一的人民公社组织，并付诸实践。居民委员会开始成为人民公社体系的一部分，“生产后方、生活场所、阶级斗争前哨”成为居委会建设的新目标。城市人民公社肩负着重要的政治意义和社会意义：组织市民以更加彻底地消灭城市社区中残存的单位体系外的“死角”，使城市社会彻底单位化，而其居民自治组织的性质和功能则逐渐萎缩。到 1962 年，各地又恢复街

① 张勇．我国六十年城市社区建设历程、脉络与启示[J]．深圳大学学报（人文社会科学版），2012(3)：146－151．

道办事处和居民委员会，标志着城市公社化的尝试以失败告终。

总体来说，1949 年后我国开展了一系列的基层协商治理摸索。以践行群众路线为基本要求，以实现基层群众自治为目标，由党政机关创设协商平台，协商议题聚焦于与基层群众利益密切相关的治理问题，是消解基层风险、稳定基层秩序的民主治理工具。[①] 只是在很长一段时间内，虽然政治协商作为基本政治制度存在，社会协商对话被视为向社会赋权的有益尝试，但这些制度安排并未上升为一种民主形式，在国家治理尤其是基层社会治理中无法作为一种制度化的规定而存在。

二、新时期我国基层协商治理的实践探索

直至 1978 年改革开放后，我国的国家治理整体上开始进入转型阶段，市场经济体制改革打破了相对封闭的基层社会结构，先前受到抑制的社会活力也逐步恢复。在国家治理转型这一大背景下，一度中断的基层协商治理被重新激活，协商治理所依赖的制度平台得到了进一步发展，协商治理适用的领域也得到了明显拓展。中国共产党开始逐步迈向社会赋权阶段，以基层群众自治为代表的一系列制度开始在基层建立起来。这一时期，协商治理的发展集中表现为领域边界的拓展，即从以政党协商合作和政治协商领域为代表的国家治理协商向社会治理领域发展。

1981 年，《关于建国以来党的若干历史问题的决议》提出，要在基层政权和基层社会生活中逐步实现人民的直接民主。此后，党的十四大强调，应该将社会主义民主扩大到政治、经济、社会和文化生活的各个方面。随后，同年新颁布的《中华人民共和国宪法》首次将城市居民委员会和农村村民委员会作为基层群众自治组织写入宪法。1983 年始，在民政部门的推动下，村委会民主选举工作逐步推进。《中华人民共和国村民委员会组织法(草案)》(1987 年)和《中华人民共和国城市居民委员会组织法》(1989 年)相继出台，

① 张鲲鹏，吴敏先. 建国后农村基层群众自治的实践与基层民主的发展[J]. 东北师大学报(哲学社会科学版)，2012(3)：199－200.

奠定了基层民主选举的制度基础。1987 年，党的十三大报告明确提出了“社会协商对话”这一概念，并且指出要“使社会协商对话形成制度，成为促进中国共产党与社会、上级与下级保持沟通、达成共识的工作机制”，同时强调“要充分发挥群众团体和基层群众性自治组织的作用，逐步做到群众的事情由群众自己依法去办”。1992 年，党的十四大首次明确提出“基层民主”，并且将其划定在职代会、居委会和村委会等三个方面。

1997 年，党的十五大提出“扩大基层民主”的政治建设目标，将扩大基层民主视为社会主义民主最广泛的实践①。由此，迎来了基层社区民主探索的一次小高潮。1999 年 3 月，民政部在南京召开社区建设实验区工作座谈会，会上确定北京市西城区等 11 个城区为“城市社区建设实验区”，拉开了国家级社区建设实验区建设的帷幕。同年 8 月，民政部在杭州召开全国社区建设实验区工作座谈会，深入探讨了社区建设的总体思路、发展方向、工作目标及运行机制等，将“城市社区建设实验区”增加到 26 个城区。也正是在这一时期，以上海市静安区社区建设议事会、南京市鼓楼区社区理事会为代表的实践得以落地。

2000 年 11 月，中央办公厅、国务院办公厅转发了《民政部关于在全国推进城市社区建设的意见》。该《意见》是对前期社区建设探索经验的总结，明确了社区建设的指导思想、基本原则、主要内容和目标任务。该文件的出台，标志着我国城市社区建设即将进入全新的阶段。2001 年 7 月，民政部发布了《全国城市社区建设示范活动指导纲要》，决定从 2001 年开始，各省、自治区、直辖市选择一些基础比较好的大中城市和市辖区作为示范单位，有组织、有计划、有步骤地开展社区建设示范活动②。

2002 年，党的十六大报告较为系统地论述了社会协商对话制度价值，进一步指出了社会协商对话的具体形式，包括社情民意反映制度、重大事项社

① 付建军. 从建立政权到治理现代化：中国共产党协商治理的百年历程与实践进路[J]. 江西财经大学学报，2021(4)：14 - 24.

② 张勇. 我国六十年城市社区建设历程、脉络与启示[J]. 深圳大学学报(人文社会科学版)，2012(3)：146 - 151.

会公示制度、社会听证制度、专家咨询制度、决策论证和责任制度等。由此，协商治理实现了实践场域和空间的突破，为后来协商治理的进一步发展奠定了基础[①]。2007年发布的《中国的政党制度》正式提出了协商民主的概念。同年，党的十七大报告进一步将基层群众自治制度上升到社会主义政治制度层面，基层民主被视为发展社会主义民主政治的基础性工程重点推进。

2010年，社区建设进入以公平正义为价值目标，以社会建设为重点的“十二五”规划发展新阶段，社会基层治理面临新的转型需求。于是，2010年8月，中共中央办公厅、国务院办公厅联合发布的《关于加强和改进城市社区居民委员会建设工作的意见》明确指出，“加强和改进城市社区居民委员会建设的目标任务是：到2020年，努力使全国城市社区居民委员会的组织体系更加健全，社区居民的组织化程度明显提高；社区居民群众享有更多更切实的民主权利，社区居民自治范围进一步扩大，社区民主管理制度日趋完善”。该文件也成了党的十八大后一系列基层治理与社区协商机制建设文件设计参考的重要方向标，起到了承上启下的作用。

总体来看，自改革开放后，单位制的衰落剥离了个人对国家资源分配的深度依赖，个人从依附性的“单位人”逐渐向独立性的“社会人”转变，人口流动性、异质性增强。因而在管理体制上，街居制也逐渐被重视并得到了发展，并于20世纪末逐渐发展形成了如今普遍采用的社区制。同时，受协商民主理论的影响，在基层治理实践中，协商治理体系逐步得到了发展，主要沿着三条路径推进：第一种是通过社会协商对话明确治理议程，主要有领导热线和公众咨询等形式；第二种是通过社会协商对话推动治理方案的制定，主要有社会听证和民主恳谈等形式；第三种是通过社会协商对话夯实治理方案的执行基础，主要有社区协调和信息公开等形式。这些基层探索使得协商治理在基层治理的各个方面均找到了可以转化和实践的载体，同时作为社会治理创新的重要路径，通过协商进行创新也为协商治理的发展提供了

① 付建军.从建立政权到治理现代化：中国共产党协商治理的百年历程与实践进路[J].江西财经大学学报，2021(4)：14-24.

持续动力，为协商治理的系统化发展奠定了基础[①]。

三、新时代我国基层协商治理的深化与发展

党的十八大以来，以习近平同志为核心的党中央高度重视协商民主工作。2014 年，在庆祝人民政协成立 65 周年大会上，习近平同志指出："人民群众是社会主义协商民主的重点。涉及人民群众利益的大量决策和工作，主要发生在基层。要按照协商于民、协商为民的要求，大力发展基层协商民主，重点在基层群众中开展协商。"此后，中共中央、国务院先后出台了多份文件，来规划、指导和规范社区协商的建设工作。

2015 年 2 月 9 日，中共中央印发了《关于加强社会主义协商民主建设的意见》。该文件详细阐述了加强社会主义协商民主建设的重要意义、指导思想、基本原则和渠道程序，首次提出了将协商民主作为基层民主建设的重点，明确了"按照协商于民、协商为民的要求，建立健全基层协商民主建设协调联动机制，稳步开展基层协商，以更好地解决人民群众的实际困难和问题，及时化解矛盾纠纷，促进社会和谐稳定"的基层协商性发展原则。该规划对社区协商的内容给出了明确的意见，指出协商应当"围绕本地城乡规划、工程项目、征地拆迁以及群众反映强烈的民生问题等"展开，在实施逻辑上以行政为主导，力图吸纳社会力量参与为主。

2015 年 7 月 22 日，中共中央办公厅、国务院办公厅专门印发了《关于加强城乡社区协商的意见》，该文件是首份以社区协商为主题的中央文件，在落地实施层面对协商议题、协商主体、协商形式、协商程序等实施细节予以明确，并且从组织领导层面强调了党的领导、工作机制健全、支持保障、居民议事能力提升等要求。同时，该文件提出了社区协商的建设总体目标，指出"到 2020 年，基本形成协商主体广泛、内容丰富、形式多样、程序科学、制度健

① 付建军. 从建立政权到治理现代化：中国共产党协商治理的百年历程与实践进路[J]. 江西财经大学学报，2021(4)：14-24.

全、成效显著的城乡社区协商新局面”。

2017 年 6 月 12 日，《中共中央　国务院关于加强和完善城乡社区治理的意见》发布，其点明了社区协商在社区治理的框架中的重要位置，关于提升社区治理水平的第一点便是要“增强社区居民的参与能力”。具体来说，就是要“提高社区居民议事协商能力，凡涉及城乡社区公共利益的重大决策事项、关乎居民群众切身利益的实际困难问题和矛盾纠纷，原则上由社区党组织、基层群众性自治组织牵头，组织居民群众协商解决。支持和帮助居民群众养成协商意识、掌握协商方法、提高协商能力，推动形成既有民主又有集中、既尊重多数人意愿又保护少数人合法权益的城乡社区协商机制。探索将居民群众参与社区治理、维护公共利益情况纳入社会信用体系。”可以说，该文件的出台正式从制度上明确了社区协商在社区治理中的核心作用，同时将作为治理的社区协商进行了顶层制度化设计。

2017 年 10 月 18 日，党的十九大报告明确指出：“协商民主是实现党的领导的重要方式，是我国社会主义民主政治的特有形式和独特优势。”将协商民主上升为党的执政方式的同时，协商议事的民主内涵也得到制度化的彰显。作为协商民主建设最底层的一环，基层协商是“保证人民在日常政治生活中有广泛持续深入参与的权利”的重要制度设计。就民主的意义而言，社区协商的设计的核心要义便是尽可能广泛地成为基层人民群众参与政治的日常渠道。

2019 年 10 月 31 日，党的十九届四中全会通过了《中共中央关于坚持和完善中国特色社会主义制度　推进国家治理体系和治理能力现代化若干重大问题的决定》，提出了“完善党委领导、政府负责、民主协商、社会协同、公众参与、法治保障、科技支撑的社会治理体系，建设人人有责、人人尽责、人人享有的社会治理共同体”，“健全基层党组织领导的基层群众自治机制，在城乡社区治理、基层公共事务和公益事业中广泛实行群众自我管理、自我服务、自我教育、自我监督”的治理目标，在治理意涵上对社区协商做出了宏观的指导。

2021年4月28日，《中共中央　国务院关于加强基层治理体系和治理能力现代化建设的意见》确立了新时代社区基层治理的新目标："力争用5年左右时间，建立起党组织统一领导、政府依法履责、各类组织积极协同、群众广泛参与，自治、法治、德治相结合的基层治理体系，健全常态化管理和应急管理动态衔接的基层治理机制，构建网格化管理、精细化服务、信息化支撑、开放共享的基层管理服务平台；党建引领基层治理机制全面完善，基层政权坚强有力，基层群众自治充满活力，基层公共服务精准高效，党的执政基础更加坚实，基层治理体系和治理能力现代化水平明显提高。"

其中，基层议事协商能力被列为基层治理能力提升的重要组成部分。《关于加强基层治理体系和治理能力现代化建设的意见》明确指出，要"增强乡镇（街道）议事协商能力。完善基层民主协商制度，县级党委和政府围绕涉及群众切身利益的事项确定乡镇（街道）协商重点，由乡镇（街道）党（工）委主导开展议事协商，完善座谈会、听证会等协商方式，注重发挥人大代表、政协委员作用。探索建立社会公众列席乡镇（街道）有关会议制度"。这份文件最突出的创新之处在于强调了协商议事中的基层党委领导角色，同时将人大、政协的协商议事机制融入基层协商之中，综合提升了基层协商在整体民主体系建设中的位置。尤其是该文件还首次系统地将议事协商纳入了健全居民自治机制的一部分，强调了"聚焦群众关心的民生实事和重要事项，定期开展民主协商"。

在早期的试点与后续推广的过程中，各地因地制宜地进行了诸多制度性的探索与尝试。2012年，上海率先颁布的"1＋6"文件的全方位实验性议事协商构建开始。2015年，中央正式提出城乡议事协商实施意见后，以南京、杭州、深圳为代表的城市先后印发了各自的《关于加强城乡社区协商的实施意见》。2017年，各地的议事协商建设也来到了大规模的全面推广期，以北京率先出台的《北京市社区议事厅工作指导规程（试行）》为代表，一系列普及性的指导文件的出台，为议事协商的推广提供了具有实用性的、更为细致完整的执行标准。2021年，各地在新时代的治理能力现代化的总体要求之下，又各自研究发布了相应的细化文件，以上海浦东新区、北京朝阳区为代表的区市还为此撰写了“十四五”基层社会治理的规划纲要，明确了未来5～10年的具体发展目标。

总的来说，城市社区议事机制的构建背后拥有着丰富的自上而下的制度支持。党的十八大以来，我国在社区协商领域已逐步形成了相对完备的顶层理论和设计的规划，分别从基层民主、基层治理两个维度对协商议事的意义做出了较为细致的诠释，并且在区市层次的实施落地中明确了清晰的建设纲领和目标。

第四节　当前我国社区协商治理的基本趋势

从1999年的浙江温岭实验开始，上海、北京、沈阳、南京、杭州、武汉等地均探索出了多样化的实践，虽然立足于各地面临着差异化现实问题，不同模式的组织结构与运作机制也各有其发展偏重与优劣，但总体上有着一些相似的类型与特征。

一、社区协商主体的多元化

在我国各城市的社区协商模式中，主体的多元化是一个普遍性的趋势，并且这种多元化也体现在社区协商主体的草根性、广泛性和参与的直接性上①。

在早期街道组织的社区恳谈会中，参与的主体主要是社区中的居民代表，以居委会干部为主、社区党员其次的形成模式为主，浙江温岭实验的恳谈会便是在此基础上开始发展的，上海市静安寺街道的社区建设议事会也是以社区选拔的积极分子为代表的小范围协商主体为主。在这一探索阶

① 孙柏瑛.公民参与形式的类型及其适用性分析[J].中国人民大学学报，2005(5)：124－129.

段，以政府的主导为主，居民代表缺少决定性的决策权，议事协商主体的权力分配也更偏向于行政主体。

在21世纪前10年的城市现代社区快速建设过程中，伴随部分中高档社区的服务需要的提升，以及基础社区公共服务的全面普及，作为社区管理方的社区物业开始成为社区日常事务的重要参与主体，而与之相匹配的业主联合团体业委会逐步发育成熟。这一时期，社区议事协商的主体逐步扩大为我们所熟知的“三驾马车”架构，由居民委员会、业主委员会及物业企业代表共同构成。

随着城市基层政府的服务型转型，社区公共服务建设、社区氛围营造等事务的开展，原有的“三驾马车”架构已逐渐不能满足社区治理的需要。以上海为代表的部分城市的社区大胆探索了购买服务的方式来供给养老、托育、文化活动等公共服务，而各类功能性社会组织也由此进入了许多城市社区的场域中，在社区的日常事务中逐渐发挥了重要的治理作用。因而，部分社会组织也成了社区议事会的参与主体之一。截至2019年，我国社区社会组织数量已达39.3万个，由两大部分构成，一是在民政部门依法登记注册的社区社会组织有6.6万个，二是由街道（乡镇）和社区备案管理的社区社会组织有32.7万个。不过，作为专业服务的提供者，专业社会组织在议事协商中处于相对边缘的位置，其往往多旁观和辅助性的角色。以2020年的数据为例，专业社会工作者在社会工作者中的占比仅23.4%，专业社会组织在社区组织中也仅有3.02%。

同时，作为重要基层民主建设形式的议事协商也在该时期快速推广扩散，社区议事机制由现代化程度及居民文化层次较高的中高档社区向各类居民构成多元、产权结构复杂的普通社区乃至老公房社区铺展开。在这类居民相关性较弱的社区，原有的、相对小范围的少数代表性的协商模式缺少行政最终落地的有效性，更为开放的议事模式在以深圳市罗湖区文化社区为代表的社区中展开，全面开放性的议题征集模式以及其后以与事件相关为议事主体选择标准的协商模式使得更多类型的参与主体加入了协商之中。在这类以事件为中心的议事协商模式中，无论是否拥有所在社区的户籍、是不是社区的产权业主、是不是社区的日常治理服务参与者，只要对事件本身的推进具有作用，均有参与的可能。

以北京市海淀区的“社区会客议事厅”实践为例，其积极拓宽参与范围，推动议事主体多元化，构建社区“群众自治圈”和“社会共治圈”。海淀区在社区会客议事过程中，针对不同议题吸纳不同的主体参与，尽可能将与之相关的所有主体都纳入协商过程。如涉及物业纠纷的，邀请社区干部、物业公司代表、业委会代表、居民代表等群体参加。涉及不同居民之间纠纷的，邀请社区干部、居民代表，以及不同诉求居民的代表等参加。此外，还依托圆桌会、恳谈会、评议会等传统平台聚合中老年群体及社区公益人士参与社区事务；以政务微博微信、智慧社区 App 等网络平台吸纳上班族、中青年群体开展线上协商。各街道、社区还建立了不同层面、各有侧重的协商智库，按需邀请辖区内“两代表一委员”、专家教授、居民代表、技术人员、第三方机构等介入协商活动，提高协商的科学化水平。

值得一提的是，在各类规范性文件出台之后，一批学术团队在各地社区议事协商中也发挥了重要作用。清华大学李强团队开展的“新清河实验”，复旦大学唐亚林在周家渡街道探索的“准化样板居民区建设”，中山大学公管团队协助开展的“广州社区微更新实验”①，苏州大学新型城镇化与社会治理协同创新中心张晨团队联合苏州市工业园区东湖社区实行的“社区协商实验”②，以及南京大学闵学勤团队参与的南京市鼓楼街道三年“社区协商实验计划”③，均是以学界的专业性力量介入的社区议事协商机制模式。虽然并不直接作为协商议事的主体参与日常机制的运作，但学术团队往往发挥

① 王锋，严嘉欢. 北上广社区营造的协商治理实践及其启示[J]. 湖州师范学院学报，2021(1)：69－76.

② 张晨，赵云云. 走向程序民主：城市社区基层议事协商机制的建构：以苏州工业园区 Q 社区实验为例[J]，地方治理研究，2017(3)：47－57.

③ 闵学勤. 社会实验：嵌入协商治理的可能及可为：以南京市鼓楼区社区协商实验为例[J]. 人文杂志，2017(3)：111－119.

着至关重要的协商组织甚至协商的主持作用，以第三方协助者、指导者、监督者的身份参与议事协商机制的运作。即使在部分短期实验结束之后，这些团队也有不少以专聘的顾问团队的身份继续参与社区议事协商的建设。从区域性的议事协商机制推广来看，以学界团队为代表的专业化第三方主体发挥着至关重要的作用，缺少了学界的理念引领与实践指导，社区议事机制往往会陷入各类困境而无所发展。

近年来，随着我国社会民主制度体系的建设，各级协商民主体系的联合越发密切，作为代议制民主机制的人大、政协组织也常在基层设立工作点或联络点。在社区协商议事中，结合人大代表、政协委员的协商议事模式越发普遍，并且成为社区协商议事决策落实的重要路径。以杭州市上城区"湖滨晴雨工作室"为代表的议事协商机制为例，在协商平台搭建之初便想到了充分利用辖区内人大代表联络点的优势资源，在议事协商过程中邀请人大代表共同参与，促使议题上升为议案，实现社区协商民主与人大协商的联结。武汉市鹦鹉街道是政协委员参与社区议事协商的典范之一，在社区协商决议落地的过程中，居委会遇到了资金受限的情况，经过街道的牵线搭桥，汉阳区政协驻街道的联络点与其构建了协商议事合作机制，依托政协的专项经费支持，落地了部分惠民项目。

党的十九大以来，党的领导角色在社区协商中的表现越发凸显。具体来看，就是以社区党总支书记为核心，各党支部党员在社区议事协商当中的参与度大幅提升。从四川广元市探索试行党员"双报到"制度开始，成都、北京、上海等城市纷纷跟进，要求在职党员除了在单位参与党组织生活之外，还需到其所在社区和居住地的社区党委报到，切实投身于社区治理活动当中。这也使得原本社区党员队伍以离退休干部、职工中的党员为主的老龄化状况得到了改善，党员积极分子的平均年龄大幅下降，社区议事协商活动中年轻党员的身影增多。党的方针与政策得到落实，社区议事协商中党员的活跃程度得以提升，社区议事主体的个体素质、协商的决策质量大幅优化。

总的来看，当前协商议事的主体日趋多元，上级党委、人大和政协的派驻单位、街道党工委、办事处及其派出机关、社区党组织、居民委员会、驻社区单位、社区社会组织、业主委员会、物业服务企业和当地户籍居民、非户籍居民代表，以及其他利益相关方均可以作为协商主体。在一些专业性、技术性较强的事项协商过程中，一些专家学者、专业技术人员、第三方机构等积极参与进来。这种多元化的趋势或许在社区议事协商机制发展成熟之后会遇到一个瓶颈期，即考量协商效率、协商事务的局限性而不再扩展社区内议事协商的参与主体的范围。但多元化主体本身作为协商议事机制的重要原则不会被抛弃，协商的多元性本身作为一种民主价值也在多元主体中得到了充分彰显。

二、社区协商类型的多样化

近年来，经过探索期与推广期的政策实践，我国城市社区协商模式以传统的"四会制度"为基础，发展出了丰富多样的形式。居民议事会、居民理事会、小区协商、业主协商、居民决策听证、民主评议、民情恳谈日、社区警务室开放日、居民论坛、妇女之家，协商议事的形式非常灵活多样。究其实质，有着相对固定的几种类型。

从"国家—社会"的传统分析框架来看，社区议事协商机制基本分为三类：政府主导型协商、社区自治型协商和半政府半自治型协商。也有学者[①]认为只有两类，即政府主导型与社区主导型，过于强调两者分权上的对立，而忽略了政府与社会的协作。政府主导型协商模式，以上海市普陀区为代表，街道作为载体，政府作为核心力量，在居委会、NGO、自治组织等多元主体的合作下对社区事务进行管理；社区自治型协商模式，以沈阳市社区治理模式为代表，转变社区角色，街道办事处与居民委员会合力共建促进社区的发展，充分发挥各类社会组织（社区协商议事会、社区成员代表大会等）的功能与力量，推进社区实现自我治理；半政府半自治协商模式，以北京市海淀

① 卜万红. 论我国基层协商式治理探索的成就与经验：基于民主恳谈会与"四议两公开"工作法的分析[J]. 河南大学学报(社会科学版)，2015(5)：45－52.

区的“社区会客议事厅”和上海市黄浦区的“三会制度”为代表，采取“三位一体”或三个层次的方式对社区进行治理，在不改变已有体制的基础上，转变政府职能，明确政府、社区之间的关系及各自的职能①。党的十九大以来，以党的十九届四中全会文件的发布为重要时间节点，社区党委领导角色得到强化，纯粹的社区自治型协商模式不断减少，半政府半自治型协商模式逐渐成为主流，只是从协商的话语权力上来说，政府所掌握的权力更多一些。这在很大程度上源于社区协商的空间是属于经过多重筛选和受到高度控制的“半公共领域”，由此协商模式侧重于向着“伪公共性”②协商模式发展。

我国的议事协商所发挥的功能较为丰富。参照林尚立对民主协商的四个功能化的类型划分，何威将社区议事协商划分为咨询性协商、听证性协商、决策性协商和协调性协商四种形式③，分别回应了政策制定、决策执行、民主自治和利益协调四项诉求。咨询性协商主要发生在行政决策之前，以扩大政府政策规划对民意的有效回应为目的，也是我国早期议事协商的主要形式，彰显了决策参与上的民主特性；听证性协商主要发生在行政决策之后的落地实施过程中，以保障政策顺利落地执行为目的，是纯粹由行政主导的议事协商的主要形式，属于被动型的民主参与模式；决策性协商主要是行政赋权下的基层民主自治性的议事协商形式，以社区居民全面参与的自我治理为目的，充分彰显了基层社区的能动性与行动力；协调性协商主要以社区内部因利益分化导致的矛盾冲突的化解为目的，以利益的协调为协商核心，具有较强的治理特性。

这四种协商类型相辅相成，互为补充，在各地不同的社区基层实践中常会选择不同的协商模式，以适应不同情境。正是在社会治理任务复杂化，社区“两委”行政化、民主化双重要求的促使下，基层协商才发展出如此多样化

① 何威. 治理共同体建构：城市社区协商治理研究：以上海市普陀区为例[D]. 上海：华东师范大学，2018.

② 肖林. 协商致“公”：基层协商民主与公共性的重建[J]. 江苏行政学院学报，2017(4)：104－113.

③ 林尚立. 公民协商与中国基层民主发展[J]. 学术月刊，2007(9)：13－20；何威. 治理共同体建构：城市社区协商治理研究：以上海市普陀区为例[D]. 上海：华东师范大学，2018.

的运作形式。甚至有的社区可能会同时存在多个不同的协商议事机制，如新清河实验中，在设置社区居民议事委员会的基础上，又试行“社区治理指导中心＋物业服务企业圆桌会＋业主委员会联席会”制度，实则是在不同的层次上回应不同的需求。

以杭州市湖滨街道为例，其以湖滨晴雨工作室平台为抓手，着眼平台协商机制，通过“1＋X”的方式根据具体协商议题形成不同形式的有效协商，相继推出老小区“美化家园”“晴雨管家”“晴雨客厅”“晴雨学堂”“晴雨议事坊”等300余个项目。除了线下的民意沟通渠道，街道还在湖滨街道官网上专门开辟了“问计于民”板块，为民情的收集提供网络空间，形成了“1624晴雨工作法”和“相约星期五”活动等特色项目。

总的来看，社区议事协商机制在过去的基层社区实践中不断朝着形式多样化的方向发展，这种趋势或许在社会的不断发展与转型中变得更加丰富，这也显现出我国社区议事协商机制在积极地适应社会的发展要求。

三、社区协商程序的科学化

在社区议事协商机制的构建中，协商程序、议事规则的合理与否是机制能不能实现良好运行的重要保障。在进行顶层宏观制度设计时，要明确议事价值，只有借助议事规则才能将这些价值落到实处，并且维系价值的持久性与稳定性。尤其是在民主意涵的实质化上，有关“多元性、平等性、合法性、程序性、公开性、责任性与理性化”的落实需要具体的程序来体现。可以说，议事规则的设计在基层让民主由口号变为有效的实践活动①。

我国各地在议事协商机制的构建中有关协商程序的探索也有着丰硕的成果。在中央文件的指导之下，各地围绕协商程序的底层设计大致有两种模式。

一是自上而下的程序制定，北京是此种模式的代表，市级民政部门结合

① 文小勇.协商民主与社区民主治理：罗伯特议事规则的引入[J].河南社会科学，2021，29(7)：106－115.

发展需要，直接提供具有操作性议事规则的制度化指导。2016 年，按照中共北京市委办公厅、北京市人民政府办公厅印发的《关于加强城乡社区协商的实施意见》的通知要求，结合北京各区的探索情况，北京市民政局制定了《北京市社区议事厅工作指导规程（试行）》。首先，该文件明确了“街道（乡镇）、社区党组织、社区居委会、社区民主监督委员会、居民小组、驻社区单位、社区社会组织、业主委员会、物业服务企业、社区居民代表和社区居民以及其他利益相关方均可作为协商主体……积极吸纳居住在本社区的老党员、老干部，党代表、人大代表、政协委员，社会工作者、志愿者参与协商”，明确了议事多元性的主体。其次，明确了议事会召开前的准备工作，针对议题的提出、议题的收集、议题的确定、议事会议公开与监督均做出了细致安排，充分考虑了程序性与公开性。再次，对议事会议召开过程中的人员分工、协商原则、共识达成等给出了建议，凸显了平等性、理性化的原则。最后，对于议事协商决议达成后的执行、监督的责任做出的分配，确定了社区党组织、社区居委会的落实组织责任，街道（乡镇）的协助、监督与纠偏责任，针对社区、街道资源不足的情境中如何获取市区的行政支持给予了安排。

这种自上而下的制度设计，既考量了协商议事规则所应具有的对普适性价值的维护情况，给出了标准化、制度化的硬性要求，也考量了基层特殊情况与灵活操作的空间，并且对协商议事的落实保障做出了系统性安排。可以说，街道、社区只需结合各自的情况，参照《北京市社区议事厅工作指导规程（试行）》要求，做出简单的细化，就可作为行动规则直接使用。这也是北京市各区县在议事协商机制的全面铺开上如此迅速的重要原因之一。

以北京市海淀区为例，其 2018 年便以北京市的指导规程为模板，颁布了《海淀区“社区会客议事厅”建设试点方案（试行）》，其细化且明确提出了“五步循环工作法”的议事流程，即问民需、汇民意、议民题、执民事、促民评。这一流程明确了议事协商过程中议题收集、确定议题、会议审议、落实决议、成果评估等各个环节的工作主体、主要任务和工作方式。同时，部分社区还建立起议事协商的常态化机制，推广实施“月协商活动计划”，即会客协商服务或活动应至少每月组织开展一次，按照每月一主题的原则，制定月协商方案，以协商经常化促民生问题快速征集、快速审议、快速实施落地。学院路街道健翔园社区结合实际，探索出了闭环式“健翔工作法”，即“轮值、记录、走访、巡查、议事、做事、公示”七步工作流程，七个步骤构成良性闭环，保证社区居民的诉求能够件件有记录、事事有回复。

正是基于精细化的制度指引，北京市各区的社区议事协商的建设得到了全面落实。2018 年年底，海淀区全区 29 个街镇每个街镇建设 1 个社区会客议事厅试点，并于 2020 年实现了全区推广。2019 年，北京市东城区完成了全区 182 个社区议事厅规范化建设，把议事平台深入网格、胡同、院落、楼宇等更小协商单位，编制了《社区协商运行流程指导手册》，委托专业社会组织每年面向社区举办专题培训，发展了院落自管会、停车自管会、网格自治小组、邻里服务中心自管会等社区自组织。

二是自下而上的“试点探索—区域推广”的扩散模式。此种模式多被先发试点地区采用。随后，以深圳罗湖区黄贝街道文华社区、武汉市汉阳区鹦鹉街道为例，其协商制度以罗伯特议事规则“十三条”为基础，依照各自的情况做出修改与设计。深圳市作为社区协商民主改革的早期探索城市之一，在缺乏指导文件的情况下只得自主探索制定具有可行性的社区协商规则。自 2012 年 11 月起，罗湖区以黄贝街道文华社区作为试点，在社区大会中引入罗伯特议事规则，并将其改编为更为精简的“文华八条”，形成了居民认可的一套议事规则和程序，并且按照这一规则进行公共讨论后，对社区的重要事务划分了轻重缓急的顺序。这不仅使社区各项公共议题进入了快速解决通道，而且民意特别集中的重点难题与诉求也得到高效解决。文华社区的探索很快得到了上级政府的认可，到 2013 年下半年，深圳市罗湖区在“文华八条”的基础上进一步优化制定了“罗湖六条”，在全区 83 个社区开始全面推广罗伯特议事规则，在全区进一步推广社区协商议事实践。武汉市汉阳区鹦鹉街道的“鹦鹉法则”与“罗湖六条”类似，也是基于罗伯特议事规则编写的。但武汉作为社区协商的后发城市，鹦鹉街道的规则并非基于完全自主的探索，而是在武汉全市推行议事协商机制的落地过程中遭遇了发展瓶颈，故而主动寻求了先发地区的支持，学习了南京市鼓楼区的实践经验，在简易版罗伯特议事规则“十三条”的基础上进行了精简，成功实践后又被推广到了汉阳区。

除了议事模式的扩散，这种制度化的推广在议事协商全过程的制度化中均有采用。如浙江省杭州市上城区的各街道的协商机制的构建，大多基于对“湖滨晴雨”经验的总结与推广，形成了全区覆盖的“17654 民主民生互动平台”。同时，以上羊市街为代表的后发街道积极探索，发展出了邻里系列协商的各类新模式，如“邻里坊”“邻里值班室”“邻里学院”“邻里大管家”“邻里援助会”等。上羊市街社区以区文件为指导，形成了“六步工作法”，即按照民事民提、民事民议、民事民决、民事民筹、民事民办、民事民评的六步程序，引导居民开展自我管理和自我服务。除此之外，社区突出居民的主体地位，居民与辖区单位、物业业委会、居民三个层面的协商，强调了坚持参与多元化、协商程序规范化、协商内容精细化、协商形式多样化“四化”同步，规范建立了决策机制、公示机制、众筹机制、督办机制、评议机制的“五项”机制。社区先后编制了《上羊市街社区协商运行流程指导手册》，形成《上羊市街社区协商工作实施方案》《上羊市街社区协商议事规则和流程》《上羊市街社区协商议事清单》《上羊市街社区居民院落公约》等规范性文本，为社区居民参与协商自治提供了行动指南。与自上而下全面系统的制度设计相比，自下而上的扩散模式的制度设计更加专注于日常的议事协商运行规则的细节设计，着力于议事本身的不断优化。

当然，此两种模式本身是各自发展时期的限定和要求下的制度产物。在探索实验期，往往需要自下而上的模式来为顶层设计提供充足的经验和具有深度的丰富制度材料。在成熟的推广期，则又需要自上而下的完整系统的制度设计来实现更广泛区域的标准化建设。当推广彻底完成后，基层落地中的困境促生的创新又能重新反哺顶层的制度设计，利用自下而上的模式使得区域性的协商议事程序规则更加精细。

总体上，我国城市社区协商的程序设计在朝着不断完善的方向发展，在社区协商制度化过程中，政府、社会组织、市场主体、居民群众等社区多元治理主体的地位和职责也得到了厘清，使多元主体在社区治理的实际运作过程中发挥作用，公正平衡和正当的规则设计也维护了各参与方的利益，形成了完备自治的体系①。

四、社区协商内容的丰富化

近年来，我国城市社区协商的内容不断丰富，在涉及民生与公共事务的领域内不断拓展。

早期的城市社区协商以政府主导的恳谈会、听证会模式为主，因而其议事协商的内容主要围绕政府的政策决策来展开。在此种协商情境中，协商的主题的选择以政府的政策为中心，以相对宏观的民生体系建设、政策设计为主要内容，缺乏对社区具体事务的讨论。这也导致协商内容与协商主体的具体诉求严重脱节，社区协商参与面临形式化、流程化等问题。

随着协商议事机制民主化的推进，政府为促进社区协商建设的有效性不断放权，在协商内容方面的主导权也逐步回归到社区本身。在此种背景下，以北京市、广州市等地为代表的基层社区积极探索扩大议题收集的方法，建设“开放空间”“社区茶馆”等参与式讨论机制，引导居民协商讨论群众关心的社区事务。北京市东城区还建立民意收集机制，结合“民情日记工作法”“走动式工作法”“分片包户”等工作方法，由社区党组织和社区居委会牵头，主动征询民意，全面掌握社区情况后，再确定拟协商的议题。这使得协商议题的内容大大丰富。

2017 年颁布的《北京市社区议事厅工作指导规程(试行)》文件对多年基层协商议事的普遍性问题进行了翔实的总结，归纳出了 10 条重点的协商内容：(一) 协商解决家庭邻里纠纷和社区成员之间的矛盾、促进社区和谐稳

① 王芳，陈进华. 城市社区协商：从基层民主到社区共治的内在逻辑及实践路径[J]. 江海学刊，2019(5)：148 - 154.

定的事项；（二）协商解决社区无障碍设施设置改造、电梯安装使用维护、停车管理、噪声扰民和小广告治理等事项；（三）社区文体场所、公共绿地、捐赠站点等设施的设置、使用和管理；（四）社区居民应当共同遵守的社区邻里关系、公共场所秩序、宠物管理、垃圾分类、绿化美化等各类公约的制定、修改和落实；（五）社区居民迫切需要解决的基本生活困难；（六）社区开展对老年人、残疾人、青少年、优抚对象的照顾等互助服务事项；（七）为居民拟办的惠民实事工程；（八）社区居民会议准备讨论决策的事项；（九）社区公益金、城乡基层党组织服务群众经费具体使用的项目；（十）社区党组织向社区居委会和各类协商主体提出协商要求的其他事项。协商的内容涵盖社区日常治理可能面临的全方面问题，同时也包含了对社区治理资源、治理程序、治理落实的监督与管理工作。

总的来说，当前的协商内容主要分为四类：社区公共事务、公益事业；社区居民反应强烈、迫切要求解决的实际困难问题和矛盾纠纷；法律法规和政策明确要求协商的事项；各类协商主体提出其他协商需求的事项。这四类协商内容在实践中逐渐丰富，而这也体现了我国基层政权对社区议事协商公共性推进的努力。

五、社区协商形式的开放化

近年来，我国城市社区协商的形式除了传统的恳谈会、议事会、征询会之外，为了容纳更多的社区主体参与，还正朝着更加开放的在线化、灵活化的协商形式发展。

早期的社区协商基本形式相对固定，以决策型协商为主要类型的社区协商重点采用民主议事会、民主评议会、社区议事会三种形式，其实质是政府或者基层自治组织为制定某项政策或者进行社会公共管理时，将协商民主引入决策或管理的过程，各种阶层、各种身份的公众平等友好协商之后，形成一个一致的决策。在近年协调型社区协商的发展中，通过“以协调理事会、圆桌会议等形式处理社区组织内部、组织与组织之间、组织与公众之间的矛盾和问题"[1]的模式被更广泛地采用了。同时,以社区政策审议会、重大事项公示讨论会为代表的监督型协商也在各地的基层协商中出现,替代了传统社区监督委员会体系。通过对政府决策和基层组织社会活动进行监督,开展相关对话、协商工作,从而对政府决策提出意见和建议,拓宽了基层自治的渠道,保障了社区居民的知情权和监督权[2]。

值得注意的是,考虑年轻的中青年在职群体参与传统的线下协商的客观困难,为了充分扩大社区多元主体的参与,以 QQ 群、微信群、社区 App、在线会议小程序为代表的在线协商模式越来越多地出现在协商议事当中。以上海市普陀区宜川街道为例,在运用传统线下议事协商机制的阶段,在人口结构以年轻人为主且职业以上班族居多的部分社区中,社区管理部门很难有效动员起社区的主要群体参加社区活动,社区居民的议事协商参与仅有两成,并且参与者的老龄化程度极高。对此,以中远社区为代表的新式社区率先开展了信息化探索,发起了"湾豆群"线上自治项目,依托微信这一即时通信工具,依托微信群组、公众号等线上媒介打造一个跨楼组区域的虚拟社区,聘请专业化的社会组织作为这一虚拟平台的运营方,依托居委会的管理权限和职能,将社区内一些信息发布、社区业务办理、反馈投诉等涉及业主切身权利的基本功能纳入这一平台中。而这一线上社区最终也实现了扩大居民参与的目的,超过半数的居民加入了虚拟社区,这种通过构建线上新空间对居民进行再组织的方式,将协商的效率最大化。与之相类似的公共性虚拟议事空间在各地的实践均有体现,如广州的羊城论坛、北京八通社区论坛等。

当然,真正促进社区议事协商开放性提升的并不是仅仅构建线上虚拟社区,而是线上线下同步发展,以线上模式助推线下协商的进一步公开化。具体来说,就是在线下议事协商的讨论过程中,通过结合线上的机制,实现

① 王芳,陈进华.城市社区协商:从基层民主到社区共治的内在逻辑及实践路径[J].江海学刊,2019(5):148-154.

② 同①.

“线上＋线下”的联合议事。摆脱线下相对固定的空间对协商参与主体的限制，通过多种形式的线上群组实现对整个社区的协商覆盖。同时，在议题搜集、议题公示、议事代表选举、议事决策公示、决策落地监督等事务上，对线上平台的运用可作为线下行动的有效补充，在扩大议事协商参与人员范围的同时，不过多增加基层社区的行政负担，形成普遍的权利行使与社区行政效率之间的平衡。

以杭州市清波街道的“清波话坊”为例，通过搭建与线下“清波话坊”相对的线上“清波话坊”数字协商平台，借助数字化赋能基层协商。基于手机App“民情E点通”，以及上城区“平安365”社会服务管理信息平台的对接，“清波话坊”实现了对民情民意传递、协商议事结果的跟踪反馈的实时传递，居民在线上线下可以同步了解话坊的活动动态。

整体来看，在各地有关基层治理的顶层规划中，借助越发便捷的信息化技术来发展社区协商是一个总体性的要求，这也预示了未来社区议事协商的进一步开放性提升，不断朝着全民参与的理想目标发展的可能。

六、社区协商功能的复合化

近年来，我国社区协商在社区治理中起到了重要的作用，在诸多社区事务上发挥了正向的功能。社区协商的实际价值也在其运作中得到了充分的彰显与深度的强化。

首先，社区协商推动了基层民主的发展。社区协商民主实践体现了民事民议、民事民治，有助于保证基层群众参与民主决策、民主管理、民主监督的权利，有助于提升居民的民主素质，推动基层民主发展。而我国社区协商在主体的多元化、类型的多样化、程序的精致化、内容的丰富化、形式的开放化五个方面取得了长足的进步，其背后的核心思想便是对社区协商民主意涵的落实与发展。哈贝马斯认为，“民主就像一个旋转的陀螺，重要的是旋转的过程，离开了这个旋转的过程，民主政治这个陀螺就会倒下，个人的权利就无从谈起”[①]。我国社区协商的在地化实践恰是让民主的价值在具体的协商、决策中得以彰显，通过对社区事务的化解、社区民情的回应、社区氛围的建设来丰富民主实践的行动成果。就个体而言，这些实践在解决实际事务问题的同时，也对大众的民主技能进行训练，培养了居民个体的公共性。

其次，社区协商维护了社会的和谐与稳定。社区协商民主实践体现了协商于民、协商为民的要求，有助于解决群众的实际困难和问题，化解矛盾纠纷，塑造和睦的邻里关系，以实现社会的和谐与稳定。在矛盾纠纷多元化解体系的构建中，人民调解始终占据着重要的位置，而社区协商机制恰是当前我国城市基层社区人民调解的主要构成要素。在社区协商类型多样化、协调专业化的背景下，基层社区协商解决纠纷的能力大大增强。作为新时代对“枫桥经验”在现代城市中的再诠释与推广，社区协商所发挥的利益协调和沟通桥梁作用，恰是实现矛盾源头化解、“小事不出社区，大事不出街道”的重要前提和保障。在有效协商的实现过程中，社区的和谐氛围得到营造，社区共同体也将得到形塑，并且从根源上预防了各类冲突的发生。以北京市朝阳区为例，近年来通过不断推进和完善社区协商议事制度，积极动员居民、属地单位、社会组织等共同参与社区治理，问计于民、问需于民、问效于民，全区在483个社区建有“居民议事厅”、在1 439个楼院小区搭建了议事平台。有了多种建言献策、参与社区治理的渠道，居民们敞开心扉，“议”出了自己的“心声”，也“议”出了党和政府要着力解决的民生问题。据统计，朝阳区各社区5年来共通过协商议事解决社区各类问题7 000余件，共建共治共享的朝阳基层治理模式逐步形成[②]。

再次，社区协商降低了基层政权的治理成本。社区协商民主实践体现了多方参与、民主治理的特征，有助于街道降低基层治理的信息收集成本、决策成本、投入成本，实现基层的低成本治理。在充分沟通的前提下，行政

① HABERMAS. Between facts and norms: contributions to a discourse theory of law and demaocracy[M]. Cambridge Mass: The MIT press, 1996.

② 安娜. 协商议事解决了7 000多件社区“小事儿”[N]. 中国社会报，2021-01-22.

效率大幅提升，政策落地所需的人力、物力、财力较之过去也有所降低。社区协商在提高政府投入的使用效率的同时，还加大了对社会资源的汲取和利用。在社区自治的情境中，社区公共服务的供给方不再是单一的基层政府，而是加入了社区的全体居民及社区范围内的第三方组织资源，使得投入社区治理的整体资源总量得到了拓展。当然，这也在很大程度上加大了对基层居民自治组织的要求，并且增加了他们的治理难度。只是就整体来看，社会治理的总体效果提升明显。

最后，社区协商完善和增强了党的领导体系。社区协商民主实践的原则深刻体现了基层党组织的领导、基层治理创新，有助于创新基层党建工作、推动基层管理模式转变、宣传和落实党的方针政策，既开辟基层民主政治的新途径，又增强基层党和政府的政治合法性[①]。在构建社区协商机制的过程中，无论是何种议事形式，其领导核心均是基层党组织。借助形式多样的协商议事平台，在不干涉民主协商和民意表达的情况下，增强了党对社区的领导。

概言之，当前我国成熟的城市社区协商机制已然具有了非常强大的功能，并依照其民主内涵与治理内涵的要求不断发展和完善。

第五节　社区协商面临的主要问题及破解之道

一、社区协商面临的主要问题及原因

当然，我国城市社区协商机制在步入成熟期后仍旧面临着非常多的现实问题。部分地区社区协商机制的发展也陷入了瓶颈期，一些协商机制能够取得良好的治理效果，而另一些则流于形式。

① 厉有国. 中国基层协商民主实践：价值、问题与路径[J]. 吉首大学学报(社会科学版)，2015(2)：8－13.

（一）社区协商参与不足与社会发育程度的局限

当前，参与社区活动频率低的问题一直是困扰社区治理的主要问题之一，特别是中青年的工薪阶层和中产阶层的参与率低[①]。面对这一问题，批评的意见多是将矛头指向了在议事理事会模式中普遍采取的代议制，即通过指派或选举产生议事代表的方式组织协商会议。批评者们普遍认为，这种协商模式无法兼顾少数群体的意见，并且不可能全面地听取居民的声音，甚至可能导致出现社区内部的精英政治。

基于此种逻辑，若想化解这一问题，则要尽可能地扩大居民的议事协商参与范围，尽可能地扩大对民意的听取。而最理想的解决方案便是全体居民大会的模式，只有全体居民均充分行使了其权利，此问题才能彻底得到解决。但这种设想缺乏落地的可能，实现该种协商的成本极高。一是组织居民参与的成本。以各地基层选举投票的参与率来看，参与投票的居民能超过半数已属不易，而对于需要大量精力投入的议事活动来说，居民参与的积极性便可想而知，若是要组织起规模庞大的会议，其背后所需的支撑力量绝不是一个基层政府所能承担的。二是会议召开的时间成本。在当前采取罗伯特议事规则的协商模式中，为了充分保障每个人的权益，会议的时长过长成为当前社区协商中参与率下降的重要原因，不断扩大的协商参与规模会导致这种效应变得更为凸显。三是决议落地的成本。在充分考虑了各方的需求的情况下，决议从达成统一到最终落地的复杂性会大幅提高，而这就需要投入额外的资源成本来对这一复杂性予以有效回应。

因此，当前的代议制模式其实是在均衡了协商治理效率与协商民主意义后的一种理性选择。该模式虽然在逻辑上永远无法实现彻底的多元化，也无法彻底消除精英政治的概率，但却并不影响社区治理的最终成效。在公民意识高度觉醒的情况下，一旦社区协商的决策伤及少数人的利益，并且无法妥协时，少数群体就会做出抗争，而这一抗争又会顺利成为新的协商议

---

① 闵学勤. 社区协商：让基层治理运转起来[J]. 南京社会科学，2015(6)：56－61.

事内容，形成有效的良性循环。

只是，当前的关键问题在于社会发育的程度并不如学者们所设想的那般成熟，社区协商的制度设计落地缺乏深厚的公共性土壤。理想的公共性既保障个体权利和自由，又超越个人偏好，其利益指向公共理性和公共利益[①]。但在缺乏参与动机的情况下，学者们构想的借助社区协商来培育公共性的方式只能停留在纸面理论上。现实是，当前中国城市社区协商仍面临着公共性缺失、价值观碎片化、阶层差异化等诸多现实挑战[②]，严重制约社区公共领域和协商空间的发展。即使在同一制度条件下，各社区的协商议事的效果也可能差异巨大，其根本原因就在于各社区的居民协商素质、协商能力和协商价值有着非常大的差距。先发实验社区的成功往往建立在其社会发育状况良好之上，在后续的经验扩散中，制度设计的模仿学习是后发社区可以轻易习得的，但是其社会基础却是无法改变的。在居民普遍缺乏协商的主动参与意愿的情况下，给予其协商议事权利本身并不能吸引其积极参与，而现实中采用的种种激励手段也往往只能在短期内生效，无法长期形成吸引力。

同时，协商议事本身的责任属性实际上多于其权利属性，在社区协商建设过程中，伴随社区事务决策权一同设置的是社区治理的义务。而这种社区治理责任又与个人需要投入的资源呈正相关，责任越重，个人所需投入的时间精力、物质经济资源就越多。在社区协商过程中，参与协商的义务是最容易履行的，因为其仅需要简单地投入一定的时间与精力即可，而对于协商的组织则需要组织者前期投入大量的准备时间，往往只有居委会工作人员或是少数社区积极分子愿意参加这类工作。在一些涉及社区建设的决策落地问题上，执行所需的时间、物质成本则更为沉重，后续所需投入的非正式社会资本更是无法估量，因而社区协商过后的政策落地及监督工作是最为困难的部分。

---

① 肖林. 协商致“公”：基层协商民主与公共性的重建[J]. 江苏行政学院学报，2017(4)：104－113.
② 黄锐. 城市社区治理中的公共性构筑[J]. 人文杂志，2015(4)：116－120.

总之，如果无法从义务与责任的视角来看待社区协商的建设与运行，我们便无法理解为何一种看似美好的权力赋予居民之后，其后续的权力行使却如此困难。如果不能使得在行使协商的权力过程中投入的成本得到相应的收益作为补偿，那么在外部激励和强力推动下开展的社区协商终究无法培育出我们所设想的自主性。相反在一次又一次的"吃亏"中，社区协商的参与度只会越来越差，并且逐渐远离民主协商的初衷。在当前个体性意识增长的背景下，个体性、私人性得到发展甚至是过度扩张，社会出现以邻为壑的局面，凸显了公共性的缺失①。公共参与具有极强的个体利益维护的特征，学者们所构想的集体维护公共利益背后，实质仍是个体对自身利益的维护。

（二）集体行动中的个体利益的差异

居民是社区协商中最重要、最关键的参与主体，社区协商机制的建立离不开居民的支持与努力。但是，即便在同一社区内，不同居民的利益也是不同的。换言之，即便是面对公共利益，也存在利益群体中的个体利益差异问题。因而社区协商建设的目标之一便是"在治理过程中，通过平衡各方利益诉求，通过协商协调化解多方矛盾，保障公共需求，促进和谐社区建设"②。这之中，协商中的整体利益与局部利益平衡是最难实现的。

近年来，在以社区协商推进社区公共建设的治理行动中，个体为维护自身利益而与公共利益发生冲突的情况屡见不鲜，如近些年老旧小区改造中的"加装电梯"所产生的诸多纠纷。加装电梯看上去是惠民好事，却往往难以达成共识。作为一种公共物品，居住在不同楼层的居民对于电梯的需要程度是不同的。居民对加装电梯的态度主要取决于其自身收益和代价的平衡。当然，这种平衡有时并非完全具有经济性，也缺乏一个合理的计算标准。通常一种均衡的达成会导致另一种均衡的破坏。例如，在同一栋楼加

① 肖林.协商致"公"：基层协商民主与公共性的重建[J].江苏行政学院学报，2017(4)：104-113.

② 王芳，陈进华.城市社区协商：从基层民主到社区共治的内在逻辑及实践路径[J].江海学刊，2019(5)：148-154.

装电梯，电梯的使用对低层居民的影响是相对不利的：一是自身没有使用的需求却需要承担加装电梯带来的公共空间占用、各类经济成本；二是电梯的日常运行造成的噪声等难以避免地带来居住环境成本；三是电梯加装后对房屋价值的影响是倒置的，底层的房屋价值会因为电梯的存在而减值，而高层居民却能因此获得房屋的价值提升。即使同为高层的居民，因加装电梯而产生的收益也是不同的，相对来说更高楼层的居民使用电梯的时长更长、频次更高，相对年长的居民对电梯的需求也更为迫切。在各地的实践中，为了实现对个体利益的维护，差异化的政策设计、灵活的项目执行是被提倡的。

此外，尽管一些公共事件通过社区协商机制达成了，却产生了另一个问题，即公共物品供给过程中的“搭便车”问题。如在管道修缮、社区绿化、道路改造等非排他性的公共服务供给中，由于存在个体利益的差异，难免会出现“干与不干一个样”“干多干少一个样”的情况，因而社区居民参与民主协商的积极性不高，协商机制也无法持续发挥作用。近年的研究发现，即使涉及自身的切实利益了，这种“搭便车”的情况也仍旧会存在。在社区协商成本较高和协商能力要求突出的情况下，我国社区议事协商的社会发育状况还不成熟，居民即使有心、有动机参与社区协商，也会在协商的高要求面前无所适从，从而不愿或无力履行权利与义务。此外，“搭便车”心理还普遍存在于社区协商后的决议落实上，虽然各地的制度要求并未对社区居民参与后续的决议执行有统一的认识，但作为“共享共商共治”价值中“共治”的具体体现，在基层民主、基层社会治理的实践中居民的参与应当是全过程的，这也是最难的一点。“共治”既是一种权力，也是一种责任。然而，担当责任于个体利益而言大多是奉献性的，因而在一些人看来，与其投入付出，不如坐享其成。不过，对于“搭便车”现象我们不能放任不管，因为一旦形成恶性循环，社区协商的效果也将每况愈下。

以北京市大兴区的物业服务为例。居民居住于社区，参与社区治理，付出了一定的报酬，享受社区物业的服务，是现代意义上社区居民的权利义务对等的表现。但是在实际生活中，部分人出于“搭便车”心理，在一些社区中，存在比例不等的拒缴物业费的现象，这极大地影响了社区整体治理水平。此种情况在回迁社区尤为明显，在深入社区调查访谈中我们发现，5 年免物业费期过后，有些社区回迁居民依然没有缴费意识，不理解物业工作，还普遍存在“本来就是我们家的地方，没有理由再向我们收取费用”的观念。在实际工作中，他们往往以物业服务不到位为由，拒绝缴费。此外，有少数居民因长期居住在别处，还存在一些产权不明的情况等。总体来说，居民整体缴费意识不强，已成为促进物业管理良性循环的难点之一。

因此，如何统筹考虑群体中的个体利益差异，实现利益矛盾各方的利益协调，是协商治理机制有效运作的关键。然而，社区协商寻求的是公共利益和共识观点的形成，而不是个人利益的简单加总或者讨价还价的利益交换①。在形成公意的过程中，妥协往往是最终达成共意的关键，而如何从个人利益冲突转化为协作需要的不是精致的计算，而是通过更深的价值共通来实现。虽然这种程序性的协商决议赋予了制度的合法性，但只是暂时性地遮盖了利益的冲突，无法从根本上消除矛盾，甚至可能诱发新的利益纠纷。诚然，对于利益的充分保护是协商民主的理想价值，但在追求行政效率的基层治理中，为了社区的整体利益，往往不得不牺牲部分个体的利益。这并非从制度设计上能根本消除的，一如前文所述的多元性问题，在一种价值上寻求极致的制度往往缺乏落地实施的可能。当前，对于差异性的个体利益的充分考虑与协调其实并未仅仅停留于纸面的设计，而是包含于基层居委会领导的实践中的。

简言之，社区协商作为一种集体行动，其注定面临的是集体内部个体间的利益冲突以及集体公共利益与个体利益的冲突。如协商议事主体参与积极度不高、协商议事决议落地困难、协商议事机制难以长期有效运作背后，均是由各类利益冲突所产生的影响。若想消除这些影响，切实提升协商议

① 肖林. 协商致“公”：基层协商民主与公共性的重建[J]. 江苏行政学院学报，2017(4)：104－113.

事的质量与效果，就应当进一步思考有效裁决利益冲突。

（三）协商角色与利益角色的冲突

在居民参与民主协商，共同决定和处理社区事项的过程中，面临的另一个重要问题便是裁判员与运动员的角色冲突。尤其是在社区纠纷处理过程中，协商机构中的成员也是利益主体，其公信力难免受到怀疑。这也是社区内部的利益矛盾往往需要客观中立的第三方来调解的原因。

在涉及公共建设的议事领域内，社区居民既可能是利益关系的主体，也可能是协商治理的主体，这就造成了协商结果可能导致公共资源的分配不平衡的问题。在协商议事的成本前提下，参与协商者也需要通过协商来弥补自己为公共利益达成所付出的时间精力。但因此造成协商机构无法保证其决策的公正性的问题，使得协商机制难以起到积极的作用。例如，一些社区的业主委员会的成员，正是借助其在协商机制中的优势位置，以权谋私，导致社区资源过度消耗，造成长期的社区治理遗留问题。大多数情况下，对于自身有利的宣扬本身也是协商所必需的，其彰显的是对社区中每一个个体利益表达权益的维护，但在最终的决策中，则需要切实考量其是否公正。因此，在利益表达的"冲突—妥协"过程中，弱势的少数派难免要做出一定的让步。化解此问题的有效做法并非仅仅需要少数派发声，强势派或是中立派积极主动地对少数派的需求做出照顾与回应也非常重要。

再者，正因双重角色的内在冲突，协商机构的组织过程也同样是新纠纷产生的过程。换言之，协商机构本来是为了解决问题的，可是其却产生了一系列问题。在协商机构的组织过程中，谁来主导问题的解决、谁来把控解决的程序、谁来监督协商的结果等都是亟须解决的问题。如果这些问题无法得到有效的处理，居民就倾向于采取诉讼途径或其他极端途径解决问题，这违背了社区协商机制的初衷。同时，这恰恰反映了我国城市社区正面临的许多新常态的问题，包括多元组织协同困难、社区弱参与、社区冲突等问题，在社区治理新常态下没有各方意见发声的机会，缺少互相让步、共同进退的协作理念，城市社区治理将不可避免地陷入混沌或僵局[①]。

在此种情况下，政府的角色就更为重要了。需要注意的是，在建构基层民主议事协商的道路上，政府的角色并非按照以往整齐划一的行政管理模式来开展社区协商，但也并非简单的“官退民进”，而应该是国家公共性与社会公共性的共生互促[②]。

在已有的成熟制度设计中，以基层社区党委、居委会成员为主导的制度设计在一定程度上就是为了回应这种角色冲突的问题，以实现协商的平等性与公正性。但除了部分协商议事发育较为成熟的街道与社区外，这种设计的制度化、规范化水平还比较低，在确定协商主体和内容、规范协商程序、运用协商效果上均存在一定的随意性和形式化等不足之处。

（四）协商机制与治理资源的脱节

近年来，尽管部分社区有了较好的社区协商治理机构和机制，也有着高涨的居民参与热情，但是我们依旧看到一些社区处于问题无法解决的状态。这一问题的症结在于，多数社区在社会资源方面存在高度有限性，尤其是在解决具体社区事务上的有限性更为明显。换言之，这类社区治理所需的资源超出了其社区居民所拥有的物质资本和社会资本的总和。即使其拥有非常完备的协商体系，居民的参与积极性也非常高，其在最终决议的落地中也会面临巨大的困难。对于如何化解此种困难，我们首先需要对社区资源进行简单分析。社区治理资源的构成主要有两部分，一是社区内部的资源，二是社区外部的资源。

社区内部的资源主要是指社区居民自身拥有的物质、空间资源。随着城市的快速发展，社区的位置、住房构造、居民构成的差异性越来越大。社区协商的实验多是从城市社区率先开展的，其重点考虑的便是居民的个体参与诉求强烈，以及协商内容的落地资源投入成本较低。在苏州大学“江苏省新型城镇化与社会治理协同创新中心”团队与苏州工业园区社工委合作

① 闵学勤. 社区协商：让基层治理运转起来[J]. 南京社会科学，2015(6)：56－61.
② 肖林. 协商致“公”：基层协商民主与公共性的重建[J]. 江苏行政学院学报，2017(4)：104－113.

探索社区协商的实验中，其最终选择的便是苏州的国际社区——湖东社区。在居民构成方面，该社区实际入住居民 256 户 640 人，其中境外人士 125 人，业主主要为中高收入阶层，职业分布于政府公务员、企事业单位高管等，整体文化程度和公民素养相对较高；多年来，该社区居民中已经涌现了以“汤妈妈”为代表的一批较有公共精神的社区精英。

然而，即使在这样的社区中，议事协商的落地过程也十分艰难，尤其是具有高度技术性的协商议事机制需要协商参与主体对规则的熟悉和服从要求较高，经过半年多的推行，仍旧存在一定的困难。首先，以罗伯特议事规则为中心的协商规则对会议主持工作要求极高，若非由专业团队陪同主持，会议则会缺乏组织性和程序性。其次，社区协商的定位并非决策性的，最终的执行仍旧由社区来进行，这在一定程度上规避了落地的困难，但也限制了社区居民的自主性。值得一提的是，湖东社区公共经费较为充足，协商的议题往往以节日活动的举办、社区氛围等软文化建设为主，极少涉及硬件资源的投入。而这与大多数面临社区改造难题的社区相反，因而其议事协商机制在后续的推广中也仅在性质相似的现代社区内推进。

实际上，我国当前协商机制在运行中存在的一个重要问题是协商目标与治理资源的严重错配，只有明确社区资源的现状，选择社区资源能够支撑的协商议题来讨论，才可能使得协商发挥更大的作用。过于超前的目标设定只会造成巨大的治理困难。就此问题而言，政府所应发挥的引导和辅助作用更为重要，同时为了实现区域间社区协商公平发展，作为拥有一定治理资源的政府如何实现对弱势社区的帮扶是极为重要的。

政府资源构成了社区最重要的外部资源之一。有些社区面临的一部分问题并非社区资源不足，而是由社区协调能力不足造成的。资源或许是足够的，但是缺少调动资源的能力。如部分小区加装地锁的问题，单靠社区人员或许无法解决，是需要结合街道等执法力量的参与的；又如部分老旧社区缺乏物业管理的问题，单靠社区居民的力量是无法引进物业公司的；至于社区中的诸多民事纠纷问题，更是由于缺乏专业的调解人员而导致矛盾的积累。但是，拥有这些资源协调能力的基层政府一定程度上与社区议事协商相脱节，致使“街道—居委会”的互动多为单向度的。

在已有的研究中，我们常会看到一些居委会通过与人大、政协等政府单位、高校、科研院所，或是辖区内富有社会责任感的企业合作来弥补自身治理资源的不足。但这种资源往往是高度专有性的，并非所有的社区都拥有这样的条件。现实情况是，在这类资源丰富的地区，其社区本身的资源也相对丰富。如清华大学李强教授带领团队开展的新清河实验所在地，便是拥有丰富高校资源的海淀区；而其邻区朝阳区则拥有丰富的企业资源，开展的社区协商实践中便有诸多辖区内企业的身影。对于那些社会资源严重不足的城市，发展社区协商的制约相对较多，有时并非其机制本身出了问题，恰恰是资源限制了其发展的可能。

当然，除去本身资源的不足外，如何协调调动已有资源也是一个关键的步骤。无论是社区内部资源，还是社区外部资源，其若无法调用，便不能发挥作用。相对而言，当前的制度设计对于社区外部资源调用的渠道已然成效显著，在近年来的基层增能赋权中，各地探索出了非常多的机制来实现对基层社区的资源供给。最知名的莫过于北京创新实践的“吹哨报道”机制，“街道吹哨，部门报道”背后的实质是将功能性的协调权放置到基层，来按需对上级部门进行资源倾斜提要求，提高资源的利用效率和利用精准度。但在实际运作中，这一机制能够解决的问题仍旧有限，其本身源于多部门的资源实际上也无法覆盖区域内全部的社区。在多个街道同时“吹哨”的情况下，部门报道只能选择性地给予支持。

与不断深挖政府资源、提升行政组织内部的资源使用效率相比，当前社区内部资源的挖掘和调用并不理想。其背后的原因与前文所述的“搭便车”逻辑具有内在相似性，即使是在内部资源丰富的社区，若居民不愿为公共事务投入资源，其社区协商的效果也就不理想。在现有的社区实践中，能够被有效调动起来参与社区建设的居民，除了那些原本便有着极高公共意识、奉献精神的居民之外，就是与社区“两委”干部有关联的人。其中一些人参与社区协商，既源于被动的硬性制度要求，如社区内的党员，在“双报到”制度的要求下，不得不参与一定的社区事务，又是为了谋取个体利益，寄希望于通过参与社区协商来实现自己的诉求，如面临停车难的居民会积极地推进社区扩建公共停车位的事项，而对公共绿地、公共道路的挤占和破坏则需要全体居民来承担，尤其是那些没有车辆的居民。在此种情况下，如何充分利用这种利益导向来调动社区的内部资源，在避免个体利益损害公共利益的基础上，促进公共利益的发展是当前面临的最大问题。

因此，好的协商治理机制的搭建不仅建立在民主协商机制的制度化构建上，更关键的是需要解决治理资源的问题。如果治理资源跟不上治理要求，那么协商机制形同虚设，反而有可能损害居民的参与热情。

二、社区协商机制的完善路径

总的来看，我国当前的社区协商机制在制度建设、基层实践中均有了一些成果，各地也在政策要求的节点前实现了城乡全域的普及，部分城市更涌现出大量具有典范意义的样板社区和特色模式。只是，社区协商作为基层社会治理的重要形式，其所面临的现实社会问题与冲突是难以忽视的，一些核心问题已然制约了社区协商机制作用的发挥。这也亟待政策机制的改革创新与基层实验的大胆探索来为未来的发展提供破局的思路。

（一）健全社区协商机制中的利益补偿机制

正如王天夫等人的研究所表明的那样，协商民主有程序正义和实质正义双重目标，在基层实践中，参与者往往十分注重实质民主这一维度。因此，在协商民主的制度设计上也要相应地追求双重目标。一是程序民主，通过合理的制度设计，保障每一个居民平等地享有对社区公共事务的知情权、参与权、表达权、监督权。二是实质民主，既要确保基层决策是每一个参与者有效表达和理性协商的结果，体现多数人的利益，兼顾少数人的诉求，又要避免社区协商被少数权力精英主导、操纵，使得居民的意见被裹挟。①

需要强调的是，社区协商是公共事务，在一定意义上也是一种公共品供给的方式，因而会遭遇到"搭便车""谋私利"的难题。其破解的关键不在于宣扬奉献精神、加强思想教育，而在于切实地考虑和关照社区中的个体作为理性人的需求。我们应当认识到，尽管社区公共物品的供给具有非排他性，但是这一公共物品与社区居民的关系却是各不相同的，尤其是当社区协商机制的目标是通过牺牲个体的部分利益以达到集体利益时，其机制需要考虑不同个体的利益区别。在充分理解利益需求与公共利益关系的基础上，针对合理且不损害核心公共利益的基础上，建立利益补偿机制激发社区居民的参与热情。

这种利益补偿机制并不是绝对地追求达到个体利益的无差别化，而是通过将社区协商治理作为一个动态的长期过程，在总体上做到不使某一群体或个体成为利益受损者，也不让协商机制成为"弱者的武器"。既要让居民认识到社区协商的"甜头"，也要让"吃苦头"的居民理解协商机制的长期性与公平性。只有这样，才能建立真正共建共治共享的基层社区协商治理机制。

以上海市普陀区宜川社区加装电梯的实践为例，其实行了一楼一策的议事方法，针对每一栋楼的情况制定不同的政策设计，在不同居民因电梯造成的差异化的收益与损失间设计了一个平衡的解决方案。其中一户楼的居民原则上均同意了安装电梯，但一楼的居民要求对因电梯安装造成的房屋价值损失进行补偿，同时四楼的一户老年居民虽然有强烈的加装电梯的诉求，却无力承担分配给其的资金要求。最终，在居委会的协调下，通过给顶层居民做工作，其中一户家庭条件较好的居民主动承担了困难居民的电梯建设资金，同时高层的居民再额外出资对一楼居民的房屋价值损失进行补偿。这种补偿机制虽然看似不公平，但十分合理、公正，而这也是社区协商

① 王天夫，郭心怡，王碧妍. 城市社区协商民主的机制、价值和发展路径[J]. 东北师大学报（哲学社会科学版），2021(1)：107－114.

能够实现良性运行的重要保障。顶楼的居民看似额外承担了更多的资金成本，但也使得安装电梯项目最终成功落地，同时还构建了良好的邻里关系，获得了声誉上的提高。

因而，补偿机制其实并非单一的经济层面的设计，更是一种价值和认知。补偿机制的构建需要社区“两委”的联络组织，也需要社区协商的参与者的共同参与，更需要在具体实践中的充分沟通与协商。营造良好的补偿体系也许不能完全依靠制度设计，而是只能通过引导来实现这一价值的落地。一种补偿模式并非在所有社区都适用，也并非所有的个体都具有相同的补偿诉求。因地制宜、因人而异的补偿设计需要基层社区工作者对社区的情况有充分了解，只不过这就对基层工作者的素质和能力有更高的要求了。

（二）探索社区协商治理的智慧型监督机制

社区协商治理机制的建立离不开居民的积极参与，也同样离不开社区自身公信力的建立。换言之，没有公信力的协商机制也就失去了参与者的活力。面对这一问题，社区在建立协商机制的同时还应当建立完善的社区协商治理的监督机制。

在此过程中，社区应在协商者与利益关系者之外寻求第三方进入社区的协商机构，建立及时的信息公开制度。与此同时，社区协商不代表社区完全自治，相应的社区协商机构的行为应当在符合国家法律法规的情况下开展，发扬社区民主协商经验，划分街道、社区、网格党支部三个层次，以及民意征集、民主协商、民意公开、民主监督四个阶段，畅通民意诉求，积极主动地接受社会监督。

当前，我国社区协商中的监督机制普遍是悬置的，大多由社区“两委”来兼任。这固然与基层治理人力资源有限有着高度的相关性，但也与当前组织化的模式来实施协商有一定的关系。组织化的监督要求有明确和固定的监督角色来参与监督，而社区居民的流动性又无法保障这种监督的稳定性和可靠性，为了避免前文所述的角色冲突的问题，由社区“两委”来承担监督角色成为最为普遍的做法。这就需要社区的党组织和党员干部多同居民群众打交道，多想想如何让群众生活和办事更方便一些，如何让群众表达诉求的渠道更畅通一些，如何让群众感觉更平安、更幸福一些，真正使千家万户切身感受到党和政府的温暖。

在新时代的智能化建设要求下，社区硬件技术升级带来的是软件升级的可能。北京市海淀区充分利用网站、微信公众号等新媒体，最大限度收集社情民意，拓展基层协商民主的广度和深度，畅通议事渠道，推动实现“小事化解于楼栋、急事分解于社区、难事解决于辖区”的社区自治目标。北京市中关村街道设立社区接诉热线，逐步将“接诉即办”的接诉渠道转化为社区接诉热线。北京市万寿路街道今日家园社区设立了“全时民情应诉站”和“民情热线”，通过民情窗口、双楼长公示牌、民情专业队伍、发放宣传单等形式，将社区内的问题前置，努力实现“未诉先办”。值得一提的是，其辖区内北下关街道，将互联网平台和法律服务有机融合的“乐土公益法律保障计划”，让社区居民能以较低的成本、便捷的方式获得法律支持，探索创建“居民有事找法、社区管理用法、公益服务换法”的社区治理新模式。

相较于传统的纸媒传播，融媒体时代最大的优势便是信息传播的效率更高，因而社会监督力量的调动更为便捷。很多社区已经开展的“社区云”和“智慧社区”小程序、App的建设已初具规模，一站式的社区讨论平台既能发挥民意的收集、服务的供给作用，又能发挥舆论的监督作用。若能构建起社区协商的全过程在线化，协商的代表竞选、议题选择、协商过程、决议形成、决议执行、成果评估能被居民监督的话，其所发挥的监督效力远比传统的组织化的模式来得高效与强大。

以北京市海淀区紫竹院街道为例，其以“城管综合考核评价平台”为载体，以“社管通”和“融合平台”建设为抓手，实现区级、二、三级网格全覆盖，扎实细致抓好日常管理，成效明显。“微网格”公众号的开通标志着建设初步完成，实现了随手拍、在线服务等基本功能。加大了社区微循环案件上报的培训力度，对监督员和手机设备进行了优化调配，采取了每月分析、当日通报等措施督促各社区上报案件数量和质量。

进一步来看，这种"脱域性"的监督可能会作为一种更为广泛的社区协商参与形式在社区治理中展开，其既能大幅降低现有社区协商的线下组织成本，将更多的资源投入切实的社区事务中，又能降低居民的参与成本，轻松扩大社区参与的多元性与广泛性，维护各方主体参与的平等性。当然，这就要求社区协商在信息化、智慧化的工作上尽快探索出具有典型性的案例，并且尽可能降低这类样本案例的实施成本，提升其可复制性，以实现区域性乃至全域性的推广。

（三）巩固党建引领的多元主体社区协商治理机制

近年来的实践表明，如何协调资源以支撑社区协商是当前协商治理面临的最核心的困难。在党建引领的社会治理体系中，党组织发挥着整合多元社会力量的政治纽带作用，因而在基层民主协商过程中也发挥了多重功能，如团结组织和把握方向的政治引领、妥善处理不同利益群体意见分歧的政治调解等。在居民缺乏社区协商主动性的情况下，基层社区党组织可以起到较好的组织引领作用，从而动员居民参与民主协商。在社区纠纷问题上，基层党组织也可以通过与行政组织党组织、驻区单位党组织、社会组织党组织和党员群众的共同发力，在合法、合规、合理的前提下，妥善处理好群众的各种利益诉求。可以说，社区工作要时时处处贯彻党的宗旨，让党的旗帜在社区群众心中高高飘扬，让社区广大党员在服务群众中充分发挥作用、展示良好形象，进而带动整个社区的发展。

北京市通州区明确了社区党建工作协调机制在社区治理机制中的统领地位。社区党建工作协调机制的基本平台是社区党建工作协调委员会，它的职责是负责统筹协调、整合资源，引领辖区各领域党组织，共抓基层党建，共商区域发展，共育先进文化，共同服务群众，共建美好家园，这一职责定位就决定了它的统领地位。基于以社区党建工作为中心的社区治理机制协同运行的大平台，能够梳理和整合社区治理的各类资源，对发现居民诉求的社区议事协商、解决居民诉求的快速解决机制、居民满意的社区工作考评、协同参与的“三社联动”工作、社区减负的工作事项准入等进行了有效融合。

由于部分社区问题的处理与解决仅通过社区内力量是很难办到的。因此，社区协商常需要来自社区外部资源的支持，这就包含了一些社区外组织或成员，如相应的社会组织、专业人士、行政机构等，以为社区事务提供专业性的指导和服务。正是融入社区外主体参与社区内协商的方式，可以解决社区治理资源与协商机制不匹配的问题，以纾解当前社区治理中的资源困境。然而，当前社区协商中对于这类外部资源的汲取常存在一定的困难，缺乏有力的协调手段。这也恰恰是党建引领所具有的重要制度性优势。在现有的一些社区案例中，社区与外部组织构建资源联系的重要途径便是通过“党建联建”活动，构建临时性的党组织关系，来维系与社区外组织的联系。当前我国城市社区中普遍存在的基层居民党组织与辖区内企业的党建联建活动便是如此。

北京市怀柔区通过积极探索，整合资源，形成区域化党建“资源库”，建立项目化服务运行，共建共享机制。如通过实施共享停车位、共享教育资源、共享医疗资源等三个项目：一是盘活区域党建协调委员会成员单位车位资源，白天将停车位作为成员单位自用，下班后确定具体的停车时间段，提供给附近居民临时使用，实现停车位的错时共享。目前，已与区民政局、区委党校、实验小学等单位达成停车位错时共享协议，共享 85 个车位，一定程度上缓解了居民停车难的问题。二是充分发挥辖区学校、培训中心等教育资源优势，搭建教育资源公共平台，实现师资教学、教育设备、校舍场馆等教育资源与居民共享。联合北京京北职业技术学院，社区教育中心、第六小学、教科研中心等机构，通过开展社会大讲堂、在职党员微课堂、联合主题党日等形式，共同开展活动，达到共同学习、共同提高的目的。三是整合辖区内医院、卫生服务中心等医疗资源，搭建优质医疗卫生共享平台，将医护情况、医疗信息等整合归类，为居民提供优质的医疗服务，真正让医疗资源沉入基层“网底”。联合社区卫生服务中心、妇幼保健院、康益德医院等，通过开展健康讲座、专家定期坐诊、医护上门等服务，为居民提供“一对一”的健康需求问答，让“病人跑”变为“医生跑”，真正把健康和关爱送到居民的家门口。总体上来看，基于党建合作，形成了“服务型＋共享型”区域党建新格局，进一步强化了党建工作协调委员会的职能，提升了街道社区治理的精细化水平。

需要注意的是，党建引领的构建绝不能发展为党建主导。基层党组织应当将自己限定在指导者与监督者的位置上，充分给予社区协商的其他主体参与的空间和平台，以发挥他们的能动性和积极性为目的，着力参与协商。充分发挥社会各方面的作用，激发全社会活力，群众的事同群众多商量，大家的事人人参与。

第六章　在差异中寻求认同：社区文化与社区精神共同体构建

我们究竟何以共同生活？对于以构建社会共同体的社区建设来说，这一问题是直击本质的。一个社会之所以能够成为一个共同体，除了物质利益的联结外，最重要的就是要有一个精神的纽带，要有基本的共识和归属感。然而，这恰恰是现代社区的“软肋”。如何在高度异质的社会中寻求认同，如何在一个开放多元的社会中构筑社区认同的基础，是社区建设的根本命题之一。

第一节　在差异中寻求认同：意义共同体的追求与困境

城市社会学的重要代表人物路易斯·沃斯(Louis Wirth)认为，城市的本质是差异性，“城市是由社会差异的个人所组成的较大规模、较大密度和永久性的聚落”[①]。但是，又如曼纽尔·卡斯特(Manuel Castells)所说，从内心渴望来看，“人们总是会拒绝个体化(individualization)和社会原子化(social atomization)的过程，而更愿意在那些不断产生归属感、最终在许多情况下产生一种共同体的、文化的认同的共同体组织中聚集到一起”[②]。社区建设就是要在差异性中寻求认同意义和情感认同，这既是其基本追求，也是其所面临的挑战所在。

一、利益共同体与精神共同体

社会生活共同体包括一“硬”一“软”两个方面，即利益共同体和精神共同体。所谓利益共同体，是指社区作为人们物质生活的共同区域这一面向；所谓精神共同体，是指社区作为人们精神生活共同体、为人们提供归属感、价值感这一面向。这两个方面既有正向的相互促进、协调发展的可能，也有负向的失衡的可能。如果把握得好，利益共同体形成的过程中就伴随着意义共同性的增加，并且为人们频繁互动、相互信任提供了物质基础，精神共同体的增加又反过来促进利益共同体的形成，形成两者相互建构、彼此形塑的良性互动局面；如果把握不好，利益共同体的形成就只能是冷冰冰的物质关联的建立，甚至富足的物质生活会增加社区居民的分化、矛盾，减少居民彼此间的需要，加速社区的原子化进程，使大家成为在精神上“互不相关的邻里”。从某种程度上讲，社区建设就是重建在现代化过程中被侵蚀了的亲密感、归属感等共同体精神，以维系现代社会中人与人之间的情感联系。

费孝通先生晚年关注城市社区建设之初，就敏锐地观察到：“在社区里，个人凭什么接受管理或制约，又为什么要‘管闲事’？上海人很喜欢讲‘关你什么事’和‘关我什么事’。要让大家接受管，愿意管，主要还靠文化认同，在价值观、思想方法和生活方式上找到统一的感觉，共同管起来。”针对上海巨

① WIRTH L. Urbanism as a way of life[J]. American journal of sociology, 1938(1): 1-24.
② 曼纽尔·卡斯特.认同的力量[M].曹荣湘,译.北京：社会科学文献出版社，2006：65.

大社会变迁，他强调，“经过这么大的变迁，传统的‘上只角’或‘下只角’区域，有些模糊不清了，但观念还在，心理基础还在，作为思路，今天在寻找社区认同的基础时，还可以借鉴。可以把这个文化基础再拓宽一点，内涵再挖深一点，与居民的生活联系搞得更全面一点，作为生活方式的特点更鲜明一点，这样形成的社区认同，作用可以更大一点”。社区生活共同体要能够形成和维系，社区居民的文化认同至关重要，“软”“硬”两个方面需要相互支撑。[①]

在实践中，“硬”的方面往往很容易引起重视，“软”的方面却常常被忽视了，甚至错误地认为社区的认同感、共同性在解决了“硬”的问题之后就会慢慢形成。实际上，社区生活的物质设施、管理机制等的建立与社区意识、社区情感的发育原本就是同一过程。社区的整体意识、认同感、归属感、凝聚力，都只能从社区成员通过自己的力量共同解决他们所面临的问题并共同享有整体利益的过程中产生，而不是在政府或其他什么力量解决了他们的“硬件”问题之后再慢慢发育的。[②] 能否在构建社区“硬实力”的同时培育社区“软”实力，是一个理念问题。

然而，对于当今中国的社区建设来说，相对于利益共同体的构建，精神共同体的培育任务更加艰巨。这不仅是因为市场机制对于日常生活的过度渗透使得人们之间的联系变得以利益纽带为主，还与当今中国社会转型中的两个突出特点相关：一是日常生活的公共化和人际关系的疏松化；二是古今中外各种社会思潮汇集，人们的价值观念高度分化[③]。

二、异质性与认同感：从日常生活公共化与人际关系疏松化分析

如沃斯所说，城市化是社会生活方式的变革过程[④]。随着现代化特别是

---

① 费孝通．对上海社区建设的一点思考：在“组织与体制：上海社区发展理论研讨会”上的讲话[J]．社会学研究，2002(4)：1－6.

② 冯钢．现代社区何以可能[J]．浙江学刊，2002(2)：5－11.

③ 郑杭生．和谐社区建设的理论与实践：以广州、深圳实地调查为例的广东特色分析[M]．北京：党建读物出版社，2009：10－13.

④ WIRTH L. Urbanism as a way of life[J]. American journal of sociology, 1938(1): 1－24.

城市化的快速推进，我国社会也不可避免地开始了两个相互联系的过程：日常生活公共化和人际关系疏松化。

所谓日常生活公共化，是指我们的衣食住行、人际交往等日常生活的各方面，越来越多地由公共设施来承担，因而越来越方便。如饮水，越来越靠自来水公司提供的自来水；能源，越来越依靠有关公司提供的煤气、电；吃的食物，方便食品越来越多，各类饭店也越来越多。过去很难想象的事，现在差不多都能办到。例如，只要愿意，打个电话，就可以把鲜花按你指定的时间送到国外指定的人。

金钱的重要性越来越被人们所体验到。齐美尔曾讨论过金钱在大城市中的重要性，发展出一套货币哲学。他在《大城市与精神生活》一文中曾分析道，"大城市向来是货币经济的中心，因为经济交流的多样性和集中化，交流的媒介就变得十分重要，而农村的经济交流贫乏，所以不可能具有这样的重要意义。但是，货币经济与理性有着极其密切的关系"。他进一步指出，"金钱关心的只是现象的共同问题，只是将全部质量和品质跟价值多少加以平衡的交换价值"①，因此人际关系总体上的冷漠、功利、世俗成为常态。在大城市中，利益驱动倾向越来越浓厚，这导致另外一个结果，即人际关系疏松化：人们越来越为赚钱而奔忙，朋友关系、邻里关系，甚至夫妻关系、亲子关系都在不同程度上变淡薄了，人与人之间，往往是事不关己，高高挂起。在这种情况下，很容易滋生利己主义、拜金主义，由此引发的不是一般意义的疏松化，而是恶性的疏松化。

三、异质性与认同感：价值观念开放多元与社会核心价值构建

从宏观上看，中国社会治理的难度，主要表现在两个方面：第一，要应对不同时空社会问题扭结的顾此失彼，中国社会不得不同时面对、承受诸如未富先老的双重矛盾、财富分配和风险分配的两重压力等社会问题；第二，要

---

① 格奥尔格·齐美尔. 桥与门：齐美尔随笔集[M]. 涯鸿，宇声，等译. 上海：上海三联书店，1991：260－261.

面对不同时空社会思潮重叠引发的分歧。

当代中国是各种古今中外思潮汇集点，包罗了多种社会思潮。这些思潮从不同角度反映了当代中国社会的深刻变迁，表达了在新形势下人们思想观念错综复杂的深刻变化。同样一项社会措施，同样一件社会事实，在不同的社会思潮看来，会有不同的观点和评价。因此，如何引领多样多变的社会思潮，最大限度地形成社会思想共识，是实现社会治理和有效管理的思想条件。

精神共同性的问题就这样作为时代的课题，出现在我们面前，成为包括社会学在内的社会科学研究的重要问题。我们的任务是发现、创造各种有效的形式，培育、优化精神共同性，促使和谐共同体的良性发展，把恶性因素的影响降到最低，防止拜金主义和利己主义的泛滥、防止人际关系的疏松化，特别是恶性疏松化。社区建设不仅是在社会基层推进和谐共同体建设的有效途径，而且也是培育精神共同性的有效手段。通过它，社会主义核心价值体系才能“下沉”到基层，才能在基层落地生根。

在差异中构建社区认同，需要扎扎实实的社区文化建设。在这方面，浙江省杭州市上城区的实践具有借鉴意义。上城区提出了打造“精神共同体”的口号，并且从多个方面进行了探索。

第二节　以主文化引领社区亚文化

以主文化引领亚文化，是社会文化繁荣发展的基本路径之一，也是社区文化建设中发挥社会主义核心价值体系的作用、引领社会思潮、培育社区价值共同性的重要机制。对于我国的社区建设来说，主文化就是以社会主义核心价值观为主要内容的党建文化，以党建文化引领社区亚文化是我国社区文化发展的基本路径。

一、主文化与社区亚文化

在人文社会科学的概念谱系中，“文化”是含义最为广泛、内容最为丰富的概念之一。《中国大百科全书·社会学卷》对其定义是：“广义的文化是指人类所创造的一切物质产品和精神产品的总和；狭义的文化专指语言、文学、艺术及一切意识形态在内的精神产品。”①我们所说的社区文化建设是从狭义上来说的。如前文分析，当今中国社会，古今中外各种思潮层出不穷，这就对社区文化建设的导向问题提出了考验。

文化社会学将文化区分为主文化、亚文化和反文化。社区成员内部共享的文化属于亚文化范畴，一个社区的亚文化越丰富，往往意味着社区成员之间的互动越频繁、社区成员的社区认同感越强烈。但亚文化的存在，离不开主文化强有力的引领。在社区建设中，主文化就是以弘扬社会主义核心价值观为核心使命的党建文化。以党建文化引领社区亚文化、共同打击文化糟粕，是我国社区文化建设的基本路径。

本章以笔者曾经系统调研过的杭州市上城区为例进行分析。上城区的经验是以党建文化引领各种其他文化，充分发挥社会主义核心价值体系的文化整合功能。上城区党建文化的形式多种多样，内容丰富多彩。上城区党建文化的精髓可以概括为一句话，那就是“服务党员、群众，凝聚党心、民心”。其主要创新就在于文化建设服务化、文化建设生活化，不是刻板、空洞的说教，而是实实在在地为党员、群众提供服务，强调党员要身先士卒、勇于奉献、做好表率。

二、党建文化服务化与文化载体创新

借用冯仕政关于社会学就是研究社会成员从社会连结到社会团结过程

---

① 中国大百科全书出版社. 中国大百科全书·社会学卷[M]. 北京：中国大百科全书出版社，1991：409.

的观点[①]，社区文化建设的实质即通过文化活动，构建社区居民之间有机的社会性连接，进而实现社会团结的目的。社会有机性联结的产生过程本质上是一种“社会力”的生产，其之所以得到有效激发，需要满足社区居民的需求，从而得到基层群众的积极响应。[②]

在为党员服务中凝聚党心、民心，是上城党建文化最大的特色。为此，他们特别注重服务载体的创新。我们所考察过的南星街道美政桥社区的“党员会客厅”、湖滨街道“红色港湾”党建中心、小营街道小营巷社区的“雨露小营”党员服务中心、清波街道“连心桥”党员服务中心、望江街道的“在水一方”天使医疗志愿服务队等功能性党小组、紫阳街道的党员文艺队等，都是非常具有上城特色的党建文化载体。以湖滨街道的“红色港湾”为例，其总面积400多平方米，集党员管理、教育、服务、展示四大功能于一身，内设“陈列厅、培训港、信息港、服务港、温馨港”等“一厅四港”。为地区党员特别是两新组织中的流动党员建立了温馨的家，同时也为社区居民提供了学习、服务的载体。

三、党建文化生活化与文化形式创新

研究表明，自上而下的党建引领之所以能够发挥作用，关键在于社会中有一种自下而上的呼应力量。它来自在地文化的激发，尤其是那些意会层面的社区“活”文化，如成都社区中的坝坝文化。这些“活”文化生长自民间，存活在人心之中，是可使用、可传承的文化，是社区治理中最值得珍视的社会性资源。[③] 也就是说，党建文化不能脱离社区民情，而要朝生活化、大众化、通俗化方向发展，要寻找与社区“活”文化的结合点，因为“大传统”只有回归大众性、人民性，只有转化为贴近日常生活的“小传统”，只有被大众

① 冯仕政. 社会治理与公共生活：从连结到团结[J]. 社会学研究，2021(01)：1-22，226.

② 刘亚秋. 特大城市基层社区治理与重建社会性联结：基于成都市社区调查资料的分析[J]. 社会科学辑刊，2021(5)：84-92.

③ 刘亚秋. 基层社会治理何以有效：一项对社区在地文化的社会学分析[J]. 社会科学辑刊，2023(1)：69-76，238.

所接受、所认可，才能实现自己的文化“软实力”[①]。

上城区特别重视这一点，让党建文化走进社区居民。如该区倡导“一个党员一面旗，党员奉献在社区”，要求党员在日常的生活发挥先锋模范作用，取得社区居民的信任，形成“有话跟党说、有苦向党诉、有难找党帮”的氛围。通过成立各种功能性党小组、组建党员志愿者服务队、成立党员楼道事务管理中心等多种形式，党员可以随时随地解决社区居民“急、难、愁”问题。如涌金门社区，通过举办社区党务听证会，把民主的理念和参与的精神传递给社区居民。还有紫阳街道彩霞岭社区的“党员文艺队”，以社区党员为骨干，成立了秧歌队、腰鼓队、越剧队等，举办小品、越剧、舞蹈、诗朗诵、独唱等文艺演出活动，还举办过“健康宝宝”共享世界杯，社区特色团队汇报表演等大型滑稽戏文艺演出活动；南星街道复兴南苑二号门公园的“社区党员读报亭”，每天早上大量的社区居民聚集到此地聆听党员读报等。正是从生活中点点滴滴的小事做起，上城区点燃了社区文化建设的星星之火。

第三节　公共交往、文化传统与社区精神

冯仕政认为，社区精神共同体的构建就是社区居民从连结到团结的过程[②]，首先要建立起陌生人之间的连接机制，然后要在此基础上建立起团结机制。

一、通过建立沟通机制促进公共交往

哈贝马斯认为，过分的理性化追求使得现代社会正在陷入这样一个深刻的危机：系统世界（system word）对生活世界（life word）的过度殖民行

---

① 郑杭生．论社会建设与“软实力”的培育：一种“大传统”和“小传统”的社会学视野[J]．社会科学战线，2008(10)：194－201.

② 冯仕政．社会治理与公共生活：从连结到团结[J]．社会学研究，2021(1)：1－22,226.

动，使人们的日常生活变得日益扭曲[①]。而他为化解这种危机提出的方案是：限制国家权力和经济权力，为生活世界留下足够的运行空间，梳理人们的交往关系，特别是构建交往理性，促使人们按照交往理性的普遍性规范，开展能够有效沟通的交往行动，保证生活世界的合理化状态，同时也保证公共领域和私人领域的和谐关系，使他们能充分发挥自己的积极功能[②]。哈贝马斯提出的是一个非常深刻和复杂的理论问题，又是一个很严峻的现实问题。只要反思一下我们社区生活中的一个现象就可以感知这种危机的严重性了，近在咫尺的邻居却互不认识，甚至连点头之交都懒于建立。

社区居民的集体认同来源于在共同参与行动中产生的集体记忆，反过来认同在公共文化生活中的生产与再生产又是推动居民持续参与的重要动力机制。这种认同性参与的持续产生是以居民对多维认同的追寻和实践为重要动因，以认同和参与在公共文化生活中的循环互构为重要特征的，而推动认同与参与之间互构的关键力量是个体的自我价值实现。[③] 还有研究证明，居民的社会参与和社区公共空间的供给会显著地提高居民邻里关系水平，这意味着城市社区凝聚力的提升有待于社区公共领域的发展。[④] 在实践中，要使居民产生社区归属感，就需要为他们参与公共活动并在其中实现自我价值提供空间。

上城区在社区建设中对居民之间沟通机制的重视正好契合了哈贝马斯对交往行动的倡导，如强调“党群沟通机制”和“邻里交流机制”的建立。通

① 所谓“系统世界”是体制化、制度化和组织化的世界，包括按照政治制度和法律制度建立起来的国家机关，按照经济制度建立起来的经济系统或市场体系，系统世界是占有各种社会控制权力的领域；“生活世界”是交往行动展开的领域，包括两个层面：一是展开言谈沟通、追求话语共识、发挥舆论评价作用的公共领域；二是维持私人利益、追求个人自主性的私人领域。参见刘少杰．后现代西方社会学理论．北京：社会科学文献出版社，2002：326．

② 刘少杰．后现代西方社会学理论[M]．北京：社会科学文献出版社，2002：329．

③ 颜玉凡，叶南客．认同与参与：城市居民的社区公共文化生活逻辑研究[J]．社会学研究，2019(2)：147－170，245．

④ 蔡禾，贺霞旭．城市社区异质性与社区凝聚力：以社区邻里关系为研究对象[J]．中山大学学报(社会科学版)，2014(2)：133－151．

过建立公众参与、专家论证、党委与政府决策相结合的科学民主决策机制，转变施政理念，畅通居民建言献策的渠道，坚持问政于民。开展以访贫问苦送温暖、访贤问能促发展、基层谈心保稳定为主要内容的"三访谈"活动，倾听群众呼声，了解社情民意。落实区级领导每周定期公开接访制度，接待群众来访，解决群众反映的问题，促进党群关系的和谐。通过举办以"相识、相知、相助、团结、文明、和谐"为主题的"邻居节"活动，融洽邻里关系，培育睦邻文化。目前，发源于湖滨街道青年路社区的"邻居节"现在已在所有的社区当中推广开来，而且各社区都开始创造自己的睦邻文化品牌。组织居民参加净化、美化、绿化家园等公益劳动，激发居民对公益事业的热情，增进邻里团结；开展邻居茶座、邻居读书沙龙、邻居结伴春游、制作邻里连心（联系）卡等活动，搭建邻里沟通的桥梁；开展"和谐邻里""和谐门栋"评比活动，促进人际关系的和谐。

二、通过开掘历史传统创建本土特色

传统与现代也是社会学理论中的一对经典范畴。郑杭生先生曾对现代性过程中的传统与现代的关系进行过比较深入的探讨，认为两者不是非此即彼的二分状态，而是一体相连、互为表达、彼此推进的。"传统"相对于"现代"才体现出自身的意义，传统是现代的另一种表达，也是现代的一种最真实的印证。传统源于过去，但并不意味着传统等于过去：传统是保留在现代人的记忆中、话语中、行动中的一部分过去；传统是被现代人从过去之中精选出来的，现代人的选择使这部分过去得以留存下来，现代人的反复实践和应用使这些留存的过去获得了传统的意义；现代人通过对过去"重构"和"新构"等方式生产出传统，是一个集体的和社会的行动过程。所以，传统是活着的过去，是能够"活到"现在的那一部分过去；作为活着的过去，传统也是"现在"，甚至会是"未来"，因为它们往往会衍生出更为长久的社会趋势。因此，"传统是被发明的""现代是成长的"，正是有了"传统的发明"，也就有了"现代的成长"；正是有了"现代的成长"，现代性、社会转型研究也就始终面对“传统与现代”的过渡①。

“开发传统、服务现代”是地方创新的一个重要路径。正如民国初年陈之凡先生在《剑桥导论》中所言,许多的历史才能形成一点传统,许多的传统才能形成一点文化。一个社区的历史传统是社区的宝贵资源,也是社区意义创新的一个重要基点。在推进基层社区治理的过程中,只有回到社区文化的逻辑,才能更好推进居民自治。社区记忆,是经由时间积淀而来的社会观念,呈现“在地性”和“非在地性”二重性特征。② 开发“社区记忆”、打造“记忆社区”③,是社区文化共同体构建的一条有效路径。

上城区是一个历史文化名区,当地的人们在处理传统与现代的关系上是非常有智慧的。这特别表现在其社区文化建设中。他们积极开掘社区的历史传统,形成既有历史文化底蕴又有时代精神的文化品牌,使其发挥提升社区品位、凝聚社区精神、促进社区认同的载体。这一点我们在湖滨街道、南星街道、小营街道、紫阳街道考察时,都留下了深刻的印象。如湖滨街道社区的东坡路社区,就着力经营“东坡文化”这一品牌,打造“东坡文化园”,建立“东坡文化廊”和“东坡亭”,成立了“苏东坡诗、书、画兴趣研究小组”,定期组织社区居民、青少年开展追忆苏东坡的相关活动。南星街道是以强民生、保境安民为出发点的吴越国,以及以世俗化、市井化为特色、体现“以民为先”思想的南宋两朝皇都所在地。他们提出“皇城根下传承民本思想、杭州外滩构建和谐南星”的发展思路。同时,还根据美政桥的来历(相传南宋时亲民京官韩屏在杭州任左相时,执法严明,地痞流氓之类闻讯而逃,人皆赞其“美政”),以建造美政门等廉政文化园的形式宣传公正廉明,深入挖掘“美政”文化与“自治”文化的融合创新。还通过开设“本塘人文大讲堂”、组织文化古迹参观等多种方式致力于在人文历史中打造现代南星文化,营造社区精神,增强社区软实力。小营街道的小营巷社区是毛泽东在 1958 年视

---

① 郑杭生. 现代性过程中的传统和现代[J]. 学术研究,2007(11):25.

② 刘亚秋. 建立于地点上的集体记忆:社区文化的一个研究视角. 清华大学学报(哲学社会科学版),2023(6):102 - 113,222 - 223.

③ 刘亚秋. 记忆社区:探索社区文化的路径及理论基础. 江汉学术,2023(4):36 - 45.

察卫生工作的地方。小营巷社区充分利用这一历史文化资源，建立毛主席视察小营巷纪念馆，以此为依托，开展爱国主义教育。此外，他们还利用太平天国听王府、大学士王文韶宰相府和科学家钱学森旧居、著名诗人戴望舒故居等一批历史文化古迹的资源，激发社区居民的自豪感和认同感。紫阳街道上羊市街社区是中华人民共和国成立后的第一个居委会，他们充分利用这一品牌，以及建设“中国社区建设史料展示中心”的机遇，大力创建自己的特色品牌。

三、通过构建标识系统提炼社区精神

对于一个群体来说，凝聚文化精神，提炼能够表达意识共同性的标志对于群体的凝聚力和归属感形成至关重要。因为它能将群体的情感寄托聚集到一个具有象征意义的符号之上。这类同于我们一个国家总有国旗、国徽、国歌，一个企业有自己的标志物。对于社区认同来说，标识系统同样很重要。

由杭州市文广新局推动的社区标识——社徽、社旗、社歌的创建活动，在上城区开展得有声有色，上城区文化广播电视新闻出版局还主办“社区之歌”歌曲创作演唱比赛，以此推动各社区社歌的创作与传唱。社区通过向社区居民发放征集社区区徽、区旗、区歌倡议书，发动居民广泛参与设计和创作，征集区徽、区旗、区歌，然后由居民进行投票与筛选，最终确定社区区徽、区旗、区歌。无论是区徽、区旗，还是区歌，虽然不同形式，不同语言，但都表达着相同的心声，打破高楼隔阂，呼唤邻里亲情。

第七章　社区信息化与基层智慧治理共同体构建

我国社区建设从一开始就遇到人类社会发展进程中的一个里程碑式事件——信息化时代的快速来临。如何在这样一个新的时代背景下不断创新社区治理模式、提升社区治理水平，是一个重大理论和现实课题。本章以较早开展系统探索社区信息化建设的杭州市上城区为例进行分析。

第一节　社区治理困境与信息化时代的来临

当前我国社区治理面临着诸多深层次问题，信息化时代的来临，为解决这些深层次问题提供了历史性机遇。

一、当前我国社区治理的困境

所谓社区治理，就是指政府、市场、社会组织、社区居民等主体，运用各自的资源，以社区这一地域空间为基础，共同管理社区内公共事务的过程。社区治理的目标，相较于传统的社区管理而言，治理理念强调的是要将社区内各个利益主体和社区内外的各种资源都调动并整合起来，共同参与社区公共事务，以满足社区居民的种种需求，实现社区多元主体的合作共治。社区建设的目标在于不断提高社区治理水平，逐渐走向"社区善治"。

然而，由于我国社区建设起步较晚，又主要由政府自上而下推动，社区治理体制还没有完全理顺，因而社区建设在较长时期内处于较低水平，社区功能没有得到应有的发挥。这主要表现为以下三方面。

第一，治理主体过于单一。我国社区制是由单位制演变而来的，政府行政力量在社区治理中一直处于支配甚至垄断地位，而市场、社会等其他主体发挥的作用很小，这导致了社区治理主体的单一性。在相当长的一段时间内，社区居委会是作为国家行政力量的代表承担政府延伸到社区的大大小小的各种行政事务。从法律地位来看，社区居委会是居民自治组织，是带领居民实现自治的"头"，而非政府延伸到社区的"腿"。实际上，无论是过去还是现在，社区居委会一直是社区最核心的组织机构，承担了大量行政性事务，这就导致了社区居委会的功能错位和社区"行政化困境"。

第二，社区资源整合不足。随着单位制的解体，特别是随着 20 世纪末国有企事业单位大规模改制，越来越多的社会成员从"单位人"变为"社会人""社区人"。为了实现对"社区人"的有效管理，整个社会的重心逐渐下移，社会资源配置呈现越来越明显的社区化趋势。[①] 然而，公安、社保、卫生等部门的资源是相对分隔的，需要在社区层面进行重新整合，以形成合力。同时，社区作为一个地域性社会，蕴含着丰富的资源，但其往往是潜在的、容易被忽视的，有的是以社会资源的形态存在的，如驻区单位的各种资源、社区居民的各种社会资源；有的甚至是无形的、不易被觉察的，如社区内隐藏着大量掌握各种专业技能的"专家""能人"等各种人力资源，以及社区历史、传统、习俗等

① 杨敏．我国城市发展与社区建设的新态势：新一轮城市化过程社会资源配置的社区化探索[J]．科学社会主义，2010(4)：90－94．

各种文化资源。只有通过一定的体制机制创新,这些潜在的资源才能得到开发和激活,变成现实、可用的社区资源。可以说,社区并不缺乏资源,但是缺乏对资源进行有效承接和整合的平台。

第三,居民的社区认同和参与机制欠缺。社区的本质是其共同体属性。有学者曾形象地说,社区建设的目标就是要"把居住在同一空间的邻里(物理空间上的比邻而居)建设成为邻里(社会空间意义上的邻里关系)","社区姓'社'不姓'区','社'主要指的是人与人之间的关系"。[①] 然而,当前我国社区建设面临的一个困境是,社区居民参与的积极性不高、参与的渠道不多。这导致居民的社区认同和归属感不强,社区在相当大程度上还只是一个行政管理或物理地域意义的概念,离真正的共同体理想还有一定的距离。

二、信息化时代的来临及其契机

早在20世纪70年代初,美国著名社会学家丹尼尔·贝尔(Daniel Bell)就大胆预测一个技术轴心时代——后工业社会的来临。在他看来,创造新的"智能技术"并控制技术的发展是后工业社会中政策制定的主要目标。[②] 如果说丹尼尔·贝尔对于未来信息社会还主要基于大胆想象和科学预测的话,那么到了1995年,《数字化生存》的作者尼葛洛庞帝(Negroponte)所面对的则是一个初具魔力的智能世界。他用"数字化生存"这一概念来概括信息时代人类的生活方式和生存状态。[③] 紧随其后,曼纽尔·卡斯特(Manuel Castells)则直接用"网络社会"(the network society)来概括当今这种被信息技术所统治着的社会,因为"作为一种历史趋势,信息时代的支配性功能与过程日益以网络组织起来。网络建构了我们社会的新社会形态,而网络化逻辑的扩散实质性地改变了生产、经验、权力与文化过程中的操作和结果"[④]。无论是基于大胆的预测,还是现实的观察,三位论者都认为这一次信

① 曹锦清.曹锦清:如何建设"社会"[J].检察风云,2012(13):4-5.

② 丹尼尔·贝尔.后工业社会的来临[M].高铦,等译.北京:新华出版社,1997:127.

③ 尼古拉·尼葛洛庞帝.数字化生存[M].胡泳,等译.海口:海南出版社,1996.

④ 曼纽尔·卡斯特.网络社会的崛起[M].夏铸九,等译.北京:社会科学文献出版社,2006:434.

息技术革命的确是堪与工业革命相媲美的人类社会里程碑式的事件，它开启了一个与过去完全不同的时代。当今，信息已成为经济发展的资源和生产要素，成为社会进步的强劲推动力，一场由信息技术点燃的革命正迅速在全世界扩展。这场革命对人类影响之深，就像卡斯特所说："从根本上改变了我们出生、生活、学习、工作、生产、消费、梦想、奋斗或是死亡的方式。"[①]人类社会正在迈向一个新的信息时代。正如同比尔·盖茨（Bill Gates）在《未来时速》中所指出的"你怎样搜集、管理和使用信息，将决定你是赢还是输"。

中国的社区建设从一开始就面临着这样一个新的时代，并且被越来越深地卷入到信息化的浪潮中。随着信息技术特别是网络技术在中国社会的迅速普及，如何在信息化、网络化时代开展社区建设，创新社区治理成为一个重大的时代课题被提上了议事日程。这实际上是由两个相关的命题所组成：第一，如何应对信息化对实体社区所带来的挑战，如英国社会学家马丁·阿尔布劳（Martin Albrow）所说的"脱域的共同体"（disembeded community）问题[②]。第二，更为重要的是如何利用信息化特别是网络化对社区建设所带来的机遇。在信息化时代，社区建设的内涵有了新的拓展，不仅是实体维度社区的建设，还包括虚拟维度社区的建设。《2006—2020年国家信息化发展战略》和《国家电子政务总体框架》也明确要求，要把电子政务覆盖到街道和社区，提高社区服务与管理的现代化水平。无论从哪个角度来看，社区的信息化建设都是当今社区发展的潮流，也成为社区建设的重要内容。如何利用信息技术，搭建新的社区治理平台，从而实现各大社区主体间的有效联动和各种社区资源的有效整合，并且促进社区居民之间的社区认同和良性互动，形成新型社区治理模式，是当前我国社区建设亟须破解的重大课题。

① 曼纽尔·卡斯特．网络社会的崛起[M]．夏铸九，等译．北京：社会科学文献出版社，2006：28.

② 马丁·阿尔布劳认为，在全球时代，共同体（community）是没有地方性的中心的，它已和地点脱钩，成为"脱域的共同体"。如果想描述在全球化条件下居住在统一区域中人们之间关系的特点，最好把他们叫作"互不相关的邻里"。参见马丁·阿尔布劳．全球时代：超越现代性之外的国家与社会[M]．高湘泽，冯玲，译．北京：商务印书馆，2001：252.

近年来，全国各地都在积极探索这一难题的破解之道，形成了丰富的地方性经验。

第二节　社区信息化的运行模式

上城区是杭州市的老城区，位于全市中心区域，是南宋皇城根所在地，有着深厚的历史文化底蕴。

一、上城社区信息化历程

上城社区信息化建设历程大体可以分为三个阶段。

第一阶段是从2001年到2004年的初步创设阶段。2001年12月，上城区首次实现了区、街道、社区三级纵向联网，建成了覆盖全区的社区信息综合平台，实现了区级各职能部门、各街道、社区之间文件传递及基础资料共享的网络化，基本实现全区办公自动化。同年，上城区率先建成了全区所有中小学、幼儿园校校联通的教育城域网。2003年12月底，湖滨街道岳王路社区作为全市第一个数字社区试点，开通了“社区e家人”网络平台。至此，上城区初步形成了覆盖政府内部办公、教育教学和社区居民事务内部网络。

第二阶段是从2004年到2008年的形成体系阶段。2004年杭州市印发了《杭州市社区信息化建设实施纲要(2004—2006)》，提出建立八个系统：市民呼叫服务系统、网站系统、电子政务外网、应用软件系统、市民卡服务系统、电子阅览室系统、小区家庭智能化系统、居民基础数据库系统。上城区在此基础上，印发了《关于印发〈杭州市社区信息化评估指标体系(试行V2.0)〉的通知》《关于印发〈杭州市社区信息化管理服务软件基本功能规范(V2.0)〉的通知》等相关文件，对社区信息化工作进行了全面部署。在实际工作层面，上城区建立了“二化三网”，即办公自动化、台账电子化，电信、电视、计算机三大网络。在此基础上，上城区首次提出建立“数字社区”的构想。

第三阶段是2009年至今的进一步发展完善和品质提升阶段。这一阶段上城区逐渐形成了较为完善的“二化四网六平台”社区信息化体系。

二、“二化四网六平台”社区信息化体系

（一）“二化”建设

所谓“二化”，已经由之前的办公自动化、台账电子化发展为社区管理信息化和社区服务信息化。

社区管理信息化。搭建区、街、社区三级联动平台，推进政务服务的延伸，实现办公自动化；开发网络版管理软件，实现社区工作台账电子化，以“事”设“项”进行模块设计，使区、街、社区三级管理与服务在一个网络环境中得以实施，如图7－1所示。

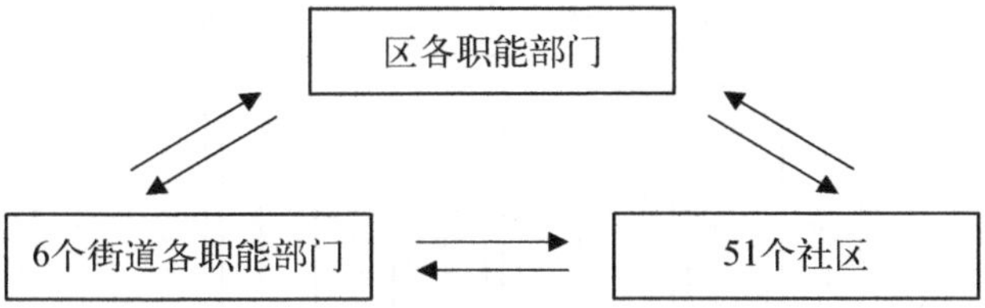

图7－1　区、街道、社区三级业务流程图

社区服务信息化。围绕“一册三网”即《上城区便民服务手册》、电脑服务网、电视服务网、电话服务网建设而展开。通过“三网”搭建的社区服务新平台，来实现社区服务内容的扩张和服务主体的多元化，以满足不同层次社区成员的个性化需求。

（二）“四网”建设

所谓“四网”，是指“e家人”社区事务管理网、社区电脑服务网、社区电视服务网和社区电话服务网。

第一，“e家人”社区事务管理网。区、街道、社区通过“e家人”社区事务管理网络实现整体联动，形成实时、在线、共享的数据信息，如图7－2所示。同时，实现各种政务系统的有效衔接，如社区信访网络管理系统、帮扶

救助审批系统、数字城管系统、计划生育管理系统等都通过该网进入社区。该系统集网上办公（审批、交流、考核），电子台账，居民信息数据库三大功能于一身，实现了基础数据的内部共享，提高了工作效率，降低了管理成本。

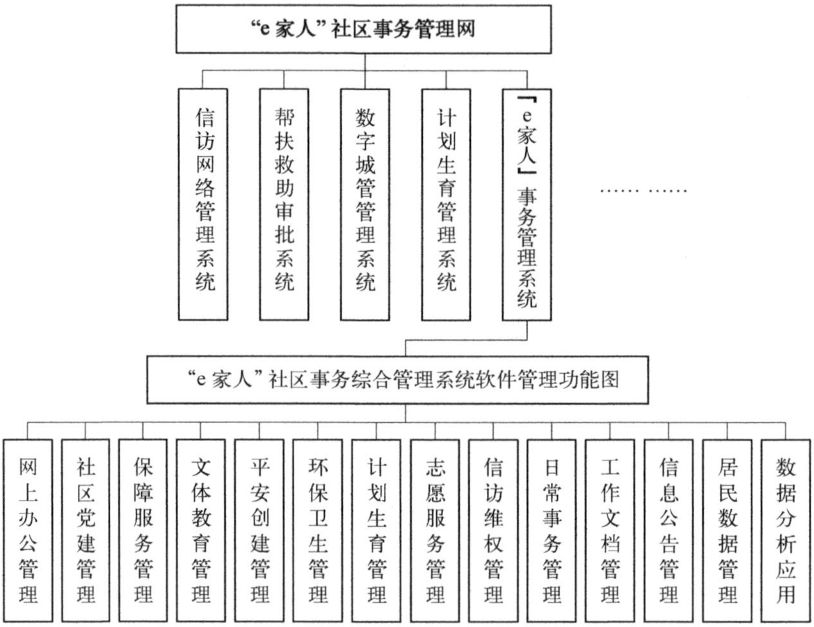

图7－2 "e家人"社区事务管理网图

第二，电脑服务网。区、6个街道、51个社区建立网站群，每个社区网站都有社区服务、社区论坛和事务听证等栏目，按地域性、个性化、针对性开展服务。"社区服务"栏目主要提供社区周边的家政、餐饮、鲜花订购、电脑维修、公交车信息等服务；"社区论坛"栏目主要是促进社区与居民之间及邻里之间的交流与沟通。

第三，电视服务网。该网定位为"社区电视台"，主要服务对象为经常看电视的中老年人群。各社区在数字电视上开通个性化的"社区是我家"频道，该频道建立了社区政务类（社区动态、居民风采、居务公开等），公共服务类（社区交通、天气预报、工商预警等），社区服务类（服务信息、商品信息），家庭信息类(物业管理、水电管理等),华数互动类(投票、团购、淘宝)五大板块,如图7-3所示。

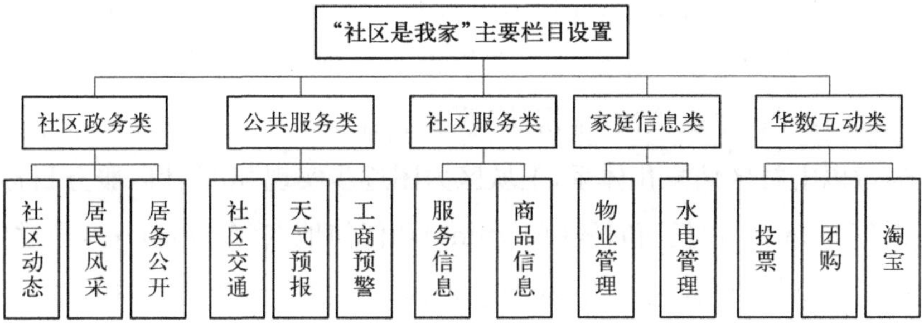

图7-3　"社区是我家"主要栏目设置图

第四,电话服务网。上城区与杭州市民服务呼叫中心"96345"共建上城区便民呼叫信息网络(如图7-4所示),与各社区服务热线、区应急救助服务中心、区社区医疗服务热线及便民服务企业实现联动对接,通过电话机、呼叫器、小灵通、手机的呼叫接入,第一时间为广大居民提供便捷、优质的服务。

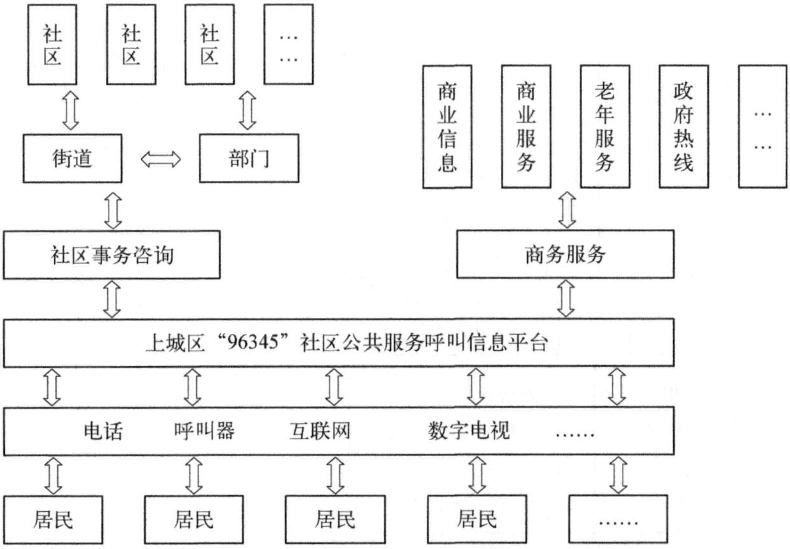

图7-4　上城区"96345"公共信息服务平台功能图

（三）“六平台”建设

所谓“六平台”，是指依托“四网”，搭建社区事务管理平台、居民互动网络平台、公共服务信息平台、社会志愿服务平台、居家养老服务平台、为民服务联盟平台，有力推进社区管理和服务的提升，使信息化渗透到社区生活的方方面面，让居民享受便捷、丰富的“数字生活”。

通过以上社区信息化体系，上城区力图逐步实现“5A”社区服务目标，即任何人（Anyone）、在任何时候（Anytime）和任何地点（Anywhere），通过任何方式（Anyway）得到任何的服务（Anyservice）。这一体系的结构可如图 7－5 所示。

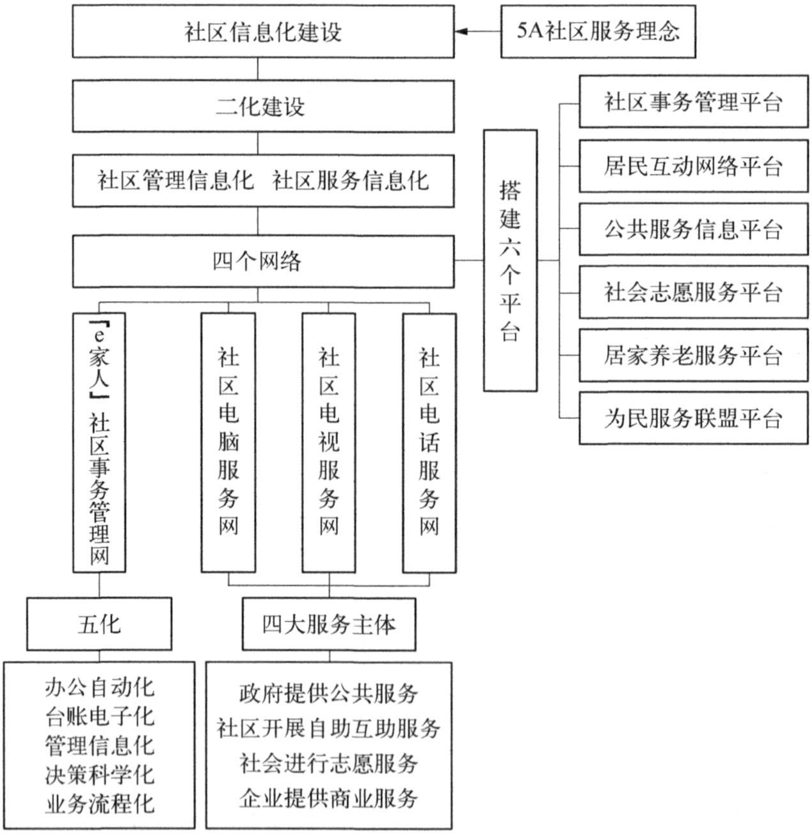

图 7－5　上城区“二化四网六平台”社区信息化体系示意图

第三节　信息化与新型社区治理模式构建

杭州市上城区通过“二化四网六平台”建设，形成了一个覆盖广泛、科学严密、高效便捷、自成一体的社区信息化服务系统，大大提高了社区治理的效率，从多个方面实现了社区治理模式的创新。

一、信息化与社区复合治理体制构建

杭州市上城区社区信息化的首要功能是打破了过去由单一行政力量主导的社区治理模式，实现了社区复合治理。上城区“二化四网六平台”建设是与其“333＋X”社区大服务体系构建直接相关的，或者说，上城区所推进“二化四网六平台”建设是为了更好构建其“333＋X”社区大服务体系。所谓“333＋X”社区大服务体系是指：明确三个主体（政府、社区、社会），3种体系（公共服务、自助互助服务、便民利民服务），3类载体（社区公共服务工作站、居民活动类载体、居民生活服务类载体）的作用，X是由3个主体提供的与生活密切相关的多个服务项目，包括吃、住、行、游、购、娱、健等与生活联系密切的各类服务。正如上城区民政局概括的那样，“333＋X”社区大服务体系的基本理念就是明确了政府、社区、社会各自的职责，将政府公共服务覆盖到社区，最终目标就是将三个主体的力量在社区层面协作起来，有机互动、相互补充、各尽其能，共同发挥其在社区服务中的功能。[①] 抽象地说，将三个主体协作起来容易，但真正要实现这一目标就需要找到具体的机制。上城区的成功在于其找到了通过信息化技术来连接各类社区主体和整合各种社区资源这一路径。以“四网”为例，“e家人”社区事务管理网实现了政府、企业、社区、公众的合作；电脑服务网实现了政府、企业、社区、非营利组织、公

① 于燕燕．中国社区发展报告（2012）［M］．北京：社科文献出版社，2013：89．

众的合作;电视服务网实现了政府、企业、公众的合作;电话服务网实现了政府、企业、非营利组织的合作。[①]

二、信息化与社区资源的优化配置

社区复合治理体制的最大优势是能够最大限度地开发、动员、整合社区内外的各种资源,特别是能够将社区内潜在的社会资源转化为社区实际可用的资源,从而实现社区资源的优化配置。社区信息化平台之所以能够促进社区资源的优化配置,主要在于其运用数字信息技术将各种服务的提供者与社区居民的需要实现了有机对接。其具体运作机制可以从“96345”社区公共服务呼叫信息平台的运行过程中体现出来。

“96345”看似只是一条简单的市民求助热线,但经过多年的发展,已经成为一个集多重功能于一身的综合性社区服务平台。其运行模式如下:通过信息网络平台,实现全市各类社区服务信息的联网,任何一个社区居民在任何时候任何地方需要提供社区服务,只要拨打“96345”服务热线,就可以通过网络服务平台迅速找到最优资源,然后由相关服务主体提供优质服务。支撑这一求助热线的是通过“二化四网”所搭建的公共服务信息平台、为民服务联盟平台、社会志愿服务平台、居家养老服务平台等平台所蕴含的海量信息和服务资源。正是这种强大的服务队伍、丰富的信息资源和科学的管理方式,保障了服务需求方和服务供给方的无缝对接,构建起了融服务供应和信息呼叫为一体的网络系统。

从本质上看,该平台是政府利用其公信力和组织协调能力,通过构建一个互动的信息化公共服务平台,在千家万户的分散需求与成百上千的服务供给主体之间实现了有效对接,找到了一个富有张力的公共服务空间。这一模式改变了由政府直接提供或由市场自发提供公共服务的传统模式,形成了政府主导、市场和社会组织运作的新模式。此种模式带来了所有参与

---

① 陈微,马丽华. 中国和谐社区:上城模式[M]. 北京:中国社会出版社,2011:78.

主体的“共赢”，如：政府增加了税收，并且促进了就业、公共服务等社会问题的解决；企业拓展了市场，并且促进了服务业的规范化、品牌化的发展；社会团体获得了巨大的活动空间；居民的服务需求能够得到及时、高质量的满足。

三、信息化与社区居民参与机制的创新

正如前文所分析的那样，共同体困境一直是困扰我国社区工作者的难题——政府热火朝天地推进社区建设，但部分社区居民却缺乏参与的积极性，也对社区缺乏情感和认同。造成这一局面的一个重要现实原因是“社会主要群体不在场”，即中国城市社区主要成员的主要社会活动不在社区之中，他们即使想参与社区活动也缺乏机会。[①] 而社区信息化正是通过信息技术，为社区成员搭建了不受时间与空间限制的参与、交流平台，使人们即使身在职业场所，也能参与社区事务。上城区着力打造的居民互动网络平台，就致力于创新社区居民的参与机制。为健全民意表达机制，开设网上论坛和网上事务听证，使居民反映问题、发表意见有了畅通的渠道。网上论坛使社区居民随时随地反映问题、提出建议、发表意见，及时得到各种帮助和服务，从而完善社区的自我管理，同时也实现了社区内的人力资源整合与共享。例如，社区里的医生、律师、教师等可以发挥自己专业知识方面的优势，在网上提供义务咨询和指导，增加成员间的相互了解和帮助，促进邻里和谐。

通过搭建社会志愿服务平台推进社区居民的自助互助服务，是信息化推动社区居民参与机制创新的又一表现。上城区充分挖掘网络在志愿服务方面的功能，推出了以“今天我服务你，明天他服务我”为宗旨的“网上时间银行”。“时间银行”网站每天公布当天最新的志愿者名单、服务项目和服务时间，同时将需要服务和能提供服务的项目在网站上滚动播出，实现了服务提供

① 刘少杰.新形势下中国城市社区建设的边缘化问题[J].甘肃社会科学，2009(1)：11－14.

方和服务需求方之间信息的有效对接。而且，志愿者每次从事服务的时间还可以储存在网站上，等他们自己需要帮助时，就可以获得相同时长的志愿服务。此外，志愿者队伍还与“96345”市民呼叫中心联动，居民拨打“96345”，呼叫中心会根据居民需求、服务对象情况和所在地址，联系各街道志愿者的管理中心，就近选派志愿者上门提供服务，为居民提供了一个全天候的服务平台。

四、信息化与新型“国家—社会”关系构建

从根本上来看，社区治理模式实际上就是“国家—社会”关系模式，或者说是“政府—市场—社会”关系模式。上城区社区信息化的实践表明，一种新型的“国家—社会”关系即“国家—市场—社会”的三维合作模式是完全可能的。①

上城区通过信息化手段，将社区服务的各个主体有效连接起来，使他们能够发挥自己的优势，形成了互利共赢的局面。市场凭借自身机动、敏感，以及先进的管理经验和设备等优势，保证效率与活力。政府利用自身的公共性、完善的规章制度和严密的监督和审查机制，保障公正和秩序。社会组织则通过其灵活性、公益性、奉献性等优势，规避了“政府失灵”和“市场失灵”的风险，使整个社区服务体系更加完善。社区居民在这种互动中，获得了高质量、高效率的优质服务。这一模式的创新之处在于政府通过信息化这一技术手段搭建了一张有效连接各主体的社区服务网络。在这一网络中，政府、市场和社会三大服务主体之间不仅不会相互冲突，而且形成了复合治理、优势互补、互利共赢的良好局面。这种“国家—市场—社会”的三维合作模式与传统的“国家—社会”二元对立模式是截然不同的，也是社区治理模式最深刻的转型，代表着未来我国社区治理创新的方向。

① 杨敏．“国家—社会”的中国理念与“中国经验”的成长：社会资源的优化配置及公共服务与社会治理的创新[J]．河北学刊，2011(2)：124－130．

第八章　社区风险与基层韧性治理共同体构建

中国已经进入了高风险社会，如何及时防范和有效化解社会风险，是社会治理的重要任务。社区是各类风险冲击的最前沿和薄弱处，其作为风险防范与化解第一哨位的作用越来越明显。

第一节　不确定性与韧性治理

一、现代社会的不确定性特征

不确定性的增加是现代社会的基本特征，任何现代国家无一例外。早在1986年出版的《风险社会》(*Risk Society*)一书中，德国社会学家贝克(Beck)就谈道："在发达现代性中，财富的社会生产系统地伴随着风险的社会生产。相应地，与短缺社会的分配相关的问题和冲突，同科技发展所产生的风险的产生、界定和分配所引起的问题和冲突相重叠。”①一方面，随着生产能力的提高，人们生活水平普遍提升，更加注重生活的满意度和幸福度，更加关注对自我生命和财富的保护、防御意外后果、规避社会风险；另一方面，科学技术的发展使得人类的知识和行动逐步进入未知领域，这意味着在更大范围内和更深程度上涉入风险领域。后来，贝克又提出了“世界风险社会”(world risk society)的概念，进一步阐述了全球化时代社会风险的特征。风险社会的本质特征是日益增加的“不确定性”，这种不确定性既是一种客观事实，又是一种认知体验。还有人用“乌卡时代(VUCA的英译)”即易变性(Volatility)、不确定性(Uncertainty)、复杂性(Complexity)、模糊性(Ambiguity)来描述当代社会的时代特征。可以说，随着现代化、全球化的推进，当今社会不确定性、不稳定性是常态，甚至在某种意义上可以说唯一能确定的就是不确定性。

对于当今的中国社会来说，“风险社会”的内涵则更为复杂：一方面，来自“当代到处存在的不稳定性”所带来的“人类困境”②，如流行疾病、恐怖威胁、全球性的认同危机；另一方面，来自中国自身的社会转型带来的“个体安全”问题，有学者曾将其归结为“现实困境”和“未来威胁”两个方面。“现实困境”是个人生活中已经遇到的实际困难或问题，如贫困、失业、失房、失地问题，党群、干群、劳资关系的不协调或紧张，社会不公平、社会治安不力等，这些都严重地影响了社会成员的安全感。“未来恐惧”是指未来可能发生的对个人生活造成的威胁，这导致社会成员的“预期性焦虑”心态。③

如何应对日益增加的不确定性，缓解“人类困境”“现实困境”“未来恐惧”等多重压力，让人们有足够的安全感，是当前中国社会要着力解决的重大问题，也是当前我国社区建设的重要任务。

---

① 乌尔里希·贝克.风险社会[M].何博闻，译.南京：译林出版社，2004：15.

② 齐格蒙特·鲍曼.流动的现代性[M].欧阳景根，译.上海：上海三联书店，2002：250.

③ 杨敏，郑杭生.个体安全：关于风险社会的一种反思及研究对策[J].思想战线，2007(4)：82-89.

二、社会韧性与韧性治理

要有效应对高度不确定性所带来的挑战，仅仅停留于传统的常态治理是不够的，而要增强治理的韧性和敏捷性，即推进“韧性治理”（resilience governance）。“韧”，《说文解字》将其解释为“柔而固也”。“韧性”是指物体不易折断、柔而坚的性质，主要强调的是对外界压力、冲击、扰动所具备的抗压、恢复及持续发展的能力。“韧性”，最初在物理学中强调物质材料的状态属性，后随时代发展延伸到工程学、机械学、心理学等学科领域。此后，随着社会研究者对韧性的逐步关注，这一概念应用到经济学、政治学、应急管理、社会治理、国际关系等领域[①]。

所谓韧性治理，就是指在社会系统和社会治理领域，通过治理体制、机制创新提高社会抵抗风险的能力。洛伦兹（Lorenz）将社会系统应对动荡的韧性概括为三大能力：适应能力、处置能力和参与能力[②]。在此基础上，皮特·霍尔（Peter Hall）和米克尔·拉蒙（Michele Lamont）在社会领域内更清晰地指出了社会韧性的概念。所谓“社会韧性”，强调的是缠结在某个组织、阶级、族群、共同体或国家内的人类群体在面对挑战时仍能够维持其福祉的能力，韧性是成功社会的基本特质，此种社会能够为其成员提供保障生命健康、安全、幸福生活的资源。[③] 在国内学者的研究中，社会韧性被视为一个与社会连带（社会团结）、社会整合、社会凝聚、社会调适等相联系的一个概念加以阐释，指的是“社会的结构性、各部分之间的连接性，使得社会结构在遭遇冲击和破坏时不至于解组和崩溃，而是继续维系结构和发展的力量与特征”。[④] 换言之，社会韧性是社会系统应对不确定或干扰时恢复平衡状态的

① 关于韧性跨学科领域概念的详细阐述与理解，参见汪辉，徐蕴雪，卢思琪，等. 恢复力、弹性或韧性?：社会：生态系统及其相关研究领域中“Resilience”一词翻译之辨析[J]. 国际城市规划，2017(4)：29－39.

② LORENZ D F. The diversity of resilience：contributions from a social science perspective[J]. Natural hazards，2013(1)：7－24.

③ 严骁骁. 韧性研究：对安全治理的批判性反思及其超越[J]. 欧洲研究，2017(2)：18－37，5.

④ 王思斌. 社会韧性与经济韧性的关系及建构[J]. 探索与争鸣，2016(3)：4－8，2.

能力，关系个人、群体、组织等社会生活主体间的关系与行为。①

第二节　从韧性城市建设到韧性社区建设

推进韧性治理已逐渐成为全球治理中的普遍性共识，也是我国城市建设和社区建设的重要目标。

一、韧性城市建设的内涵与实践

21世纪以来，“韧性”理念逐步被引入城市建设领域，迅速成为包括我国在内的全球实践。

1. 韧性城市的内涵

较早对韧性城市内涵进行阐释的是国际地方环境协会（现已更名为——倡导地区可持续发展国际理事会）。该组织提出，韧性城市是指在长期发展中形成面对外来干扰能迅速恢复，承受自身内在变化后能保持相对稳定的城市。之后国际上颇有影响力的“韧性联盟”将韧性城市定义为城市系统消化、吸收外来干扰并能保持原来结构及维持关键功能的能力。②

埃亨（Ahern）认为韧性城市应当具备五个要素。第一，多功能性。韧性城市需要有城市功能的混合性和叠加性。这是因为功能单一的城市要素间缺乏联系，容易导致系统脆弱。第二，冗余度和模块化特征。韧性城市需要有一定程度的重复和备用设施模块，通过在时间和空间上分散风险，减少扰动状态下的损失。第三，生态和社会的多样性。因为在危机之中，多样性可以带来更多解决问题的思路、信息和技能。第四，多尺度的网络联结性。这不仅体现在城市的物质实体和空间分布层面，也体现在人际和群体之间的

① 赵方杜，石阳阳. 社会韧性与风险治理[J]. 华东理工大学学报（社会科学版），2018，33(2)：17-24.
② 陈安，师钰. 韧性城市的概念演化及评价方法研究综述[J]. 生态城市与绿色建筑，2018(1)：14-19.

协作上。第五，有适应能力的规划和设计。即需要承认规划设计做决定时面临知识缺乏这一事实，将不确定扰动视作学习修正的机会。① 艾伦(Allan)和布赖恩特(Bryant)相应地认为韧性城市必须具备七个主要特征，即多样性、变化适应性、模块性、创新性、迅捷的反馈能力、社会资本的储备和生态系统的服务能力。②

综合来看，韧性城市的核心在于，当一个城市在面对风险挑战时，能够及时回应内外部冲击与扰动，并且能够迅速实现城市系统的良性运行。

2. 韧性城市建设的实践

2002 年，联合国可持续发展全球峰会首次将“韧性”理念引入城市风险治理领域。2010 年，联合国减灾战略署发起了“让城市更具韧性”的运动。2015 年，联合国可持续发展峰会通过的《改变我们的世界：2030 年可持续发展议程》提出了建设韧性基础设施、韧性城市和韧性社区，增强社会韧性以降低穷人面对灾难的脆弱性等发展目标，并且将建设包容、安全、有抵御灾害能力和可持续的城市和人类住所作为 2030 年可持续发展目标之一。

在 2020 年 4 月召开的中央财经委员会第七次会议上，习近平同志强调，城市发展不能只考虑规模经济效益，必须把生态和安全放在更加突出的位置，统筹城市布局的经济需要、生活需要、生态需要、安全需要。要坚持以人民为中心的发展思想，坚持从社会全面进步和人的全面发展出发，在习近平生态文明思想和总体国家安全观指导下制定城市发展规划，打造宜居城市、韧性城市、智能城市，建立高质量的城市生态系统和安全系统。这是韧性城市理念作为我国国家战略被提出的重要标志。2020 年，党的十九届五中全会审议通过的《中共中央关于制定国民经济和社会发展第十四个五年规划和二〇三五年远景目标的建议》明确提出，推进以人为核心的新型城镇化，强化历史文化保护、塑造城市风貌，加强城镇老旧小区改造和社区建设，增

① AHERN J. From fail-safe to safe-to-fail: sustainability and resilience in the new urban world [J]. Landscape and urban planning, 2011(4): 341 - 343.

② ALLAN P, BRYANT M. Resilience as a framework for urbanism and recovery[J]. Journal of landscape architecture, 2011(2): 34 - 45.

强城市防洪排涝能力，建设海绵城市、韧性城市。2021 年 3 月，十三届全国人大四次会议通过的《中华人民共和国国民经济和社会发展第十四个五年规划和 2035 年远景目标纲要》将建设韧性城市作为推进新型城市建设的重要任务，强调"顺应城市发展新理念新趋势，开展城市现代化试点示范，建设宜居、创新、智慧、绿色、人文、韧性城市"。2022 年实施的国家标准《安全韧性城市评价指南》，明确了安全韧性城市概念、评价内容和评价依据。多个城市也发布了韧性城市建设的地方性意见。如 2021 年 11 月，北京印发的《关于加快推进韧性城市建设的指导意见》提出了"城市发展有空间、有余量、有弹性、有储备"的要求，并提出到 2025 年，北京韧性城市评价指标体系和标准体系基本形成，建成 50 个韧性社区、韧性街区或韧性项目，形成可推广、可复制的韧性城市建设典型经验。

二、韧性社区建设的内涵与实践

社区处于社会风险的最前沿，提升社区韧性是韧性城市建设的基础性工程。如何克服刚性治理的局限性和社区的脆弱性，提升社区应对风险挑战的能力，是推进社区韧性建设的根本任务。

1. 韧性社区建设的内涵

韧性社区的核心意涵是，社区能够有效调动各种资源，成功预防、应对、化解各类社会风险与挑战，使社区即使在经受自然灾害、突发事件等挑战之后依然能迅速恢复过往水平的能力。韧性社区是一系列能力的集合，同时也是社区能力提高及灾害适应的过程。[①] 从 20 世纪末开始，韧性社区的概念几经演进，形成了三个较为明确的指向：一是从生态领域衍生的"抗逆力"，主要关注社区硬件的抵抗力；二是社会生态领域的"恢复力"，主张社区应在具有抵抗力的基础上，有适应或修缮的能力，关注社会系统与自然系统的共生与互赖；三是从精神心理领域衍生的"自治力"，关注的是社区成员能

① WILSON G. Community resilience and environmental transitions[M]. London: Routledge, 2012.

发展个人、集体的能力。①

2. 韧性社区的实践

1999 年，世界减灾大会提出“将社区视为减灾的基本单元”。2001 年，联合国于国际减灾日提出了“发展以社区为核心的减灾战略”口号，主导思想是依靠社区组织，在政府和非政府的协助下，动员所有居民参与社区防灾减灾建设。2005 年，在日本神户召开的世界减灾大会将社区减灾列为重要内容，并且提出“在所有社会阶层，特别是社区，建立应急机制和提高应急能力”。2015 年，在日本仙台召开的世界减灾大会提出了新的为期十年的全球计划，旨在助力不同国家和社区更好地实现风险指引式发展。本项目将以 50 个国家为对象，10 年为期，聚焦 5 个重点领域：风险意识与预警机制、风险导向的治理模式、防灾、韧性建设、地方/城市减灾。

在我国，与韧性社区相关的是由国家减灾委员会、应急管理部、中国气象局、中国地震局共同推动创建的“综合减灾示范社区”。2006 年，民政部为全面创建“减灾示范社区”，制定了《全国综合减灾示范社区创建标准》。经过十多年的发展，全国综合减灾示范社区的标准得以完善，与此相应，各地还推出了省市级减灾示范社区。研究显示，减灾示范社区的应急能力确实比普通社区高，但是也存在一些有待完善的地方。其一，示范社区意在“示范”，数量相对不多、覆盖面不广；其二，减灾示范社区仍然关注突发性的自然灾害，对于其他社会风险缺乏关注；其三，现有的评估标准侧重于物理性的抗灾能力，对于社区成员内部的自治力和外部的协同力关注不足。②

第三节　构建基层韧性治理共同体

随着社区在应对社会风险挑战中作用的日益提升，建设韧性社区成为

① 吴晓林，谢伊云. 基于城市公共安全的韧性社区研究[J]. 天津社会科学，2018(3)：87 - 92.
② 吴晓林. 城市社区如何变得更有韧性[J]. 人民论坛，2020(29)：19 - 21.

一个世界性的命题,也是我国社区建设的重要目标。我国韧性社区建设的目标是构建基层韧性治理共同体,提升社区的抗逆力、恢复力和自治力,以更好地抵御各类社区风险。

一、构建社区风险防范应对的法律法规体系

完备的法律法规是韧性社区建设尤其是防灾减灾的重要保障,风险防范和应急处突往往都需要紧急决策、紧急动员,首先要做到的就是有法可依。

西方发达国家在社区危机应对方面有相对健全的法律法规。英国政府专门制定的《关于形成社区系统抗灾力的战略框架》(*Strategic National Framework on Community Resilience*)详细规定了社区内不同集团、组织、家庭和个人,在社区减灾救灾中的权利义务和角色分工,为社区各主体参与减灾救灾提供了制度保障。日本因频繁遭受地震、火山、台风等自然灾害的侵袭,形成了一套完整的预防灾害体系,其中最突出的特点就是注重不断完善应对灾害的法律法规,先后经历了灾后应急基本法治建设、灾害预防体制建设、全面提升社会韧性三个阶段①。1961 年,日本就颁布了有"抗灾宪法"之称的《灾害对策基本法》,对防灾理念、目的、防灾组织体系、防灾规划、灾害预防、灾害应急对策、灾后修复、财政金融措施、灾害紧急事态等事项做出了明确规定。根据《灾害对策基本法》,日本还颁布了河川法、海岸法、防沙法,以及建筑基准法、地震财特法、地震防灾对策特别措置法、建筑物耐震改修促进法、住宅质量保障促进法等各种与防灾减灾相关的法律法规。目前,日本共制定应急管理(防灾救灾及紧急状态)法律法规 227 部,各都道府县都制定了防灾对策基本条例等地方性法规。②

我国国务院于 2006 年发布了《国家突发公共事件总体应急预案》,也出

① 梁宏飞.日本韧性社区营造经验及启示:以神户六甲道车站北地区灾后重建为例[J].规划师,2017(8):38-43.

② 顾桂兰.日本应急管理法律体系的六大特点[J].中国应急救援,2010(2):48-51.

台了不少关于减灾防灾的法律法规，初步形成了防灾减灾的法律法规体系，但仍有一定的完善空间。如我国虽然出台了不少针对某类具体灾害的法律，但还没有出台针对所有灾害的综合性防灾减灾基本法。此外，我国已出台的一些法律法规更偏向宏观层面，在社区层面如何操作则相对较少，因而社区在处理防灾减灾具体问题时往往难以做到有法可依。

二、完善社区应急响应机制

潜在的风险一旦变成了现实的危机事件，就需要应急响应，以将其损失降到最低。社区在遭遇危机事件之后，能否迅速恢复秩序，很大程度上取决于应急响应机制是否健全。

在这方面，英国的经验值得参考。英国内阁办公室建立了“社区应急方案模板”，制定了统一、完整的社区应急方案保障体系，方便英国社区形成统一的灾害应急管理模式，供社区或社区居民下载。该模板包括社区风险评估、社区资源和技能评估、应急避难场所地址选取、应急联系人员、沟通联系方式“树状图”、社区中可提供服务的组织机构名称、应急响应机制、社区应急小组会议地点、联络中断的备用方案等。此外，英国政府还建立了“社区灾害回馈机制”，利用“社区灵活论坛”平台，定期召开由消防、警察、地方医疗机构等组成的“社区灾害回应员”群体，定期分析和排查社区里的灾害隐患，并帮助补充形成完整的应急方案。①

三、提升社区自救与互救能力

社会居民是社区的主人，社会风险的防控从根本上取决于社区居民的自救和互救能力。当危机发生后，社区居民是第一感应者和受害者，必须迅速组织起自救和互救，才能最大限度地减少损失。而且，在一些重大灾害发生后的一段时间内，受灾社区很可能因通信、交通中断而与外界失去联系，

① 宋雄伟.英国应急管理体系中的社区建设[N].学习时报，2012-09-24(002).

专业救援人员等外援力量可能需要一定的时间，这时社区居民的自救与互救成为抗灾救灾的主要形式。

社区居民能否有效自救和互救，取决于多重因素。其中，最重要的因素有两个：一是自救的意识和能力；二是社区的社会资本。

自救的意识和能力不是与生俱来的，而是和日常训练密不可分的。如日本经常利用各种防灾日进行全国范围内的大规模综合防灾演练，模拟地震、火灾、海啸、疾病、枪击等各种灾害场景，锻炼人们应对灾害的自救与互救能力。此外，日本将防灾救灾意识牢牢植入中小学学生的心中，让他们从小就掌握自救及互救的基本技能，如东京市内中小学每月都举行防灾演习。同时，日本还有很多防灾馆，免费向市民开放，让市民体验狂风暴雨、地震等灾害场景，以及灭火、逃生、为伤员包扎等技能。

我国的城乡社区近年来也注重提高居民的自救、互救意识和能力。汶川地震后，国家将每年的 5 月 12 日确定为全国防灾减灾日，其宗旨就在于通过定期举办全国性的防灾减灾宣传教育活动，有利于进一步唤起社会各界对防灾减灾工作的关注，增强全社会防灾减灾意识，普及推广全民防灾减灾知识和避灾自救技能，提高各级综合减灾能力，最大限度地减轻自然灾害的损失。总体而言，我国的防灾减灾教育和演习取得了一定的效果，但在一些地方，一旦发生突发灾害等危机事件，社区居民主动参与、自救互救的意识比较弱，“等、靠、要”的心态比较普遍，有些甚至抱着消费者的心态和维护个体权利的姿态对抗公共服务提供者，缺乏共同的责任意识和志愿精神。

社区的社会资本是社区互救互助的重要决定性因素。有研究表明，在新加坡，有三种类型的社会资本在建立社区适应冲击和压力以及能力提升方面发挥了重要作用，分别是社群内部的纽带型社会资本、不同社群之间的桥梁型社会资本，以及社区、企业和政府机构之间的连接型社会资本。而建立、强化和维护社会资本贯穿新加坡韧性社区实践的始终，从城市规划部门的角度来看，社区中的社会基础设施是社区的宝贵资源：一方面，能够提供空间让居民在社区内组织活动，建立社会资本；另一方面，居民参与规划、建设和运营社会基础设施的过程也提供了加强社会资本的机会，提高了社区的韧性。[①] 社会资本不足，以及由此导致的社区参与不足，是我国城市社区面临的一个普遍问题，也是制约我国韧性社区建设亟待破解的重要问题。

四、夯实社区安全的物质基础

物防是我国安全防范的基础，也是社区安全的物质基础。社区的安全设施主要包括校区闸门、单元楼门、消防通道、地下管网、电力、通信等。安全设施是防灾减灾的物质基础，完善、牢固、科学合理的安全设施是社区安全的有效屏障，相反则有可能成为社区安全的隐患，不但可能诱发灾害、加剧损失，甚至会形成次生灾害，给居民安全造成巨大威胁。

当前，我国社区安全设施整体上还存在诸多隐患。在多数老旧小区，公共设施陈旧，公共空间狭小，各种车辆乱停乱放，以致出现堵塞交通、消防要道等情况。

五、以数智技术赋能社区韧性建设

数智技术的迭代发展是时代趋势，在智慧技术的支持下，编织全方位、智慧化、人性化的社区韧性网络，是创新韧性社区的有效途径之一。[②] 韧性治理本身就是一种动态的、全过程的治理方式，涉及对风险处理的不同阶段及在不同阶段各参与主体的差异化角色定位。在“全周期”的韧性建设中，要通过自上而下的方式充分利用互联网、云计算、人工智能等技术搭建起破除“信息孤岛”的数据平台，实现基层社区各类信息的畅通流转传递及数据共享；同时，也要注重自下而上地实现基层社区专业化的人才队伍建设和运维水平的提升，充分以社区为基础、以社区数据为核心，实现科技赋能韧性社区“全周期”的高质量建设。此外，借助科技力量，还要动态跟踪科技新发

---

① 谢湘雅. 建立社区的复原力：新加坡韧性社区的行动与探索[J]. 城市瞭望，2023(6).

② 曾悦，张佳. 基于突发公共卫生事件下小区防疫响应的社区韧性建设规划思考：以成都市小区防疫响应为例[J]. 西部人居环境学刊，2020(3)：23－28.

展和社区新情况，不断研发适用于韧性社区建设的硬件和软件产品，实现韧性社区建设的智慧平台与精细化治理的协同。

西方发达国家特别注重运用云计算、物联网、互联网等最新信息化手段，开展基础信息的采集工作，在公共安全、公共卫生、食品监管、交通运输、人口流动等重点领域进行实时动态跟踪、舆情监控，为政府决策提供信息支撑。发达国家也普遍建立起了规范化、高效率的社会危机预警系统，从制度上保证危机报警、危机处理启动、危机处理、善后等环节的有效衔接。如英国政府建立了“社区防灾数据库”，通过“社区防灾论坛”收集英国境内社区在减灾救灾中的成功案例，并且分析和总结各自成功的经验和主要做法，将信息上传到全国统一的网站上，以帮助社区形成应对灾害的成熟预案和社区快速回应灾害的能力。[①]

韧性社区作为一种理念在中国的传播时间不长，作为一种实践正处于起步阶段。从“韧性社会”到“韧性城市”再到“韧性社区”，不仅仅是城市空间和社区空间的硬件再造，更是基层社会治理中多元主体的深度融合。韧性社区的建设实践是一个长期的过程，是从理念到机制再到技术实现路径的全程再造。通过对国内外韧性社区建设的经验梳理，可以感受到，韧性社区必将是未来基层社区建设的重要趋势，是应对不确定社会和流动风险“不变”的关键基础力量。面对不确定性和风险流动性，单靠一个部门主导、单凭社区大众应对的时代早已成为过去时，有韧性的基层社区治理，未来必将是在现代化科技赋能之下的最大限度动员社区居民、最大广度激活社区内在组织、最大程度实现融合互通的良性生态治理。韧性社区不是硬性的指标体系，而是基于差异化实践的具有自我准备、响应和恢复能力的最基本生态体系单元。有韧性的社区基础，才会实现韧性城市建设，有城市的韧性建设才有螺旋式上升的韧性社会可持续生态的发展循环。

① 宋雄伟.英国应急管理体系中的社区建设[N].学习时报，2012-09-24(002).

第九章　社区基金会与基层治理共同体构建

近年来，社区基金会作为一种新型社会组织和治理主体登上了社区治理的舞台，成为社区治理的一道亮丽风景。社区基金会最初诞生于美国，并逐步向全球扩展。中国社区基金会在借鉴国际经验的基础上，面向城市社区治理创新的需要，逐渐形成社区服务与社区培育并举的项目运作体系。总体来看，中国社区基金会仍处于起步阶段，必须进一步扎根中国本土的制度和文化环境，面向中国社区治理的广阔实践，探索具有中国特色的社区基金会模式。

第一节　社区基金会的角色与功能

一、社区基金会发展概述

1914 年，世界上第一个社区基金会美国克利夫兰基金会正式成立，至今社区基金会在北美、欧洲等地已有超过100年的发展历史。全球社区基金会总体上已经形成一套较为成熟的运作方式，并且在此基础上积累了丰富的学术研究成果。国际研究表明，社区基金会在激活社区社会资本、推动非营利部门和商业部门进入社会福利领域等方面有着明显的优势，同时还能避免多层级官僚机构僵化低效、对社区议题回应不足等问题。相较于欧美等发达国家和地区社区基金会的漫长发展史，社区基金会在中国还是一个新生事物，不论是在理论研究还是在实践探索方面相对薄弱。但是，培育和发展社区基金会是我国社会治理创新的新趋势，也是克服传统社区治理困境的重要突破点。

2008年，深圳桃源居公益事业发展基金会成立，这是我国第一家致力于社区发展的基金会。2009年，广东省千禾社区公益基金会成立，这是我国第一家以社区命名的基金会。此后，广州、北京、上海、成都等地积极跟进成立社区基金会。2014—2015年间，深圳、上海等地出台系列扶持政策，社区基金会在广东、上海等地遍地开花，北京、天津、江苏、四川、福建等省市也有零星探索。2017年发布的《中共中央　国务院关于加强和完善城乡社区治理的意见》正式提出，“鼓励通过慈善、设立社区基金会等方式，引导社会资金投向城乡社区治理领域”，社区基金会步入发展的快车道。基金会中心网的数据显示，截至2023年3月31日，全国共成立社区基金会296家，除7家已被撤销、注销外，目前处于正常运转状态的有289家。社区基金会在推动社区自治、开展社区营造、参与社区治理、提升社会凝聚力等方面发挥着日益重要的作用。

那么，为什么需要社区基金会？或者说，社区基金会到底具备什么样的独特功能呢？

二、社区基金会的角色

莫特基金会对社区基金会有一个经典的界定，即认为社区基金会要扮演五种角色：本地资助者、本地问题回应者、社区议题倡导者、慈善资源管理者、跨界合作推动者。一是本地资助者，即负责从社区居民、企业、政府等多方渠道筹集资助资金。二是本地问题回应者，即协调本地居民和团体对影响本地的公共议题，如教育、贫困、健康和社区发展等提供资助或开展活动。三是社区议题倡导者，即成为公众或本地或全国性的领导者，针对影响社区的重要事务开展倡导。四是慈善资源管理者，即吸纳和管理公共资源，遵循公开透明的原则分配和使用这些公共资源。五是跨界合作推动者，即在不同的群体和社会部门当中起到桥梁和纽带作用，以增进不同群体的相互信任和合作。这些方面都是其他社会组织很难做到的。一个处于理想状态的社区基金会在这几个方面的角色是相对平衡的。

相较于其他组织，社区基金会的独特之处在于其在地性，即针对本地问题、动员本地资源、依靠本地利益相关方，来寻求本地解决方案。进入 21 世纪以来，我国的社区建设取得了巨大的成绩，同时也面临着一些困境，如本书前面已经分析过的社区行政化、社区居民参与不足等。产生这些问题有很多原因，但一个重要的原因就是社区资源的匮乏、社区参与平台的不足。实际上，社区隐藏、潜伏着大量资源，需要一个合适的平台和机制去整合、激活社区资源，社区基金会就是这么一个平台和机制。

社区基金会能够激活社区资源靠的是其独特优势。首先，社区基金会在推进社区精细化治理方面具有独特优势。社区需求是非常多样、分层次、具体的，贴近社区、立足社区的基金会在回应社区需求方面有着不可替代的优势，如它离社区居民最近、最容易了解居民需求。其次，社区基金会在资金使用等方面相对灵活，可以及时发现、及时解决问题，能够迅速满足居民多样的社会需求。

三、社区基金会的功能

社区基金会在社区治理的过程中能够发挥以下三个功能。

第一，能整合社区资源，提升社区功能。一直以来，制约社区发展的根本性问题是资源的匮乏，这严重制约社区功能的发挥。实际上，社区蕴含着大量潜在的资源，通过社区基金会这一平台将这些潜在资源整合起来，使其变成社区实际可用的资源，能够大幅增强社区的功能。

第二，吸纳社区参与，实现社区共治。行政化色彩过浓和参与主体过于单一，是社区建设中广为诟病的问题。社区基金会不仅有助于改变单靠行政手段和政府预算解决各类社区问题的局面，而且在社区发展的资源配置方式、社区公共事务的民主决策机制和社区成员的主体性参与地位等方面，都取得了切实成效；既在探索公共服务的社会化机制，挖掘社会资本和自治资源，又拓展完善了社区参与型、吸纳式的治理结构和自治制度，推动了行政化体制向社会化自治的转型。

第三，增加社区互助，促进社区融合。社区基金会运行的根本理念就是“取之于社区，用之于社区”，为社区居民提供一个“反哺”社区和社会的平台，帮助弱势群体提升生活质量。这有利于社区作为守望相助的社会生活和情感共同体功能的实现。

基于自身所具备的上述优势与功能，社区基金会自传入中国之日起，便立足于具体的制度和社会情境，着力解决当前社区治理难点与重点问题，在动员社区居民和企业参与社会治理、筹募资金搭建支持平台、建立社区需求和资源联动机制等方面发挥了重要的作用。

第二节　从全球化到本土化：社区基金会的发展历程

自 2008 年深圳市桃源居公益发展基金会成立以来，社区基金会在中国已有十多年发展历程。这种强调社区主体发挥资源整合与参与社区共建能动作用的社会组织[①]，不断适应中国城市社区建设的现实要求和本土社会的

① 田蓉. 从“准资源平台”迈向社区领导者：社区基金会功能三角在地化实践反思[J]. 河北学刊，2017(1)：155－159；徐宇珊. 我国社区基金会的功能定位与实现路径：基于美国社区基金会与地方联合劝募经验的启发与借鉴[J]. 中国行政管理，2017(7)：81－86.

观念系统与治理结构，成为解决当前社区治理困境和推动社区治理创新的破题之举①，逐渐受到实务界和学术界的重视。但在发展的过程中，中国社区基金会也面临诸多困惑，在此背景下，回顾社区基金会的起源及发展路径具有重要意义。社区基金会起源于美国，美国也是社区基金会发展最充分、最具有代表性的国家之一，因此本文以美国社区基金会为例重点梳理社区基金会在国外的发展历程。从美国社区基金会的发展实践出发，我们可以清晰地观察到它的变迁具有鲜明而深刻的时空属性，其在百余年中的兴衰起伏是与同时空的美国社会变革及其前后的相关社会制度与秩序密切相关的。

一、社区基金会在美国的发展历程与角色转变

现代意义上的慈善行为与市场经济的发展相伴而生，在诞生之初便不是社会成员的一时慷慨或一己之力的偶然结果，而是社会变迁与社会结构的产物。② 现代慈善行为区别于传统慈善行为，催生了作为中介的慈善组织以分离捐献者与受助者③，并且使之职业化和制度化，从而保证慈善行为更符合公平和效率的双重要求。④ 进一步地说，现代慈善行为和慈善组织延续百余年的蓬勃生命力，离不开日臻完善的管理制度和严格灵活的税收政策等社会制度共同为其保驾护航。社区基金会作为整合社区慈善资源的慈善组织，脱胎于美国社区的经济基础、文化传统、政治秩序等结构性土壤⑤，随着社会变迁而不断演化发展。

---

① 王建军，叶金莲. 社区基金会：地位与前景：对一个类社区基金会的个案研究[J]. 华中师范大学学报(人文社会科学版)，2006(6)：29－35；陈朋. 地方治理视野的社区基金会运行[J]. 重庆社会科学，2015(10)：59－65.

② GRANOVETTER. Economic action and social structure：The problem of embeddedness[J]. American journal of sociology，1985(3)：481－510.

③ 李怡心. 关于国外慈善事业的研究综述[J]. 道德与文明，2006(2)：16－19.

④ 姚俭建，Janet Collins. 美国慈善事业的现状分析：一种比较视角[J]. 上海交通大学学报(哲学社会科学版)，2003(1)：13－18，47.

⑤ 田蓉. 从"准资源平台"迈向社区领导者：社区基金会功能三角在地化实践反思[J]. 河北学刊，2017(1)：155－159.

美国社区基金会的百年变迁主要经历了三次发展机遇期，其社会力量分别是20世纪前二十年工业社会新秩序与旧传统的交汇作用，六七十年代税法改革及其溢出效应，以及九十年代联邦政府的公共服务体制改革。值得一提的是，上述三个发展机遇都受到经济大萧条、战争与冷战等社会动荡的冲击，这意外地造就了美国社区基金会螺旋式的发展态势。基于此，当我们将对社区基金会发展问题的讨论置于更为广阔的时空背景之下，不仅能够帮助我们理解社区基金会与社会结构的互动过程，而且能够指引我们从社区基金会的发展历程中透视社区发展的实际样貌，分析社区基金会发展的社会根源与社会期待。我们将沿着上述时空视野，以三次发展机遇期为引领，深入剖析美国社区基金会的发展过程，在此基础上尝试呈现不同发展阶段的主要经验，在经验的积累和对话中追溯研究视角的分化及其与社会变革的重要关联。

（一）萌芽期：捐赠接受方

美国社区基金会诞生的直接现实基础是工业社会发展带来的新秩序与新矛盾。[①] 19世纪末，南北战争后的美国社会进入了一个蓬勃发展的阶段。随着国内政治局势的稳定，工业革命的成果得以更加广泛和深刻地影响美国社会。具体来说，在大工业发展的过程中，现代分工体系不断完善，以市场为中心的资本主义体制也逐步建立起来。这不仅摧毁了城市中的封建行会和农村中的庄园经济，而且促使大批劳动力从农村向城市流动。

正是基于工业化在城市和农村中的双重影响，财富积累与极度贫困如影随形，并且很快点燃了城市中的阶级冲突与对抗，短短几年间，进步主义运动和黑幕揭发运动等社会运动频发。贫困、犯罪和居住隔离等一系列社区发展问题在日益拥挤的城市空间中不断凸显，这不仅成为新兴的社会学等社会科学关注的新田野，而且是实务界开辟现代慈善事业的新舞台。1914年，为解决工业化和城市化过程中层出不穷的社区与社会问题，银行家

① 李韬. 慈善基金会缘何兴盛于美国[J]. 美国研究，2005(3)：132－146，6.

弗雷德雷克戈夫率先成立克利夫兰社区基金会。[①] 随后社区基金会在全美的推广，并且逐步适应与地方政府、社区社会组织、商业机构和城市居民的合作。[②] 1915 年前后，以加利福尼亚社区基金会为代表的 8 家社区基金会成立，它们均致力于解决社会变革中产生的社区问题。[③]

尽管工业社会的新秩序与新矛盾构成了慈善基金会出现的现实基础，但是激励其产生的深层动力却不止于此，学界针对该时期美国社区基金会的讨论集中在动力问题上，并且提出了两种理论进行解释。一是宗教文化论，认为宗教组织是慈善捐赠的直接对象和重要推手，主张现代慈善基金会脱胎于西方宗教文化对鼓励捐赠、行善助人的规定，受到 20 世纪初社会福音运动的极大鼓舞。二是税法激励论，主张美国税收制度通过提供限额扣除税收待遇，鼓励个人和组织向慈善组织进行捐赠，这是可持续的慈善捐赠资源的根本保障，对慈善基金会的稳定发展起到举足轻重的作用。[④]

历经半个世纪的发展，该时期的社区基金会能够聚焦于捐赠者关心的议题与项目，设置专门支持特定领域、组织或群体的基金。自 1914 年至 1949 年，处于良性运作状态的社区基金会约有 66 家。[⑤] 这些社区基金会致力于管理信托公司或银行闲置的信托资金，在一定程度上弥补甚至替代了银行的功能。第二次世界大战后，社区基金会开始借鉴和采用公司制的组织结构，其公益信托的形式也更为灵活。这形塑了社区基金会作为更专业的捐赠者服务平台的运作模式，即倾向于将捐赠者服务作为核心工作，积极了解捐赠者的资源与旨趣。这种模式能够短时间内吸纳大量的社区慈善资源，但当它们面对众多慈善丑闻和信任危机的挑战时，不得不通过各种方式与社区建立更多的联系并广泛地接受社会监督与政府监管。

---

① 基金会中心网：美国社区基金会[M]. 北京：社会科学文献出版社，2013：123.

② JEFFERY. Community foundations: what do they offer community development? [J]. Journal of urban affairs, 2004(2): 221－240.

③ 原珂，许亚敏，刘凤. 英美社区基金会的发展及其启示[J]. 社会主义研究，2016(6).

④ 姚俭建，Janet Collins. 美国慈善事业的现状分析：一种比较视角[J]. 上海交通大学学报(哲学社会科学版)，2003(1)：13－18，47.

⑤ 资中筠. 财富的归宿：美国现代公益基金会述评[M]. 上海：上海人民出版社，2006.

（二）成长期：财务代理人

经济大萧条以后，新生的社区基金会发展缓慢，甚至进入停滞期，直至1969年美国国会通过新的税收改革法案（以下简称“69税法改革”）才得以打破僵局。“69税法改革”一方面加强对私人基金会资质与行为的管制，有效遏制私人基金会滥用免税优惠的乱象；另一方面针对公益性更强的社区基金会，给予其更多的政策支持。[①] 经过“69税法改革”的规范，大量的慈善资源从私人基金会向以社区基金会为代表的公共基金会转移，直接促使社区基金会吸纳社会慈善资源的能力得到提升，在三年间达成总资产增加30%的成就。[②]

针对该时期美国社区基金会的发展原因，学界主要运用制度经济学和组织生态学两种理论视角展开研究。制度经济学视角对社区基金会的讨论，更多是裹挟在对慈善基金会和慈善捐赠行为的研究中的。该类研究将慈善捐赠视为物质利益让渡的经济行为，立足于企业捐赠行为的制度成因分析，阐释税收政策等再分配制度对企业慈善捐赠行为的激励作用。[③] 组织生态学视角则直接聚焦于慈善组织的制度化和生态化过程，探究由不同类型慈善基金会构成的慈善行业生态的发展与分化，及其对社区基金会发展的直接影响[④]，明确主张私人基金会的资产转移是社区基金会在20世纪70年代得以进一步发展的主要原因。[⑤]

上述两种研究视角分别关注税法制度实践过程的不同阶段。实质上，税法制度不仅是关于个人和组织应该如何纳税的行为准则，更是对税收和捐赠的关系进行明确规定，是关于税收如何用于公共服务的价值选择。基于税收制度，社会成员的纳税行为与社会慈善被纳入一系列的社会互动中，

① 冯辉，左家囡．美国基金会的税法规制及其启示[J]．社会科学家，2015(3)：115－119.
② 崔开云．社区基金会的美国经验及其对中国的启示[J]．江淮论坛，2015(4)：42－49.
③ ROSS A D. The social control of philanthropy[J]. The American journal of sociology，1953(5)：451－460.
④ 高鉴国．美国慈善捐赠的组织运行机制[J]．学习与实践，2010(4)：117－122.
⑤ 同②.

形成了“税收-公共财政-公共支出”和“捐赠-慈善基金-慈善事业”两种互动路径。[①] 对此，制度经济学视角侧重关注两种互动路径的直接关联，即捐赠作为纳税的替代路径，是怎样被制度所建构的；组织生态学则在此基础上探究两种互动路径的社会后果，即慈善事业内部的分化与整合。两种研究视角互为补充，为我们全面展现了“69 税法改革”对同时期社区基金会发展造成的影响及作用机制。

总之，得益于“69 税法改革”及其溢出效应，该时期的社区基金会开始向财务代理人角色转变。具体而言，随着资金规模的增大，社区基金会为了妥善管理和使用资金，不得不开始吸纳专业的财务工作者进入组织内部，这是自身角色转变的组织与人员保障。继而，税法改革也为社区基金会投资与管理其他企业和社会组织的资产提供了更坚实的法律支持。社区基金会能够通过财务代理获取合法的管理收入，以此维系日常运作与推动持续发展。相比于捐赠接受方模式，财务代理人模式将社区与社区基金会的单向依赖关系转变为双向互动关系。在捐赠接受方模式下，社区基金会对捐赠者具有资源依赖的属性，其行动很大程度上受到捐赠者的资金与旨趣的制约。但是，在财务代理人模式下，社区基金会不仅能够为捐赠者提供专业的财务代理服务，而且能够间接地赋予捐赠者一定的免税优惠资质，这打破了原本的单向依赖关系，转而形塑了一种更紧密和平等的合作关系。

（三）成熟期：社区领导者

20 世纪 90 年代，美国联邦政府为了应对“冷战”、恐怖主义等国际局势的影响，不断改革公共财政和社会资源的再分配政策，逐渐推进市场机制在公共服务中发挥作用，同时调整联邦政府在其中的主体地位与监管方式。[②]

① 陈成文，谭娟. 税收政策与慈善事业：美国经验及其启示[J]. 湖南师范大学社会科学学报，2007(6)：77－82.

② E. S. 萨瓦斯. 民营化与公私部门的伙伴关系[M]. 周志忍，等译. 北京：中国人民大学出版社，2002；陈书洁，张汝立. 政府社会服务观与社会公共服务改革：英美政府购买社会公共服务的比较研究[J]. 探索，2011(4)：147－151.

与此同时，全球化的发展和人口流动也使美国国内社区结构日趋异质和多元，社区问题日益繁多和复杂，社区在公共服务改革中的地位不断凸显，成为解决社区社会问题的基本窗口。在这一过程中，作为整合与使用社区慈善资源的专业化社会组织，社区基金会的现实意义不言而喻。截至 2014 年，美国共有 789 家社区基金会，其年度慈善总支出达 65 亿美元。①

面对美国社区发展的问题与需求，该时期的美国社区基金会更强调社区领导者职能的发挥。首先，社区基金会从关注组织内部的有效运作转而关心社区发展现状，致力于发挥自身作为慈善资源平台的优势以满足社区中的各种需求和解决社区中的诸多问题。其次，社区基金会从着眼于为社区外部的企业与社会组织提供财务支持与服务，转而立足于与社区内部的群体与组织建立关系，在社区范围内建立真正的合作关系与社会网络。基于此，社区基金会开始培育具有多元化特征的社区领袖，并且逐渐适应日趋多样化的社区结构。仅仅为保障社区内少数族裔权益而建立专项基金的社区基金会就从 1993 年的 22 家增长至 1998 年的 72 家。②

美国社区基金会在捐赠接受方、财务代理人与社区领导者间进行角色转变，不仅反映了社区基金会过去的发展模式，而且预示着在当前甚至未来的社会结构中，社区基金会更好地发挥作用的可能路径。资产不再是衡量社区基金会成功与否的唯一标志，组织发展也不再是社区基金会的唯一价值关注点，实际上社区领导力和社区发展已经取而代之。这呼唤社区基金会与社区内部的群体与组织建立更加多元化的、多主体的合作关系。同时，我们也无法否认资产和组织运行对于社区基金会发挥社区领袖职能的基础性作用，因此在资助与运作过程中，社区基金会有必要在内部治理与外部互动之间寻找某种平衡。

---

① 杨楠.美国社区文化治理的资助体系及对中国的启示[J].同济大学学报(社会科学版)，2018(1)：49-57.

② 朱世达.美国市民社会研究[M].北京：中国社会科学出版社，2005：220-224.

二、全球化的尝试：制度移植与发展模式

20世纪末，基于社区基金会在缓解美国社会服务需求和公共财政赤字之间张力问题的探索，全球资助者协会与慈善行业联盟尝试将社区基金会模式作为一种公共服务创新机制在全球范围内正式推广。[①] 1990年至2000年间，全球社区基金会便从440家增加至835家。[②] 反观过去20余年的制度移植与具体实践，社区基金会能够广泛吸收慈善捐赠，有效整合来自政府、市场和社会的慈善资源，并且将其用于基于社区需求的公共服务和治理实践。

以英国社区基金会为例，20世纪80年代，英国成立了第一家社区基金会。但是由于英国民众更倾向于依赖政府解决社会问题，因此独立于政府之外的社区基金会较难打开局面。直至撒切尔政府收紧了国家财政对社区服务和慈善领域的投入，社区基金会作为一种能够有效减轻政府的财政压力的新型慈善组织脱颖而出。英国政府不仅出台了一系列支持性的政策，而且联合英国慈善救助基金会和美国莫特基金会共同设立了资助项目和永久性捐赠基金会，用于推动社区基金会在英国的发展。相应地，不同于美国社区基金会，英国社区基金会在提供捐赠者服务的同时，还照顾资源平台的角色，以匹配捐赠者与受助者双方的需求。

社区基金会在英国的制度移植经验是我们窥见社区基金会的全球化过程的窗口，相对细致地展现了不同政府、慈善组织和社会成员的互动过程，具体可分为理论化、法律化、实践化和理念化四个阶段。首先，理论化阶段是指对社区基金会模式合理性的论证，这一过程通常伴随着我们对试点个案的实践总结与理论抽象，这在日本社区基金会的概念舶来和试点过程中尤为突出。[③] 其次，法律化阶段是指颁布政府规范文件等正式制度确定社区

---

① 饶锦兴，王筱昀.社区基金会的全球视野与中国价值[J].开放导报，2014(5)：28-33.

② 原珂，许亚敏，刘凤.英美社区基金会的发展及其启示[J].社会主义研究，2016(6)：143-155.

③ 俞祖成.日本社区基金会的发展及其启示[J].社会主义研究，2017(3)：125-132.

基金会的行动框架。以英国社区基金会的制度移植为例，政府对社区基金会发展的宏观政策定位与支持，推动了在社区基金会搭建灵活的运作制度和获得社区的全面支持。再次，实践化阶段是指制度与环境的互动、调试和内化过程。有学者细致考察了英国和东亚三国社区基金会适应本土环境的发展过程，指出社区基金会应该根据当地的机遇和限制，调整自身的运作形式以更好地适应新的情境。① 最后，理念化阶段是指社区基金会模式成为社区利益相关者的共同信念，以减少制度执行和监督的成本。②

由此可见，作为一项关乎社区发展的社会制度，社区基金会兼具建构性与实践性，不仅是一套文字规则与行为规范，更是一个通过社会实践与互动逐步将文字规则"内化"为行动取向和价值观念的过程。其一，它是关于如何动员社区慈善资源以及如何有效管理慈善资源的行为准则和内部章程；其二，社区基金会模式并不是在封闭的慈善组织内部运行的，而是要利用社区资源为社区提供公共服务。以中国的城市社区为例，社区基金会不仅界定了自身与城市社区治理结构及其内部主体之间的关系，而且为社区共治提供了可操作的行动指南。因此，我们不能将社区基金会的全球化实践，视为简单的照搬与模仿，而应将它作为制度移植的具体案例加以考察。

从全球化的结果来看，社区基金会在全球范围内形成了银行模式和聚集模式两种类型。具体而言，银行模式是指社区基金会针对社区治理中的资金需求，主要发挥聚集资金和资助社区组织的中介功能，强调多渠道筹款和提供捐赠者服务；聚集模式则是指社区基金会聚焦于社区发展的现实状况，动员社区多元主体共同参与，推动多方跨界合作来解决社区问题的治理模式。这不仅要求社区基金会能有效整合社区资源，而且需要承担起组织、

---

① WANG L, GRADDY E, MORGAN D. The development of community-based foundations in east Asia[J]. Public management review, 2011(8): 1155 - 1178.

② 杨雪冬. 制度移植与本土实践：以立法听证为个案的研究[J]. 华中师范大学学报(人文社会科学版), 2005(6): 29 - 37.

协调社区各方力量的责任。[①] 两种运作机制的选择与实践，与社区基金会赖以发展的本土社会现实紧密相关，尤其受税法制度、慈善文化与慈善资源结构的综合影响。

同时值得注意的是，银行模式与聚集模式是社区基金会在全球范围内移植和实践的成果，更是对 20 世纪美国的三种社区基金会角色的继承与凝练。美国社区基金会在萌芽期的捐赠接受方角色为后来的银行模式奠定了基础，而成熟期的社区领导者角色则直接催生了聚集模式。但此时，银行模式和聚集模式不再是非此即彼的二元对立关系或彼此取代的线性发展关系，而是同时存在于社区基金会的全球化进程中，甚至能够在同一家社区基金会的行动中同时得以运用。从这个意义上来说，尽管经验研究具有类型化和理论化的倾向，但是社区基金会在现实世界中的运行却并不是完全依照理想类型的状态加以呈现的，甚至在移植过程中因伴随误解和不适应而不得不推动社区基金会的本土化。[②] 银行模式与聚集模式更像是连续统的两端，其不同程度的混合与杂糅才是社区基金会的原貌与常态。

因此，我们更加强调社区基金会的运作模式和角色定位应与特定的社会结构和客观条件相适应。追溯中国社区基金会的起源，我们离不开中国城市社区管理体制改革的现实背景。随着单位制体制被逐渐被打破，社区的公共服务在一定程度上被剥离，甚至在城市社区中出现了公共服务缺位的情况。街居制的建立并没有在实质上解决上述问题，在此背景下社区发展亟须新的资源供给者和参与者。社区基金会要想扎根和服务于中国城市社区，首先需要厘清我国城市社区的文化基础、社会资本和发展需求等重要的基础条件，才能更有效地适应自身在多元化的城市社区治理中的角色与功能。

---

① 章敏敏，夏建中. 社区基金会的运作模式及在我国的发展研究：基于深圳市社区基金会的调研[J]. 中州学刊，2014(12)：65－69.

② DALY S. Institutional innovation in philanthropy：community foundations in the UK[J]. Voluntas：International journal of voluntary and nonprofit organizations，2008(19)：219－241.

三、中国社区基金会的双重期许与实践创新

尽管社区基金会的全球化实践为中国社区基金会的发展提供了参考，但是社区治理创新的需求才是社区基金会在中国发展的内部根源。改革开放后，城市社区的快速发展和社会认同的转变，使得社区治理面临着诸多制度困境、管理困境和行动困境。鉴于此，国家不断强调基层治理体制创新：一方面，形塑多元主体共同参与社区治理的新格局，将社区居委会作为社区治理的枢纽，动员多元主体共同参与社区治理；另一方面，调整社会资源配置，下沉社区治理资源，将部分职能转移给居委会或各类社会组织，以解决国家行政力量无法顾及的基层社会问题。正是基于推动社区多元主体共治和资源有效配置的现实需要，社区基金会由国际社会引入并在中国蓬勃发展。

换言之，中国社区基金会在创立之初便被赋予了社区资源整合与社区治理创新的双重期许。有关国际经验已经表明，社区基金会的银行模式和聚集模式不再是不可调和的对立关系，而是更像连续系统的两端，呈现了本土化进程中社区基金会对自身组织目标与社会目标进行调和与平衡的努力。实际上，我们对银行模式和聚集模式两种类型的选择与实践，与社区基金会赖以发展的本土社会现实紧密相关，尤其受政府出台的相关政策和社会慈善资源结构的综合影响。当前中国较为缺乏社区基金会相关管理政策，地方政府的支持性政策不完善，如北京在2016年年底发布的《北京市“十三五”时期民政事业发展规划》指出，“要探索发展社区基金会”，但缺乏具体且可操作的政策和发展路线。因此，自2008年第一家社区基金会在我国成立以来，社区基金会在资金筹集方面探索实践了多样化的资金筹集方式，其中早期主要偏向银行模式，近期则更多地偏向聚集模式。

2008年至2013年，中国社区基金会大多具有银行模式的特征。在该时期，资金结构与来源常常是我们划分社区基金会类型的关键指标。据此，我们将社区基金会分为企业主导型社区基金会、政府主导型社区基金会和居

民主导型社区基金会。学术研究也遵循了这种带有一定的经济因素决定论色彩的分类方式，将主要的捐赠主体作为界定社区基金会类型的依据。在此基础上，从特定类型的个案出发，探究该类型社区基金会的权力结构与行动框架。此种研究倾向的理论诉求是探究不同资金来源的社区基金会在行动策略和组织目标等方面的差异，甚至从主要的捐赠主体出发，推论和预测社区基金会的运作模式。

以政府主导型社区基金会为例，尽管政府职能转型的政治目标促使政府不再延续家长式的行政管理，而是通过改变政府资源进入社区服务的机制，培育社会组织等多元主体参与城市社区共治。[①] 但是，政府的行动取向与作为独立法人的社区基金会的行动取向之间存在本质区别，换言之我们不能以政府的需求导向直接推演社区基金会的行动框架，其根本原因在于我们对社区基金会的“理性人”假设。社区基金会在组织公益服务活动和行为决策的过程中不会感情用事，也不会盲目跟随，而是精于计划与判断，其行为的根本指向是实现自身的组织目标与社会目标。在实际操作中，社区基金会将资金筹集与资助两个环节独立开来，以此降低资金捐助者对受助者的限制，实现慈善组织的专业化与现代化要求。

2013 年至今，中国社区基金会逐渐探索聚集模式的运作机制。党的十八届三中全会对全面深化改革做出新部署，特别提出“推进国家治理体系和治理能力现代化”目标。党的十九届四中全会审议通过的《中共中央关于坚持和完善中国特色社会主义制度、推进国家治理体系和治理能力现代化的若干重大问题的决定》，为进一步全面深化改革，加快推进国家治理体系和治理能力现代化指明了方向。这反映了党和国家对社会治理体制的政策转型和态度转变，也越来越激发了我们对“居民如何参与社区治理”这一问题的讨论。时至今日，尽管中国社区基金会在社区治理中的特殊意义和作用机制仍然未能得到社区治理多元主体的充分理解与认可，但是中国社区基

① 吴素雄，陈字，吴艳. 社区社会组织提供公共服务的治理逻辑与结构[J]. 中国行政管理，2015(2)：49－53.

金会在借鉴社区基金会全球化发展经验的基础上，面向城市社区治理创新的需要，结合本土制度环境和文化环境，做出了极具启发意义的探索。

具体来说，该时期中国社区基金会逐渐形成了社区服务与社区培育并进的项目实践机制。当前社区基金会大多以项目为载体，通过项目实践来发挥自身功能：一方面，自主设立项目资助社会组织，回应社区具体问题，实现自身公共服务目标；另一方面，向组织外部争取项目来扩充资金来源和缓解资源短缺的困境。从项目运作周期、设立主体和性质出发，社区基金会的项目可分为机构委托服务项目和参与式资助项目①。机构委托服务项目是指社区基金会对接基层政府或企事业单位，申请和执行上述机构委托的服务项目。此类项目源于自上而下的规划，在面向领域、实施周期、项目验收等环节限定性更强。它不仅有效缓解了自身在资金筹集方面的困难，而且还使得社区基金会成为政府职能的有效补充，在组织培育、人才培训、资源对接等方面做出了有益探索。参与式资助项目是社区基金会在探索社区发展问题和社区生活需求的基础上，自主征集和资助社区社会组织的项目计划，着力实现社区培力、增能和推动社区居民参与社区公共事务。在此模式下，社区基金会不仅扮演资金支持者的角色，更关注社区内部潜在公益人员的发掘和培养，为社区治理奠定了人员基础。

以北京市思诚社区公益基金会探索实践的微创投项目为例，在微创投项目中，街道将政府购买服务项目委托给社区基金会和社工机构，由社区基金会担任资金托管平台并负责项目的资金资助和财务管理。对社区基金会而言，除了政府购买服务提供的资金以外，还可以配套专项资助，其来源大多是企事业单位。和一般的资助项目不同，微创投项目不仅在同一项目中将多元治理主体加以整合与动员，有效地培养了社区居民发现社区需要和主动寻求解决办法的意识与能力，最终能够培育来自本社区的社会组织。尽管本土的社区社会组织的培育需要一定的时间，并且在即时性的项目运

① 方勇．柔性控制：政府主导型社区基金会的项目制运行逻辑[J]．社会主义研究，2018(2)：98－109.

作中，本土社区社会组织的表现可能弱于社区外部的专业社会组织，但本土的社区社会组织能够更加可持续地参与本社区的治理。因此，动员、培育和资助本土的社区社会组织，是该社区基金会的重要贡献，更是在社区治理创新的需求背景下社区基金会的题中应有之义。

至此，我们可以说社区基金会并不只是社区慈善资源平台，更是嵌入社区治理结构中的治理主体。在实践层面，这种双重期许正因中国社区基金会的创新实践而逐渐得以实现。在理论层面，社区基金会的双重期许也警示我们，其具体的社会行动与运作模式不仅受资金结构的影响，而且受该社区慈善环境、当地政府治理路径和居民的社区参与意愿等更为隐含的社会条件的影响。换言之，资金结构只是一系列社会条件作用于社区基金会实践的表征，但不是根本原因。我们应当打破经验研究中由于前文所述的决定论倾向所形成的局限，采取更为综合与历史的视角对中国社区基金会的实践经验加以观照。

四、从社区慈善迈向社区治理

社区基金会的美国经验与全球实践，或多或少地局限于社区慈善的范畴。这主要表现为以下方面：

首先，美国社区基金会的经验研究在很长一段时间内被裹挟于慈善组织与慈善行为研究中。这不仅是学者的研究视角有限，更因为美国社区基金会在长期实践中均只立足于社会慈善领域，理所当然地被淹没在慈善组织的诸多类型中。随着美国公共服务体制的改革，社区基金会逐渐强化了自身的社区属性，凸显自身在解决日趋复杂的社区问题时的特有价值，社区基金会的主体地位才得到学界与实务界的关注。从更深层次的社区慈善与社区治理关系来说，社区慈善的本质是一种社会再分配方式，其关注的群体同时也是社会治理的主体，其关注的议题同样也是社会治理的对象。我们不能因社会分工引发的实务层面和研究层面的种种区隔，人为地割裂社区慈善和社区治理之间的本质联系。

其次，在世纪之交的全球化实践中，社区基金会立足于制度移植的期许，尝试以标准化和格式化的社区慈善定位进行推广。如前所述，社区基金会的标准化制度移植目标，在一定程度上打破了现代慈善体系中的固有界限，将社区作为慈善资源的基本窗口加以关注。但是，社区基金会模式在扩充慈善资源总量的同时，也激活和动员了社区集体行动，改变了社区治理的资源与权力分配状态。为了适应社区基金会模式带来的影响，政府、市场、机构与社会组织都必须在原有结构已被撼动的社区新环境中进行探索实践。因此，当我们将目光投向社区基金会带来的实际社会影响，不断强化社区基金会的社区属性以强调其在社区慈善中的重要地位的同时，它所带来的社区治理结构的转变便同样是不容忽视的。

上述社区慈善模式隐含了资源与权力的不平等预设。现代慈善以社会分化和不平等为基础，若分化与不平等不够充分，则无法形成慈善捐赠的客观条件；若分化与不平等过度，则导致社会团结弱化，无法达到慈善捐赠的主观条件，这正是现代慈善行动的双重悖论。[①] 在城市社区尚未作为共同体形成某种社会团结机制之前，过分强调社区基金会的社区慈善模式将在相应的社会网络与社会互动中形塑或强化富裕与贫穷、强势与弱势之间的对立。这种结构化的资源与权力的不平等，可能进一步影响社区居民的社会互动与社会融合，这与社区基金会进入社区的初衷背道而驰。随着渐进式的社会结构转型与经济体制转轨，当前城市社区中的资源结构与权力运行都发生了重要变化。值得注意的是，长期以来资源是动员社区主体参与社区治理的重要原因[②]，与此同时资源的分配方式又日益多样化，其来源不再局限于单位组织或社区。在这个意义上，重资源论和唯资源论可能并非社区动员和社区治理的长久之计。相对于结构化的资源而言，动态化的地方性社会互动与支持网络才是有效的社区动员的突破点，也是社区治理所赖

---

① 战洋. 作为团结机制的慈善及其困境：一则政治人类学分析[J]. 清华大学学报（哲学社会科学版），2014(5)：156－164，179.

② 刘岩，刘威. 从“公民参与”到“群众参与”：转型期城市社区参与的范式转换与实践逻辑[J]. 浙江社会科学，2008(1)：86－92，128.

以实践的立足点。

社区基金会应当重视激活与重塑地方性的社会互动与支持网络，这不仅突出了探寻和继承既有网络的重要性，而且表明了社区基金会要走出社区慈善范畴的必要性。前者意味着社区基金会不必限定于某种捐赠主体，拘泥于某种类型而排斥多元主体的对话。例如，我们不再为了彰显企业或居民主导型社区基金会的特性而简单地排斥政府行政权力的支持，也不再为了保持政府主导型社区基金会的立场而忽视企业或居民的声音。因此，社区基金会应当尽可能拓展资源获取方式，从而吸纳多元主体的多元需求与共同行动。后者是指我们只有抛弃社区慈善视角中暗含的资源与权力的不平等预设，转而从社区治理中多元主体共同发挥作用的层面出发，理解社区基金会对于未来社区发展的价值，也才能透过社区基金会的历时性变迁和共时性差异，超越组织的边界，从中看到社会与个人的互动。

这不仅关涉我们如何理解社区基金会的功能定位，而且是社区基金会在中国城市社区进一步发展的现实基础与意义所在。具体来说，我们仍然面临着下述问题：在中国社区治理的历史脉络和当前社会转型实践中，社区基金会具体是怎样面对既有的社区结构和其中的治理困境的？如何回应了发展中的居民需求？面对不同的社区治理需求，社区基金会在不同地区是否存在差异与多元特征？透过这些差异化的呈现，我们如何认识不同地区的不平衡状况与社会治理目标？只有将社区基金会置于社会治理的话语体系中，我们才能对这些问题展开经验研究与理论建构，也只有厘清这些问题，我们才能赋予社区基金会在中国城市社区不断创新实践的合法性与有效性。新的问题意识也呼唤学界以更为综合与历史的理论格局，重新理解社区基金会在我国城市社区的创新实践，通过价值中立的经验研究，促成社区基金会与转型社会中的社区发展之间的良性互动。

第三节 社区基金会发展面临的主要挑战及对策

自诞生以来，我国社区基金会在一段时期内呈现总体向好的发展态势，但同时也面临着诸多挑战，部分社区基金会发展的实际效果不尽如人意。

一、我国社区基金会发展的基本态势

总体看，我国社区基金会的发展呈现以下基本态势：

第一，社区基金会起步晚，但发展比较迅速。社区基金会在国外已有上百年的历史，但在我国发展才十余年。这十余年又大致可以分为两个阶段：从2008年到2014年是第一阶段，主要是民间自发探索成立的阶段；从2014年开始，深圳、上海等城市先后推出培育发展社区基金会的相关文件及配套制度，社区基金会进入制度化和规范化发展阶段。虽然起步较晚，但我国社区基金会发展速度较快。从1904年开始至今的100多年间，全世界的社区基金会大概也就1 000多家，而我国短短十余年就成立了近300家。

第二，社区基金会呈现多元发展态势。按照主导力量的类型，我国社区基金会大致可以分为政府主导型、企业主导型、社会主导型三种（如表9-1所示）。其中，社会主导型又可以细分为精英主导型、机构主导型和居民主导型三种。政府主导是指由地方政府大力推动并发起，辖区企事业单位大力支持的社区基金会，这也是当前中国社区基金会的主要类型，如深圳市光明社区基金会、北京市安和社区公益基金会等就是典型代表。企业主导是指由企业发起，政府予以扶持的社区基金会，如深圳市桃源社区发展基金会。而社会主导型中的精英主导是指由文化、教育、行政界精英人物牵头发起，地方政府和居民予以支持，如北京思诚朝阳门社区基金会。机构主导是指由专业机构（社会组织）发起，地方政府予以支持的社区基金会，如由专业

社会工作机构发起并主导的北京市永诚社区基金会；居民主导是指由普通居民发起，政府、企业予以支持的社区基金会，如深圳蛇口社区基金会。

表 9－1　社区基金会的类型

社区基金会的类型	政府主导型	企业主导型	社会主导型		
			精英主导型	机构主导型	居民主导型
代表性社区基金会	深圳市光明社区基金会、北京市安和社区公益基金会等	深圳市桃源社区发展基金会、重庆市桃源社区发展基金会、天津市桃源社区发展基金	北京市思诚朝阳门社区基金会	北京市永诚社区基金会	深圳市蛇口社区基金会
主要特征	政府积极推动，地区企业大力支持	企业积极推动，政府予以支持	社会精英人物发起，所在地方政府和居民支持	专业社会工作机构发起，政府给予支持	居民发起，辖区企业单位和居民支持

第三，政府主导型的社区基金会占据主导地位。目前，发展比较好的社区基金会主要是政府主导型，上海的社区基金会在这方面尤为突出。[①] 从社区基金会的发起来看，政府发挥了重要的推动作用。

第四，社区基金会发展不平衡。这体现地域上的不平衡，社区基金会的数量，深圳、上海差不多占三分之二，其他的北京、南京、广州、成都等地均在探索之中。

二、我国社区基金会发展面临的主要挑战

总体来看，社区基金会在我国还处于起步阶段，其发展面临着诸多挑

① 唐有财，权淑娟. 中国城市社区基金会发展及运作研究[M]. 上海：华东理工大学出版社，2020：94－95.

战，它们的生存和发展主要包括以下四大困境。

（一）功能偏移困境

我国社区基金会的角色通常被定位为本地资助者、本地问题回应者、社区参与动员者、慈善资源的管理者、跨界合作的推动者。[①] 具体如图 9－1 所示。理想状态是这五个方面是平衡的。但实践中，不少社区基金会的定位和功能在一些地方还是比较模糊，甚至可能有些还产生了变形。在对北京市社区基金会的系统研究中，我们发现：各社区基金会回应的本地问题大都受到了重视，但是回应的能力是比较有限的；社区参与动员者的角色各个基金会也比较重视，但从效果上来看同样也有颇多局限；慈善资源传递者的角色面临着困境，全世界所有的社区基金会起步都是出于想要开展社区公益、接纳社区慈善的资源、开展社区服务，但现有社区基金会在这些方面面临着一些压力，如在筹资、在专业化运作等方面面临的压力；在推动跨界合作方面效果比较明显，但由于资源的匮乏，同样面临着诸多问题。[②]

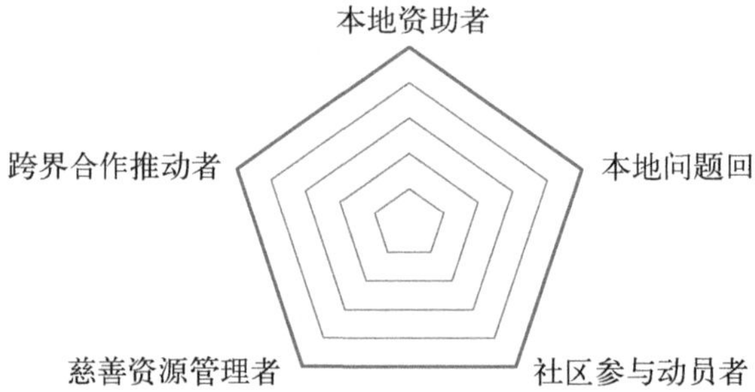

图 9－1　理想状态下社区基金会的主要角色

社区基金会的角色和定位，与其所在社区的文化习俗、经济状况、社会资源，以及主要矛盾密不可分。社区基金会在发起之初，就要根据所在社区的特点和组织发展的使命，合理地确定自己的宗旨，这是办好社区基金会应

① 南方.社区基金会的角色定位及发展策略研究：基于北京市四个案例的比较[J].同济大学学报（社会科学版），2019(5)：64－71.

② 黄家亮，南方，袁振龙.我国社区基金会发展中的问题与对策[J].社会治理，2019(12)：65－72.

解决的首要问题。当前的社区基金会基本上处于成立和发展的初期，对于自身角色的定位还模糊不清。

（二）主体性困境

目前，我国社区基金会整体对外在力量尤其是政府力量过于依赖，发展的内生动力和自主行动能力不足。社区基金会的本质是用本地资源来解决本地问题，过于依赖外部力量的时候，其发展就会受到很多方面的限制，有可能成为一个与其他社会组织没有太多区别，甚至可能与政府的行政运作模式没有太大区别的组织形态。

目前，我国部分社区基金会在成立时主要源于地方政府自上而下的推动和支持，并没有充分调研社区内在的需求，如果成立之后不能调整自身定位的话，就有可能成为"盆景"；一旦地方政府的注意力发生了偏移或支持力度降低了，其运行就很容易陷入困境，甚至成为"僵尸组织"。

（三）资源动员困境

资源匮乏是制约社区基金会发展壮大的核心因素。我国目前尚未有"社区基金会"这一专门的注册类型，《中华人民共和国慈善法》实施前，国内社区基金会的注册都依照《基金会管理条例》(2004)的规定注册为非公募基金会。"非公募"的特性，意味着社区基金会无法向社会大众和社区居民公开筹款，只能聚焦在从政府或企业的渠道获得资金。这在客观上导致社区基金会缺乏动员社区参与的内驱力，而社区居民常常仅被视为项目的"受益方"，导致社区居民的参与意愿降低，进而影响了社区基金会发挥领导作用、动员社区参与的功能。

2016 年开始实施的《中华人民共和国慈善法》尽管取消了公募和非公募的注册形式，但明确了对于已经注册的基金会，需要首先获得"慈善组织"的认定，社会团体和社会服务机构也有资格认定为"慈善组织"而获得公开募捐资格。这样一来，管理慈善资源不再是基金会或社区基金会的独特角色，但大部分政府财政开支用来采购社会组织服务的经费，却又禁止基金会(包括社区基金会)参与竞标。这一定程度上加剧了社区基金会在公开募捐和筹集资金上的压力。

（四）内部治理困境

社区基金会资源匮乏所带来的一个直接后果就是难以支撑起专业化的运营团队。我们在调查过程中发现，有些社区基金会甚至连专职的秘书长都没有，更遑论专业的运作团队。一些社区基金会的理事会流于形式，部分成员对社区基金会并不了解，平时也不参与相关工作。目前北京共有5家社区基金会，其中有2家有1名专职秘书长及4名工作人员，其余3家均只有兼职秘书长和1～2位专职工作人员。人员不足原因有二：一是社区基金会因为资金筹措的困难，用于支持人员开支的费用较少，导致专职工作人员的薪酬明显较低，无法吸引人才留在本领域。按照目前《基金会管理条例》的有关规定，基金会工作人员工资福利和行政办公支出不得超过当年总支出的10%，如果每年仅有100万～200万元的支出，根本无法支持一个3～5人的专业基金会管理团队的正常运营。部分社区基金会为了维持专业团队的运作，不得不寻找其他的资金来源用以维持运营团队，而这又进一步导致社区基金会的工作不聚焦。二是相较于国外成熟的发展体制，社区基金会这一组织在国内仍处于起步阶段，已有的一些社区基金会尚未形成一定的规模和影响力，对于这个领域比较了解又有一定经验的人才储备本来就比较少，加之缺乏专业人才的培养体系，使得机构无法招募到合适的专业人才。

三、关于社区基金会发展的政策建议

社区基金会的存在到底是昙花一现，还是能够成长为一种可持续、稳定发展的社会治理的新的组织形态呢？这取决于未来的发展实践。

（一）明确社区基金会的功能定位

借鉴国内外社区基金会的经验，综合以往国内学者的阐述及政府对社区基金会的定位，我国社区基金会的功能定位为社区公益的支持型组织，其价值和使命是构建本地化的社区公益支持体系。

社区公益支持体系是社区基金会相较社区中其他治理主体的独特作用

和价值。以深圳为例，目前在社区层面，除社区综合党委、社区居委会外，还有社区工作站、社区服务中心及若干社区社会组织。社区党委是社区工作的领导核心，是街道党工委领导下的基层委员会。社区居委会理论上是基层群众性自治组织，但实际自治功能发挥不足。社区工作站是街道办事处的工作延伸，代表政府实施基层管理，承担着大量基层建设和社会维稳等工作。社区服务中心通过政府购买服务的方式，由社会工作者根据服务协议，为居民提供综合性基础公共服务的阵地。社区社会组织是指以社区居民为主要成员或服务对象、在社区范围内开展活动的民间自发组织。不难发现，在上述各治理主体中，没有涉及社区发展资金的部分，或者说没有专门提供社区治理资金或资源的主体，现有治理主体都是资源的使用方。如社区服务中心的服务经费目前来自政府购买服务；每个社区工作站和社区居委会的运转来自政府下拨的办公及服务经费。目前，这些治理主体所使用的资金，来源于外部和上级，几乎没有来自社区自身的，社区居民对经费的规模、划拨和使用方式拥有较少的话语权。社区基金会作为社区内生的以资金为导向的治理主体，让社区有了一笔可以自己支配的公益资金，改变了单一由政府财政提供公共服务资金的局面，调动社会资金的参与，扩大了整个公共服务的资金量；更重要的是，这不仅是资金量的扩大，更是资金性质的改变，社区公益基金比财政资金更为灵活，可以根据社区需求具体使用，可以吸引居民参与，扩大居民对基金使用的决策权和监督权，支持社区中各类组织的成长与发展，形成"社区基金会＋专业服务机构"的组合，构建社区公益网络。

以社区基金会为核心，打造社区公益支持体系。一方面，通过社区基金会对本地公益资源进行筹集、管理和分配，把社区中的精英领袖、社区企业、社区居民、互益性的自娱自乐类组织、为各类特定群体提供服务的组织及社区居民中各种需要帮助的群体有机联系在一起，形成社区发展共同体；另一方面，社区基金会作为社区支持型组织，可以成为政府与其他社会组织之间的桥梁与纽带，通过社区基金会，有效地完成政府培育社区社会组织的政策意图，又避免了政府直接地介入社会自治领域。同时，在这个体系中，社区基金会可以推动社区社会组织的专业化、规范化，协助政府起到监督管理社会组织的作用。

（二）加强对社区基金会的政策支持和指导

作为公益慈善类社会组织的创新型组织形态，社区基金会必须在充分获得法律政策保障的前提下才能快速、健康、有序地发展。在我国，自2008年首家社区基金会诞生以来，深圳市和上海市等省市级政府出台了一些指导性政策文件，但这些文件对于具体的机构设置、人员选用、资金管理、监管评估等方面还没有明确规定。国家层面迄今并未出台或改革有关社区基金会的法律政策，根据现行《基金会管理条例》的规定，基金会按照公募基金会和非公募基金会分类，并没有社区基金会的制度安排，同时在社区社会组织层面也没有将社区基金会纳入其中。2016年9月1日开始实施的《中华人民共和国慈善法》虽然放宽了对公募权的限制，但仍未就社区基金会做出任何规定。究其原因，“这很大程度上可能是因为登记管理体制所致，特别是‘社区’概念引入中国后，其范围、功能与西方的社区有很大区别，被过度行政化了”[①]。总而言之，鉴于国际经验，今后应当在法律上明确社区基金会的性质、地位和功能，在民政部修订《基金会管理条例》的背景下，适时出台社区基金会发展的规范性文件，在改革社会组织登记制度的同时，从政策上扶持、培育和规范社区基金会的发展。

另外，社区基金会的建设与发展，不是朝夕之事，而是一项具有专业化、系统性的综合社会工程。因此，设立社区基金会切忌搞“一刀切”或“一阵风”，而是要在注重可操作性、可持续性的基础上，从实际出发，分步骤、分阶段地稳步推进。建议我国应以充分发挥社区基金会在社区治理中的积极作用为出发点和落脚点，因地制宜、适度竞争，有条件成立社区基金会的街道（镇乡）社区可以成立社区基金会，尚不符合条件的可以在现有基金会下设

① 饶锦兴，王筱昀. 社区基金会的全球视野与中国价值[J]. 开放导报，2014(5)：28－33.

专项基金，等条件成熟时再转换为社区基金会。同时，建议成立市区两级社区基金会工作领导小组和指导小组，协调督促市区两级政府部门加强对社区基金会工作的指导和支持，建立社区基金会和社会治理的专家团队和咨询库，加大对社区基金会和社区治理研究的支持和引导力度，将社区基金会试点工作、社区基金会助推社区治理改革变成各部门的“大合唱”，力争创建社区基金会助推社区治理创新国家试点，探索更多可复制、可推广的成功经验。

（三）增强社区基金会的自身建设

1. 完善治理结构，壮大专业队伍

社区基金会最终成败的核心在于其理事会是否能够充分发挥作用。因此，研究建议社区基金会在治理层面，需要有政府的参与（秉持“参与但不主导”的原则），需要有本地慈善家、捐助者和专业人士，需要有社区居民代表，还需要有社会组织领导人。更为重要的是，这些人能够团结在一起，达成有效的共识，进而动员本地资源，协调本地的利益相关方，找到本地的解决方案。形成这样的理事会，需要长时间的坚守和在跨界各方之间的妥协，这也是社区基金会的本质。对地方政府来说，培育和推动多元合作治理的基金会形成，本身就是社区治理的改革。

另外，社区基金会的发展若想获得长久的生命力，必须有专业的基金会管理人员，这是基金会持久健康发展的重要保障。一支由各方面专业、有能力的人才组成的社区基金会管理团队才会为社区基金会在中国的落地、生根、遍地开花提供坚强的后盾，不断提升社区基金会的专业度。在人才培养层面，社区基金会应从内部治理、项目管理、资金运作、公益营销等方面，加强专职人才队伍建设。还可以与对社区基金会研究有建树的高校和研究院所进行合作，开发社区基金会秘书长、骨干团队的培训课题，进行定向的人才培养。同时大力发展志愿者队伍，广泛吸引不同职业、知识、经历、观念和技能的志愿者参与管理与服务，打造高水平、高效率的管理和运作团队。

2. 拓宽资金渠道，合理分配资金使用

社区基金会的资金对于基金会而言是生命力，拓宽基金会的资金渠道，合理分配资金的使用对于社区基金会的良好发展，实现社区基金会的公益目标有重要意义。不同社区基金会在不同的发展阶段可以采取不同的筹资策略。设立冠名基金或依靠特定项目筹款，是国内社区基金会通常采用的筹款方法。在社区基金会发展初期，设立专门的筹款工作场所反而可能更容易操作，并且可以更大范围地做到社区参与。随着捐赠理念的变化，社区基金会可以逐步尝试建立保本基金并进行投资，以获得收益。在资金分配使用方面，社区基金会在发展初期，可兼顾资助公益组织与服务居民个人，资助与运作并行。传统的面向社区特定居民的扶贫济困、助老助残等工作依然需要，这是社区基金会获得居民认可的有效手段；同时，社区基金会通过资金支持孵化培育各种社会组织及公益项目，助力社区公益整体性地成长。

3. 建设交流平台，提升公众形象

无论对于发展成熟的社区基金会还是对于处于初创期的社区基金会而言，社区基金会与各个利益相关方，以及社区基金会之间的合作非常重要。在信息交流频繁的当下，社区基金会有必要建立交流平台供各利益相关方间交流、共享经验与信息。把社区基金会的网站建成一个与外界沟通与互动的平台，使居民可以在网站的讨论区域对社区基金会的活动进行反馈等。社区基金会除了依靠有效运行项目等形成的良好口碑来助推基金会形象外，交流平台的搭建有助于社区基金会提升其公众形象，对于社区基金会运营公益项目、提升公众形象、扩大基金会影响有助推作用。

第十章　老旧小区改造与基层治理共同体重构

社会治理创新源自基层实践，依靠广大基层群众，而最终也必将落实到基层社区，令基层社区百姓受益。面对社会治理中的障碍与难题，治理创新的动力和突破口就在社区。在国家不断提倡治理现代化的大背景下，实现社会治理精细化，乃至社区治理的精细化是国家治理现代化的必然逻辑[①]。在此逻辑脉络之下，面对当今基层社区状况，基层社会治理精细化创新尤其应该关注老旧社区治理。本章以北京市朝阳区和平街街道樱花园社区为例，探讨通过老旧小区改造推进基层社会治理创新的路径。

第一节　老旧小区治理创新的背景

在现代社会发展的进程中，尤其是在开放多元的现代风险社会，精细化

① 赵孟营. 社会治理精细化：从微观视野转向宏观视野[J]. 中国特色社会主义研究，2016(1)：78－83.

的社会治理是国家治理现代化必然的逻辑和发展方向。精细化的社会治理不是静态的管理，而是动态的过程，需要根据不同时空场域的社会经济发展状况有序地推进治理活动，是多元主体参与的共同治理。

改革开放后，单位制逐渐解体，社会变迁日益呈现利益主体和诉求的多元化、社会矛盾复杂化、基层社会的个体化、生活方式及价值观念的多样化的特点，这样的复杂性问题本身就催生出社会应当如何治理、应当立足于哪一层面开展治理的现实困境。在原有集体化时期社会结构解体的情况下，社区作为社会治理最为基本的单元的重要性日渐凸显。在急速的社会变迁过程中，我们对于社区治理的认识理解既不能忽视当前面对的新形势，也不能脱离城市发展中社区自身的遗留问题及新形势下的新问题。

从全球视野和本土特质两个维度来看，老旧社区治理主要面临四种情况：第一，利益主体和利益诉求日趋多元导致社会矛盾日益复杂；第二，群众的权利意识迅速崛起导致政府公信力和权威降低；第三，风险社会的特征日益凸显导致社会安全感下降；第四，信息化、网络化时代来临导致其双刃剑效应的显现。①

为应对急剧社会变迁中社区治理面对的新形势，“十三五”规划纲要提出，改进政府治理方式，充分运用现代科技改进社会治理手段，推进社会治理精细化。2017 年两会期间，习近平同志进一步指出，想要走出一条社会治理的新路子“城市管理应该像绣花一样精细”。作为社会治理和社会建设最为重要的基层社区，社区治理，尤其是老旧社区治理，更需要走精细化治理的道路，需要秉持精细化理念，通过精巧的制度设计、细致的过程推进和运用精微的治理技术，实现基层治理从传统的一体化、一元化、整体化、结构化向多元化、差异化、个体化、体验化转变，由被动回应转向主动适应，达到治理的精准、精细和精致的目标②。在精细化治理过程中，老旧社区治理需要

① 郑杭生，黄家亮. 当前我国社会管理和社区治理的新趋势[J]. 甘肃社会科学，2012(6)：1－8.

② 吴晓燕. 精细化治理：从扶贫破局到治理模式的创新[J]. 华中师范大学学报(人文社会科学版)，2016(6)：8－15.

直面现有问题，找准解决问题的突破口。

与新型社区相比，老旧社区治理面临两个方面的突出问题：一是历史遗留问题的累积，牵涉到社区的产权形式、管理归属、基础设施、配套服务等一系列衍生问题；二是开放式社区在城市发展中不断产生而积累的新问题，涉及违章搭建、停车无序、环境污染、信任缺失等诸多问题。在新形势下，历史遗留与发展中的新问题在社区内部空间交织必然会造成当前老旧社区治理的沉疴痼疾。

此外，在现代社会中，老旧社区治理所面对的新问题还应重视个体化的困扰。伴随着城市社区的快速发展和个体观念的转变，社区在具有更广泛、更深层次开放性的同时也具有更复杂的社会关系。自非集体化时期以来，随着市场经济的逐步引进，年轻人拥有了更多的自主权、更具备独立性①。加之个体身份的多重性，当维护自身利益的个体嵌入通过基层治理重塑秩序的开放性老旧社区时，其结果必然是张力的凸显和冲突的显现。松散的个体所带有的不同主体目标和身份是老旧社区创新治理不可回避的自我个体化挑战。面对个体与社区之间的张力和冲突，老旧社区在创新治理中如何调整个体与社区整体的关系是在提升社区治理水平中面临的关键性问题。这一问题直接关系老旧社区创新治理的内在秩序重建与内生活力迸发是否相容，关系老旧社区在动态的基层社会治理创新如何达到相容的最佳平衡点。

在城市老旧社区中，上述问题无疑是老旧社区创新治理的直接动因。近些年，针对老旧社区社会治理的研究与关注颇多，尤其是对北京地区而言，在社会治理中面对快速的城市变迁、严重老龄化、众多外来人口以及由此带来的诸多社区问题，在老旧社区改造进程中破题基层社会创新治理与精细化治理显得更为紧迫。

---

① 阎云翔. 私人生活的变革[M]. 龚晓夏，译. 上海：上海书店出版社，2006：245.

第二节　老旧小区改造与基层社会治理创新

樱花园社区通过挖掘社区内部资源形成了一套行之有效的机制，在不断提升社区治理水平的前提下，提高了社区居民的生活质量，提升了社区居民对社区的融入感、归属感和荣誉感。这一实践对基层社会治理创新来说具有普遍性意义。

一、樱花园社区改造的实践探索

老旧社区改造不仅要实现社区面貌的改变，更重要的是以社区居民为主体实现以人为本的善治。这是在社区精细化治理中，回应社会诉求，以社会参与提升治理灵敏度与细致化程度①的直接体现。但老旧社区有着不同年龄、文化程度和职业的居民群体，不同群体、个体的社区需求千差万别，这是老旧社区创新治理必须跨越的现实门槛。而社区公共议题是使社区内部不同需求个体将关注点从私人生活领域转向公共领域的重要切入点②，也是老旧社区改造中应当回应的基层治理问题。本节将基于北京市和平街街道樱花园社区的具体实践来探讨老旧小区改造的路径。

（一）北京市樱花园社区概况

樱花园社区坐落在和平街街道的北部，东邻太阳宫城铁，西至樱花西街，南连北三环东路，北接建安东路。社区占地面积 1.2 平方千米，社区有居民楼 42 栋，居民 4 231 户，常住人口 10 325 人，流动人口 2 105 人。樱花园社区党委与社区居委会成立于 2001 年，社区党委委员 4 名，下设 7 个支部，共

① 蒋源．从粗放式管理到精细化治理：社会治理转型的机制性转换[J]．云南社会科学，2015(5)：6－11．

② 杨敏．作为国家治理单元的社区：对城市社区建设运动过程中居民社区参与和社区认知的个案研究[J]．社会学研究，2007(4)：137－164，245．

有党员 1 509 人，驻辖区社会单位党组织 17 个。社区内有中日友好医院、北京中医药大学、北京化工大学，以及中国环球化学工程公司等 100 余家单位。可以说，樱花园社区是相对比较典型的老旧社区，辖区产权单位多、人员流动量大、社区公共议题凸显。

作为多产权的老旧社区，樱花园街道自成立以来，社区内部矛盾频发，尤其是伴随快速的城市变迁，在历史遗留问题的基础上，影响居民日常生活的违章搭建、环境卫生、治安管理等问题日渐凸显。而且，作为开放式老旧社区，社区流动人口数量的增多、居民自我个体化意识的增强，社区居民的认同感和归属感较弱，对社区公共事务参与缺乏主动性。在社区党委的引领下，针对上述社区居民反应强烈的社区公共议题，樱花园社区向内挖掘社区治理潜力，积极探索基层社会治理的新机制。

（二）构建多元主体共商共治总体格局

面对社区个体化、开放化、多元化等特点，基于驻区社会单位党组织较多的实际，樱花园社区以党委引领社区治理，形成了社区全体党员、产权单位、全体居民为主体，社区内部各类基层党组织共同参与的多元主体共商共治机制，并且借由此机制整合协调各类资源与社会关系，从而实现社区公共议题统筹协商、系统治理的共建共商共享格局。

针对环境改造这一引起社区居民关注的社区公共议题，在社区党委的召集下，以“多元主体共商共治”机制广泛征求各方意见，做通群众工作，解决社区治理难题。在社区环境改造的前期、中期、中后期、后期，均由社区党委召集街道相关科室负责人、社区党员、楼门骨干、居民代表（包括少数存在意见的居民）、设计人员、产权单位代表、社会单位代表共商共治（如图 10－1 所示）。

为解决社区环境改造难题，社区基于多元主体共商共治机制，确立了前期、中期、中后期及后期四个阶段的工作内容重心，从环境改造方案的意见建议征集伊始到环境改造结束进行效果意见反馈，多元主体共同商议，协商整合资源处理难题。同时，在上述四个阶段的工作中，设立社区综合治理协

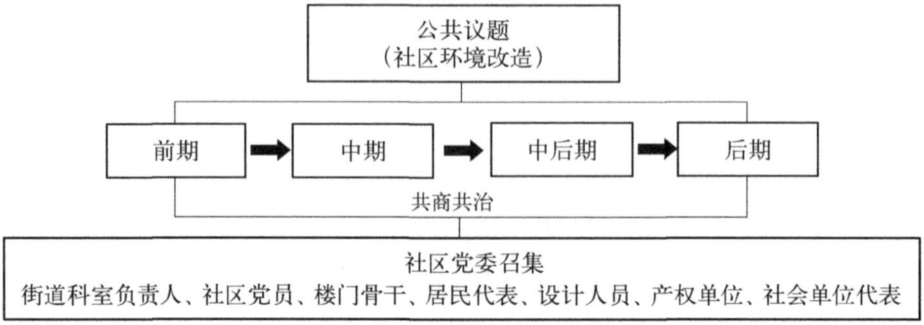

图 10－1　樱花园社区多元主体的共商共治图

会，针对社区公共服务(物业管理、周边生活服务)进行良性治理，建章立制。此外，利用社区环境改造机遇，一方面基于社区议事厅和小区议事厅设立统一的社区管委会，另一方面经由居民代表大会成立环保志愿者队伍和社区治安志愿者队伍，并且依章运行。

(三) 完善社区居民自治机制

多元主体共商共治的落脚点是社区居民，只有在社区居民自治的基础上形成的自我秩序和规则才是社区治理良性循环的“永动机”。居民自治是共商共治运行的关键内核。

樱花园社区管委会由居民代表大会选出的 5 名委员组成，接受社区居委会的监督和指导。社区管委会立足于社区居民反映的实际问题，针对牵涉社区居民利益的公共议题进行有效、有序的自我管理和服务，以实现社区居民自治的良性循环。如在社区楼宇的环境卫生清洁方面，因樱花园作为老旧社区产权单位较多，长期以来楼道卫生无人负责、无人清扫，社区居民对楼宇环境问题意见较大。该小区成立了由无工作且具有劳动能力的居民组成的社区环保志愿者队伍，在社区管委会领导下重点开展楼宇环境卫生的保洁工作，社区居民以卫生费的形式自筹资金为保洁员发放工资。在规章制度的保障下，实现了社区居民的有序自治。

“两上两下”是对樱花园社区治理具体工作方法的总结。所谓“两上”，一是针对社区具体问题，利用社区议事厅召开党员大会，了解情况，征求意见，同时拟定社区公共议题和治理方向，二是召开居民代表大会，了解社区发展与社区治理中的具体情况，征求社区治理的意见和建议，并且拟定征求居民意见的表格。所谓“两下”，一方面成立社区党员文明劝导队在社区居民中就社区治理形成正面引导，同时利用党员活动日和支部生活日持续宣传巩固已有社区治理的成果，另一方面是社区管委会和居民代表结合开展“走清建树”①工作了解居民情况、解决实际困难，发放“致居民一封信”，感谢居民对社区治理工作的支持，劝导居民自觉约束自身行为。

“两上两下”工作法，不仅发挥了社区党员的引领示范效应，而且在全员动员下提升了社区居民治理的意识和积极性，增强了社区居民对社区的归属感。此外，在“两上两下”工作法中，非常重要的一点就是面向社区环保、社区治安等相关工作形成明确的工作流程和工作制度，同时工作流程与工作制度又反向确保了“两上两下”工作法的有效实施。

（四）构建社区资源整合机制

樱花园社区作为老旧社区，辖区社会单位多，加之历史遗留的问题，社区治理存在一定的难度。在多元主体的共商共治机制下，樱花园社区注重通过机制创新整合社区资源：

第一，成立综合治理协会。综合治理协会主要由樱花园社区所在的街道指挥中心牵头，社区 5 家产权单位，10 家社会服务单位，以及社区党员、居民代表积极参与其中，明确协会章程和会议机制，为有序开展工作制定规程。

第二，动员产权单位参与社区重点与难点问题的治理。首先，动员产权单位协助清理社区内各种建筑设施的产权情况，摸清社区存在的不规范、不安全情况；其次，针对产权单位在职或离退休的职工不配合甚至阻挠相关工作的情况，动员产权单位参与解决。如其中一家单位相关部门指定专人协助社区治理工作，并且利用单位内部 OA 系统追踪职工行为；另一家单位对

① 所谓“走清建树”，包括以下四项内容：“走”就是坚持工作重点落在哪儿，就身体力行干在哪儿；“清”就是通过走访，发现问题，广泛征求意见；“建”就是建立基层数据等基础，为做出决策、解决问题提供科学依据；“树”就是通过树立典型，对工作进行总结推广。

社区职工私装地锁的行为，由相关负责的部门领导挨家挨户做工作，协助城管加以拆除。

二、社区居民的主体性与基层社会治理创新

从基层社会治理公共议题的产生上来看，原本是牵涉个人利益的私人领域问题，但当将其置于社区的大环境之下，在老旧社区不断变迁发展过程中最终转成社区整体存在的现实问题，这样一种转变本身促使社区居民在社区生活共同体中寻求解决的途径，从而为了共同利益而产生集体行动①。在这一过程中，对多元主体的共商共治机制来说非常重要的一点就是：依靠社区居民，尊重居民意愿，把握居民需求，征求居民的意见，做通少数居民工作，以社区居民为治理实践主体。

共商共治的逻辑内涵本身就纳入了社区居民自治这一社区治理的运行逻辑。从共商共治机制的参与者来看，绝大多数的参与者本身便是社区居民或直接的资源提供者。在一定程度上，是将社区居民作为根本主体导入共商共治的机制中来创新社区治理建设。此时，社区居民作为被赋权的能动者，既是社区治理的受益者，又是社区治理的实施者。在共商共治机制下缓解并处理了自我个体与社区整体之间原有的矛盾关系，同时健全了社区个体利益表达诉求和利益协调保护机制，在构建良好社区治理秩序的同时激发了社区居民参与社区治理的内在活力，一定程度上解决了作为政府行政末端的基层社区的“行政有效、治理无效”的格局，以自组织能力和自主治理能力改进提升了精细化治理的绩效和社会基础②。

三、制度创新与基层社会治理创新

在多元主体的共商共治中，社区居民作为主体并不是无序地参与。共

① 杨敏. 作为国家治理单元的社区：对城市社区建设运动过程中居民社区参与和社区认知的个案研究[J]. 社会学研究，2007(4)：137－164，245.

② 唐皇凤. 我国城市治理精细化的困境与迷思[J]. 探索与争鸣，2017(9)：92－99.

建共享社区治理格局的实现还需要有社区居民参与制定的自我治理秩序和规则。换言之，针对社区治理过程中出现的公共议题要有明确的处理流程以及紧扣各个环节的规则。只有在绝大多数居民认可并遵从的流程规则下，才能够依照该流程规则办事，形成社区居民自治的良性互动秩序。

在樱花园社区的多元主体基层治理中，参与主体多、涉及议题多、解决难题多，基层治理的"抽丝剥茧"需要的就是有序性。通过多元主体共同参与实践而建立的有效流程与规则确保了处理公共议题的社区良性秩序与动态关系平衡。流程是经，规则是纬，经纬配合才能编织起社区创新治理有序的规则，培育社区居民的规则意识。在樱花园社区，面对社区公共议题，解决议题的流程不仅体现在议事流程中，更体现在解决议题的各个环节中。

樱花园社区针对涉及居民具体利益的事项，如装修垃圾处理、便民网点设置、垃圾回收网点设置等均有详细的处理流程，另外在社区保安员管理与保洁员工作上有明确的制度规范及退出机制。更为重要的是，在处理社区公共议题之后，配合相应的流程与规则，社区所采取的"致居民的一封信"令社区居民在提升自治规则意识下，有明确的归属感和畅通的反馈渠道。

四、社区居民的获得感与基层社会治理创新

支持、信任与理解是创新社区治理的重要立足点。在以社区公共议题为导向的多元主体共商共治下，通过自治与共商共治所确立的流程规则，涉及具体操作时，街道、社区、辖区单位，以及社区居民的支持、信任与理解同样重要，这种支持、信任与理解不仅体现在具体政策、资金、实物资源的支持上，也体现在对具体事项实施者和社区居民的信任上。

面对如违章搭建、清洁卫生、治安维护等社区公共议题，樱花园社区的一系列创新实践本身就是支持、信任与理解在社区创新治理中的良性体现，而且这种关系反过来又进一步推动并提升了社区治理水平和居民社区的生活质量。当然，就樱花园社区来讲，这种支持、信任与理解尤其体现在社区

治安志愿者巡逻队的建设中。治安志愿者主要是由社区“两劳”释放人员组成的，长期以来在就业与社会融入方面存在困难，但在党员大会和居民代表大会的讨论之下仍然做出支持、信任他们参与社区事务的决定。社区治安志愿者巡逻队不仅自己建立起一套规范自身管理的值班制度和人员纪律规定，而且因为在工作中收获的支持、信任和理解使他们对社区的融入感和归属感日渐增强。

创新社区治理中多元主体之间的支持、信任与理解，凝聚了社区的共识，从群众中来到群众中去，在各个流程与环节中紧紧抓住社区居民这一主体，关注社区大多数居民的合法合理利益与诉求，让社区居民在创新社区治理中真正体会到获得感，从社区良性发展内生动力上进一步提升了基层社区精细化治理格局。

第三节　社会组织与老旧小区治理共同体重构

老旧小区治理作为当前社区精细化治理的难点所在，尤其应当充分发挥社会组织的协助和依托作用。在社会建设和社会发展中，社会组织应该是社会治理和社会服务创新的主要来源。[①] 自 2012 年开始，北京市老旧小区自我服务管理试点工作启动，2013 年《关于开展老旧小区自我服务管理试点工作的意见》正式发布，其中一项重要任务便是“创新老旧小区自我服务与管理方式”[②]。自试点工作启动至今，基层社区结合自身情况与社会组织有针对性地开展了系列工作，在社区硬件设施、机制体系、方式方法上取得了一系列成效，但仍旧存在一系列亟待破解的问题。

---

① 关信平.当前我国增强社会组织活力的制度建构与社会政策分析[J].江苏社会科学，2014(3)：83-89.

② 主要包括创新服务提供方式、创新工作平台、创新管理机制，详细内容可参见《关于开展老旧小区自我服务管理试点工作的意见》(京社领办发[2013]12 号)。

一、社会治理背景下的社会组织参与老旧小区治理

社会治理的效能和水平直接体现在基层活力的激发、人民获得感的提升及社会秩序的良性运行上。作为国家治理体系和治理能力现代化的有机组成部分，社会组织是社会治理的重要主体和依托。[①] 在创新社会治理的大背景下，为了探索解决不同类型老旧小区存在的突出问题，提升老旧小区服务管理水平，完善社区治理结构，北京市于2013年正式实施老旧小区自我服务管理试点工作，在社区治理过程中社会组织发挥着不可忽视的推动作用。

老旧小区治理中的自我服务管理可以理解为动员社会力量和社区居民的积极参与，解决本社区关切自身利益的公共议题，进而提升居民自治及自我管理服务的水平。这一点不仅与社会治理的理念相契合，而且与社会组织所要实现的目标相对应。老旧小区自我服务管理以居民自治为核心，以解决突出问题为重点，积极动员社会协同、公众参与，在社会治理的框架中，老旧小区自我服务管理本身所要达成的是一种多元主体的互动合作、共商共治、共建共享的横向组织网络，在这一横向组织网络中社会组织既是重要主体和依托，也是基层老旧小区多样化社会需求的满足者、基层活力的激发者、居民自治能力的提升者、社区治理结构的完善者，不断推动基层社区治理的精细化水平。

在创新社会治理的背景下，无论是社会组织的培育与发展，还是被包括在社区治理进程中的老旧小区的自我服务管理，都是提升国家治理体系和治理能力现代化的基层分解动作，目的在于在社会变迁中维系社会秩序的良性运行与协调发展。从其内涵的本质来讲，在于为了实现"善治"的"治理"二字。从当前的社会现实、顶层设计及地方经验来看，社会组织参与社区治理都是在政府主导或合作下结合基层情况有序、有效地扶持并培育基层力量针对公共议题开展的具体活动，根本指向于广大基层群众的根本利

① 马立，曹锦清. 社会组织参与社会治理：自治困境与优化路径：来自上海的城市社区治理经验[J]. 哈尔滨工业大学学报(社会科学版)，2013(2)：1-7.

益，源于基层问题、关乎基层群众的切身利益，最终也实践于基层。

可以说，社会组织参与老旧小区治理，是根据社区实际面对的主要难题，以社区公共议题的有效解决为目标，争取、协调包括政府和市场在内的各种资源，进而提升社区及社区居民自我服务、自我管理的能力，解决社区居民认可的公共议题，以此来提升居民对社区这一生活共同体的认同感。在开放多元的现代社会中，创新社区治理需要坚持开放多元的共同协作的复合治理理念，社会组织作为多元治理主体中的重要依托参与老旧小区治理，既是促进社会协同、动员社会参与的意义所在，又是最大限度地整合资源来充分激发社会活力、适应社会发展的大势所趋。

二、和平家园社区自我服务管理的公共议题

作为当前社会治理的最基本单元、社区治理创新的具体实践场域，社区不仅是私人生活的场域，也是公共生活的区域，社区现实问题与个人社区生活的质量问题密不可分。然而，社区中有着在年龄、文化程度、职业等方面具有差异性的居民群体，不同个体的社区需求也会千差万别，这实际上是老旧小区自我服务管理开展必须跨越的门槛，所以要找到不同社区居民群体在社区的共识性问题，即以公共议题为突破口。公共议题来源于社区生活质量的公共事务，因此需要激励居民进行社区动员和参与，将关注点从私人生活领域转向公共领域。

作为和平街道老旧小区之一，和平家园社区始建于 20 世纪 50 年代末，辖域面积 1 平方千米，现有 86 栋楼房，3 个平房院，4 860 多户人家，有中小学及幼儿园各一所，社会单位 136 个，居民楼产权单位 40 多家。其作为一个单独的小区，是和平街道所有开展老旧小区自我服务管理工作中最大的小区，面积达总体的 70%多，户数达总体的 60%多，是多产权无物业管理的老旧小区。

在创新社会治理的背景下，2015 年北京市出台的《关于深化北京市社会治理体制改革的意见》明确要求，进一步坚持问题和需求导向，更加注重解

决人民群众普遍关心的突出问题；更加注重在试点的同时加快推进重点问题解决，为基层探索创新留下充分空间。老旧小区治理并不是仅指在服务管理上进行创新，更是由居民自治带动服务管理的创新，究其本质还是在于居民自治、居民参与。老旧小区居民自治服务管理是在社区治理基础上动态变化的居民参与过程，也是社会组织动态参与、协商合作的进程，在此过程中，居民之间的互动、居民与居委会之间的互动、社区与社会组织的互动都需要以公共议题为核心，来不断增强对社区的认同感，互动参与、自我管理、自我服务的过程是不断围绕公共议题凝聚认同的过程。事实上，在各方互动、认同的过程中，作为社区日常生活中的问题也逐渐被上升为公共议题。

就和平家园来讲，针对现有志愿服务、办公用房、楼道清洁、停车难题等现存问题，根据社区调查及居民的诉求反映，社区在 2015 年开展“创享计划”，加大居民自治的宣传力度，结合“走清建树”工作，由社会组织牵头，开展了以“同心共建和谐社区平安绽放家园风采”为主题的“万人大走访”活动。在此活动中，停车难、停车乱成为社区居民亟待解决的问题。

具体地看，和平家园社区在地理位置上紧邻北三环、和平街主路及和平西桥地铁口，社区内部除了部分社会单位之外，还分布着几所学校，加上临时停车收费价格低廉并完全采取流动式的管理模式，导致外部车辆大量涌入社区后随处停放，挤压了原本稀缺的社区停车资源，严重影响了社区业主的日常停车。其次，业主夜间回家找不到车位、外来车辆违规停车挤占道路、中小学及幼儿园上下学期间通行拥堵等方面的问题日趋严重，业主对此颇有怨言。再者，和平家园各小区的业主间也经常相互抢占车位，纠纷时有发生。虽然，和平家园社区在十几年前便由原社会单位退休的老干部们组建队伍，开展停车自治管理，但是随着十多年的发展，现有相对落后的停车管理方式已较为严重地影响了小区的内部管理和形象建设。可以说，内部车位资源的供给不足及外部需求的涌入，加之现有管理模式，导致社区内外部停车需求的矛盾日渐突出。

在和平家园老旧小区自我服务管理中，社区公共议题的产生不仅是社区居民将停车这一私人领域向社区停车管理这一现实问题转向，更是在社区这一社会生活共同体多方不断相互讨论、形成共识的自治参与过程，人们可以为了共同利益而产生集体行动①，而其动力机制则在于居民针对共同利益自主地参与，同时依靠互动参与影响社区居民的行为及对社区的认同达至社区治理方式的创新，社会组织在其中发挥着重要作用。

三、社会组织参与社区停车管理的项目化运作

作为社区公共领域的议题，以停车难题推动老旧小区自我服务管理是需要资源的，如果只是单纯的沟通和参与而无法整合相应的资源加以实践，那么任何公共议题就只会流于形式。针对社区停车这一公共议题的解决，老旧小区自我服务管理具体应该采取何种方式？进而在此方式下如何整合相关资源？老旧小区自我服务管理的阶段性目标是否实现？是否在一定程度上促进了社区认同感和社区生活共同体意识的提升与成形？这都是需要创新社区治理实践思考并调研反馈的一系列相关问题。

（一）社会组织参与的项目化运作方式

就和平家园原有停车管理运作来看，2005 年小区便建立了北京市第一家停车管理委员会，由原有的社区领导牵头发起，在工作中主要依靠停车管理委员会成员的工作经验、与居民的良好关系，以及持续不断地动员推动才得以开展。现有成员大多由 50 岁至 70 岁的中老年居民组成，工作上比较积极、人员流动性小，在居委会指导下自行运作。但在实际工作中，社区内部的停车收费并非由有资质的物业服务企业来承担，而是仍是由街道办事处来牵头，由社区居委会指导小区服务管理组织协助社区业主来自己决定停车收费的标准。但是本社区并非商品房小区，系旧有的国有单位小区，最终并未设置固定车位，同时停车后并不能提供票据。一系列问题随着城市化

① 杨敏．作为国家治理单元的社区：对城市社区建设运动过程中居民社区参与和社区认知的个案研究[J]．社会学研究，2007(4)：137－164，245.

的发展逐渐暴露出来，社区停车自治管理遇到诸多难题。

基于目前社区停车的现实情况，和平家园在和平街街道的指导下，在总结其他街道经验的基础上，提出以民办非企业（简称“民非”）这一社会组织为主体来运作现有准物业小区的自我服务管理，即以社会组织为主体来运作和平家园社区的停车自我服务管理。

在具体方式上，社区自我管理服务引入社会组织也有两种方式：第一，将社会组织作为业务直接管理的机构，负责业务和财务等事项的管理运作；第二，以项目化的方式，将每年的工作立项，作为社会组织运营的单个项目进行管理结算。对于第一种方式，奥运村街道所辖社区的实践并不顺利。首先社会组织无物业管理资质，收费理由不充分，业务水平不高，难以承担全面的工作，其次将整个业务管理交由社会组织，存在失管风险，容易诱发其他经济问题。第二种方式，以项目化的形式来运作，一是将每年的工作以项目化打包，交由社会组织制订详细的项目书，细化服务内容，制定详细的服务指标，聘请专门的工作人员，针对单一的项目内容，可以做到过程控制；二是对社会组织的财务审计，有一套成熟的项目化审计方式，在经费使用上，项目化实施可以将与项目有关的费用设立为限定性资产，限定资金的使用范围。如此一方面可以不受税收政策限制，做到跨年度使用，另一方面可以确保项目资金做到专款专用，有效避免资金挪用等财务问题的发生，一定程度上可以避免由社会组织直接主导而产生的相关管理及经济问题。

（二）项目化运作的资源整合

现代社会是一个充满竞争又合作共赢的社会，以项目化的方式进行老旧小区自我服务管理的运作并非仅依靠社区内部资源的重新整合，同时也需要搭建通道对接社区外部资源，通过社会组织参与运用综合力量创新社区治理方式，提升社区的自我服务管理能力。确定以项目化运作方式，在社会组织介入社区停车自我服务管理的整体思路下，停车管理的自我服务在资源整合上大致可分为前期、中期和后期三个阶段的进程。

1. 前期动员，盘活资源

在以停车管理为切入点的社区自我服务管理中，最主要的工作就是在社会组织的参与下针对停车管理的公共议题动员社区居民积极参与，发挥社区居民的自主能动性。前文我们提及，2015 年和平家园社区在开展“创享计划”的基础上，培育居民自治理念，积极营造宣传氛围，鼓励引导居民参与社区事务，由社会组织和街道、社区发动居民骨干和社区社会单位，组织了联席会议，共同解答解决居民关心的问题。

针对停车自我服务管理，和平家园社区在街道和社会组织的共同支持下，引导培育居民的民主意识和自治意识，充分发挥“小区议事厅”“社区议事厅”这一平台的作用，将居民所关心的“停车难、停车乱”的公共议题，组织居民进行十几次恳谈及讨论，引导居民自己诊断把脉、相互协商，寻找解决问题的办法。在让居民自己对社区存在问题形成公共议题的基础上，充分实现社区居民协商、居民决议，制定小区各类管理规定和公约，形成责权利明确、协调配合、互相制约、管理到位的小区管理机制。

根据项目化运作的思路，在充分动员的基础上，依据居民协商及意见建议，开始协调动员各类社会力量及资源。和平家园社区停车管理的内部资源[①]包括社区自身、社区居委会、社区居民、志愿者组织；其外部资源包括街道、社会组织、科技公司、各类工程施工公司等可形成社区停车自我服务管理的合作力量。无论是内部资源的动员，还是外部资源的整合，都是在以解决现有停车问题为核心来达到停车管理这一具体目标的基础上，以期增强居民社区意识，增进邻里和谐，提高居民对小区的认同感和归属感。

2. 分类分步，“双核心”推动

围绕停车管理的动员及社区内外资源的整合，和平家园社区停车自我服务管理的构建并不是社区内部居民为主的“单核心”运作，而是凝聚外部力量的“双核心”创新治理。所谓“双核心”推动，其外部核心主要以社会组

① 笔者认为，针对居民自治的动员本身也是社区内部资源的动员与目标理念资源整合。

织为主体，其内部核心主要以居民参与为主导，以社区居委会为平台。这一思路便形成了社会组织牵引、社区主抓、居民参与，志愿者队伍组织、科技公司和各类工程施工公司主建的多方参与的综合力量。围绕“双核心”，各类资源提供方分类负责，同时在项目化运作过程中协调推进。

社会组织发挥重要主体和依托作用，负责统筹制订总体方案；社区承担平台作用，包括居民意见建议的收集和反馈，协调各方力量和各方工作关系；志愿者队伍在社区的统筹下承接具体工作；科技公司主要负责“互联网+”技术平台的开发安装、调试及后期技术支持；施工公司主要负责硬件和环境改造，如门头、道闸安装等；广大居民主要是建言献策，对各项工作进行监督。在内外“双核心”的引领之下，通过项目化运作围绕现有问题，工作分类，进行精细化分解，逐步推进。

尤其是在此阶段，在“双核心”的协调下，社会组织这一外部核心协调的专业化、精细化科技公司起到了关键作用。在社会分工精细化的当代，对于老旧小区来讲更应注意“敞开门”运用新理念、新科技、新方法创新社会治理方式，开展个性化治理。就和平家园社区来讲，通过外部核心协调“丁丁停车”科技团队，借助该团队的专业性，就和平家园停车现状进行分析，从停车管理模式、人工管理方式、收费管理设置等方面做了细致的成因分析，对现存的停车状况进行了调研收集社区内的7×24小时数据，结合实时路况与车流量数据，分析社区停车与行车交通的影响关系。此外，公司在社会组织的协调下，积极广泛地征集民意，依据实际情况制定可行的停车改造方案，推广“分享”经济理念，分期分批分区域实现对车位的精确管理，逐步打造老旧小区自我服务管理、社区共治的平台。

3. 常态反馈，常态监督

除前期动员的反馈以外，在项目化过程中，社区内部自我成立的草根社会组织及社区居委会都在进行内部资源的统筹协调与反馈，社会组织的内外互补效应明显，社会组织邀请“丁丁停车”科技团队负责人员，在走访活动中及时针对车位规划及地锁技术等方面的内容与社区居民进行更为深入的讲解与沟通，在局部改造的过程中，随时邀请居民参观并进行讲解。反馈方既有社会组织本身、社区居委会，又有社区内部车辆自我管理志愿者协会，更有“互联网＋”的停车公司，可以说，在老旧小区停车自我服务管理中，常态性的反馈是制定居民接受、科学合理、技术可行的计划的必要性工作，更是推动公开透明的项目化运作的重要环节。

在常态性监督方面，主要涉及针对项目运作本身的监督，具体涉及两个关键性方面。第一，在工作监督方面，街道负责对整体工作运行情况进行监督，由社区办牵头，纪检监察科、财政科等职能科室对社会组织的工作运行、资金使用、质量效能等情况进行监督。社区负责工作层面末端监督，及时反馈发现的问题，做好与街道、社会组织和志愿服务人员的沟通工作。居民有日常监督的职责，向相关部门反映发现的问题。社会组织也聘请专职志愿监督服务人员，对所有工作进行全面自查监督，做好居民的回访、工作抽查等，并及时进行反馈。第二，在财务监督方面，由街道聘请专业审计公司对项目财务情况进行审计，确保项目资金使用合理合规。可以说，常态性的监督实施主体主要分为两个方面，一是街道对社区外部核心社会组织的监督，二是社区内部居民对于民非组织及项目化运作的监督，是具体监督与日常监督相结合的常态性监督。

此外，在常态反馈与监督方面，社区居民也主要是在项目化运作的前提下通过社会组织给予业务指导、法律援助及志愿者的管理。具体来讲，在对社区居民的业务指导上，由社会组织聘请精通物业管理方面的专家对小区自管会和老旧小区自我服务管理专职志愿者进行培训，提高其业务水平。在法律援助方面，由社会组织聘请法律专家对小区实行自我服务管理中涉及的法律事务提供法律援助。在志愿者组织管理方面，由社会组织在业务培训的基础上，协调社区组织志愿服务团队开展服务工作；组织社区专职志愿监督服务人员对项目运行过程进行监督。社会组织通过在自我服务管理方面给予社区居民以具体协助，以便逐步提升社区居民自我服务管理的能力和水平。

(三)“互联网＋自我服务”的阶段性目标实现

和平家园社区停车难题上升为社区的公共议题，一定程度上可以说明，创新社区治理只要能够广泛地动员群众，由社区居民思考本社区涉及自身利益的事务，并且加以互动和讨论便可凝练出所在社区的公共议题，这一过程本身就是凝聚社区共识，增强社区认同感的必经阶段。在和平家园社区，解决停车难这一公共议题的阶段性目标便是初步形成老旧小区自我服务管理自行良性运转，建立贴近居民的社区停车系统平台。

通过社会组织，以项目化的方式引入“互联网＋”的“丁丁停车”，目前和平家园社区在老旧小区停车自我服务管理上基本实现了三项目标：一是系统规划社区车位、优先匹配业主需求；二是规范停车身份识别、确定合理收费标准；三是整顿社区停车秩序、建立停车自治体系。目前上述阶段性的三项目标基本实现。具体说来，一方面采取阶梯定价的收费方式，从源头控制外来车辆进入社区；另一方面在不占用社区绿地面积的前提下，对现有停车位统一规划，安装“丁丁停车”智能车位管理器，保障业主正常的停车权益；此外，提升了原有自我服务管理的效率，降低了整体的人力成本。

外部科技公司的介入提升了小区停车管理的信息化程度，可以掌握每个具体车位的实时状况，减少人力成本或使人力的投入更具效率；停车费(甚至物业费)通过平台进行代缴，节省了费用收缴的时间和人力投入，对拖欠费用的业主通过平台和车位管理器产生了更强的约束力；开放式的内部车位租用，体现了全体社区居民间资源分配的公平性。事实上，当借助“互联网＋自我服务”的方式提升和平家园社区自我服务管理时，借助智能的停车系统实现互联共享的车位信息一定程度上也推动了与附近小区的联动。

(四)社会组织参与下社区认同感的提升

经过近一年的项目化运作，和平家园停车自我服务管理本身便是在原有社区认同的基础上所提出的，公共议题本身的提出便体现了这一点。换言之，对类似和平家园社区此类老旧小区来讲，社区内部的居民本身便有社区认同的因子与社区生活共同体的萌芽似的认识。因而，对于社会组织参与社区停车自我服务管理，更重要的在于激发社区居民的参与，培育并锻炼居民的自主性，从而进一步提升居民对本社区的归属感、认同感，这对于类似和平家园这类社区居民群体日益复杂化和陌生化的老旧小区显得尤为重要。

在社会组织鼓励居民参与对停车自我服务管理这一公共议题提出意见及建议时，根据我们的调研，居民的认同与想法千差万别，既有顾全大局、从社区环境改善本身考虑的社区居民，也有担忧自身利益被损害的社区居民。即便有各种差异性，居民对这一公共议题的思考与参与本身也可视为一种在社会组织引导下的计划性参与。所谓计划性参与，是围绕公共议题有计划展开行动，参与者能对公共议题的内容、目标和实现手段表达意见和施加影响，并且对参与过程实行成果共享和责任共担。① 我们意识到社会组织参与对社区居民计划性参与所具有的重要意义不仅体现在对居民的服务、培训与援助上，更体现在停车自我服务管理的各环节过程中。不可否认的是，在社会组织开展相关活动时，也有居民采取观望、不满乃至反对的态度，一定程度上影响了项目化运作的开展。

从和平家园社区停车自我服务管理最后所实现的阶段性目标来看，通过社会组织的项目化运作，扩展了社区志愿者的队伍，盘活了社区现有资源，提升了社区的自我服务及自我管理的能力，依托专业组织及社区志愿者，居民在项目化运作中广泛发声，甚至部分居民自发向邻居开展宣传。另一方面，减少了基层行政单位的行政成本、提升了工作效率，无论是街道还是社区，都可以从社区日常性自我服务管理工作中节省大量的精力，投入其他工作，提高整体工作的效率。再者，社会组织对居民在自我服务意识、监督、志愿服务等方面的培训，一定程度上提升了社区的管理水平，在提高居民满意度的同时，较为有效地化解了部分社区矛盾，规范了社区秩序，使社

① 杨敏.作为国家治理单元的社区：对城市社区建设运动过程中居民社区参与和社区认知的个案研究[J].社会学研究，2007(4)：137－164，245.

区日常管理步入良性发展轨道，促进了社区的稳定以及社区居民认同感和归属感的提升。

四、总结

在完善社区治理体系、创新社区治理机制的背景下，如何改变老旧小区不适用于社区居民生活的管理模式和方式，打破固有的治理及管理模式需要在实践中不断摸索，对于基层社区及社区居民都是新的尝试。和平家园社区作为老旧社区之一，在自我服务管理中采取了区别于传统以街道行政力量直接指导管理的新模式，即社会组织参与的项目化运作。在项目化运作的过程中，社会组织引导下的社区居民的深度自治是核心力量。和平家园社区停车自我服务管理的构建采取“双核心”模式，即社会组织为外部核心的主体，居民参与为内部核心主导，在计划性参与下围绕公共议题有计划展开停车自我管理的项目化运作。

社会组织在老旧小区社会治理中，其意义不仅仅在于以专业化、精细化的方式承担原有街道指导社区的部分功能，其更为重要的意义在于为居民提供更为专业化和个性化的服务与培训，培育并提升社区居民的自我管理、自我教育与自我服务，自我治理效果逐步显现。整个社区计划性参与过程都是在不断增强对社区这一生活共同体的认同感与归属感。当然，我们也意识到，社会组织的角色定位以及对协调整合相关资源的“度”上的把握应当尤为注意。此外，社会组织参与老旧小区治理创新能在多大程度上带动社区各方面的居民自治，其经验是否可以被运用于其他街道的社区，都是值得给予持续的理论与实践关注的。

第十一章　超大城市基层治理共同体构建

推进基层社会治理现代化是实现中国式现代化的基础工程。中国式现代化的首要特点就是人口规模的现代化，人口始终是影响中国经济社会发展的首要因素，在社区建设领域也是如此。如何在超大城市构建基层治理共同体，是我国加强和创新社会治理、推进社区建设所面临的重大课题。本章以北京市海淀区为例，分析超大城市如何应对时代挑战，利用自身优势，在回应居民需求过程中，推进社区治理创新。

第一节　超大城市社区治理面临的挑战与优势

按照 2014 年 11 月 20 日印发的《国务院关于调整城市规模划分标准的通知》，人口超过 1 000 万的城市为超大城市。根据住房和城乡建设部于 2023 年 10 月公布的《2022 年城市建设统计年鉴》，全国共有 10 个超大城市，分别为上海、北京、深圳、重庆、广州、成都、天津、东莞、武汉、杭州。这些城市在我国经济社会发展中有着举足轻重的地位，在社会治理方面也具有示范作用。在社区治理方面，超大城市有着独特的优势，也面临着严峻的挑战。

一、超大城市社区治理面临的挑战

在社区治理方面，超大城市既面临着与其他城市相同的挑战，也面临一些独特的挑战。这主要表现为以下三方面。

第一，构建基层社会治理共同体的挑战。当前正处于一个社会分化日益加剧的时代，不同社会群体在利益诉求、价值观念等方面的分歧加剧，社区成员流动性增强、相互依赖程度降低，稍有不慎就会引发不满、抱怨甚至矛盾纠纷。超大城市地域面积较大、人口结构复杂、外来人口众多、社区形态也十分复杂多样，环境污染、空间拥挤、交通拥堵、就业困难等各种"大城市病"集中，治理难度极大，而且驻区组织、单位、机构及团体十分复杂多元。在这种情况下，要形成社区的有序运行离不开各社会群体、社会主体之间的合作，而要真正把各个主体、各种人群团结起来，形成人人有责、人人尽责、人人享有的基层社会治理共同体，任务十分艰巨。从理论上看，这实际上是社会建设中公共性生产①，以及如何基于中国社会现代化转型的历史实践发展出的社会主义新公共性的问题②。

第二，满足社区居民日益增长的社区服务需求的挑战。超大城市经济发展程度高，社区居民的文化水平、生活品质也整体高于一般城市，相应地他们对社区服务质量的需求也高于一般城市。然而，现阶段超大城市社区服务供给总体上还不能满足社区居民日益增长的服务需求。这表现为：一是不充分问题，即现有服务水平和服务方式难以满足越来越多的居民追求

① 李友梅，肖瑛，黄晓春. 当代中国社会建设的公共性困境及其超越[J]. 中国社会科学，2012(4)：125-139，207.

② 李友梅. 新公共性与中国转型社会学理论范式创新[J]. 学术月刊，2024(2)：5-20.

更高生活品质、方便快捷服务的需求，尤其表现为社区服务的主体比较单一；二是不匹配问题，即现有服务内容与社区居民的需求结构不完全适应，尤其表现为同质化服务难以满足不同类型社区的差异性需求；三是不平衡问题，即各街镇、各社区之间服务设施大小不一，服务水平参差不齐，面向弱势成员、重点人群的社区服务内容较多，面向普通居民的社区服务内容相对不足。

第三，构建社会认同和情感共同体的挑战。早在19世纪末，社会学家齐美尔就敏锐地观察到大城市的独特气质和生活方式，与传统乡村社会和小城市注重情感不同，大城市的精神生活具有精神紧张、理性主义、个体主义等特点。他在《大城市与精神生活》一文中提到，“现代生活最深刻的问题的根源是个人要求保持其存在的独立性和个性，反对社会的、历史习惯的、生活的外部文化和技术的干预”[①]。“他们不是用情感来对这些外界环境的潮流和矛盾做出反应，而是理智，意识的加强使其获得精神特权的理智。”[②]现代社会中，齐美尔所分析的大城市精神生活的这些特征更加凸显。随着社会流动的加剧和商品房社区比重的增加，社区人际关系陌生化成为常态。社区居民的身份、职业、地位越来越多样化，价值观念也越来越开放多元。如何在这样的社会基础之上，建立新的社会整合和社会团结，重建社区居民的社会认同和精神共同体是社区建设的重要挑战。

二、北京市海淀区社区建设的背景

北京是国内人口数量仅次于上海的超大城市，总面积为16 410.54平方千米，常住人口有2 185.8万，城镇人口有1 919.8万人，占常住人口的比重为87.8%；常住外来人口有824.0万人，占常住人口的比重为37.7%。[③]

---

① 格奥尔格·齐美尔. 桥与门：齐美尔随笔集[M]. 涯鸿，宇声，等译. 上海：上海三联书店，1991：258.

② 同①：260.

③ 北京市2023年国民经济和社会发展统计公报，https://www.beijing.gov.cn/zhengce/zhengcefagui/202403/t20240321_3596451.html.

海淀区地处北京市城区西北部，是全国科技创新中心的核心区，辖区面积430.77平方千米，现有22个街道，7个镇，584个社区，84个村。2023年年末全区常住人口有312.5万人，其中，常住外来人口有105万人，占常住人口的比重为33.6%，年末全区户籍人口246.9万人。全年实现地区生产总值11 020.2亿元，三次产业构成为0.01∶7.36∶92.63。全年全区居民人均可支配收入101 315元，全年全区居民人均消费支出63 084元。[①]

海淀区在社区建设方面具有良好的基础。早在20世纪80年代中期，海淀区就开始探索发展社区服务业，并且初步形成了以社区服务中心为骨干，以居委会便民服务网点为主体，以居民志愿互助服务为基础，纵分层次，横结网络，功能比较齐全的服务格局。进入21世纪以后，海淀区先后入选"全国和谐社区建设示范区""全国社会工作服务示范区""全国社会组织管理创新示范区"。

2015年6月，海淀区被民政部正式批复确认为"全国社区治理和服务创新实验区"，从2015年7月开始开展为期三年的实验区建设。这对海淀区来说，既是一个艰巨的挑战，又是一个重大的历史机遇。在实验期间，海淀区聚焦中关村科学城，挖掘文化科技融合发展新动力，围绕构建"直达式多样性社会化社区服务"的实验主题，按照推进实验区工作的各项要求，探索构建了"6+6"社区治理和服务新模式。所谓"6+6"，具体是指：通过强化"六个作用"，即党委领导作用、科技创新作用、文化塑造作用、居民参与作用、共建聚力作用、社工专业作用，着力提升社区服务的"六化"水平，即普惠化、智能化、多样化、大众化、社会化、专业化水平。2018年12月，该项目圆满完成各项实验任务，正式通过了结项验收。

三、超大城市社区治理的优势

超大城市在社会治理方面面临严峻挑战的同时，也有其独特的优势。

---

① 海淀区2023年国民经济和社会发展统计公报，https://zyk.bjhd.gov.cn/sjkf/tjgb/202404/t20240412_4648501.shtml.

以北京市海淀区为例，其优势主要体现为以下两方面。

第一，实力雄厚、基础扎实。据统计，2019 年北京市地区生产总值为 35 371.3 亿元，其中海淀区生产总值(GDP)总量为 7 926 亿元，占比 22.4%，在各区中排名第一。近年来，海淀区在先行先试改革、创新生态环境优化、高端创新要素聚集、高精尖产业培育、区域协同创新体系构建，以及政务服务能力、城市治理能力提升等诸多方面都取得了显著成就。而且，海淀区社区服务工作起步早，社会事业和社区建设一直走在全国的前列。所有这些都为海淀区推动新时代社区治理的改革创新提供了坚实的基础。

第二，资源丰富、潜力巨大。海淀区是全国科技、文化资源最为密集的地区，有高等学校 26 所，其中“双一流”高校 18 所，还有中国科学院等科研基地，以及中关村等全国最重要的科技创新基地。这赋予了海淀区其他区域无法比拟的科技和人才资源。而且，海淀区还是诸多国家机关、政府部门、军事单位、企事业单位所在地。这些都是海淀区开展社区治理的重要资源。

第二节　超大城市社区治理的理念与实践

超大城市要构建高效的基层治理共同体，需要着力开发自身优势，通过体制机制创新，把各种社区资源充分调动起来，以形成合力。

一、海淀区社区治理的基本理念

在社区建设过程中，海淀区充分利用自身优势，在积极回应居民需求、应对时代挑战过程中推进社区治理理念的创新，走出了一条既符合大城市社区特点和规律又具有地区特色的基层社会治理之路。主要体现为以下四点。

第一，以党建带社建，构建复合型社区治理体系。面对复杂的社区治理形势，首先必须理顺社区各主体之间的关系，构建起既高效有力又符合社会治理现代化方向和要求的社区治理体制。海淀区按照以党建带社建的理念，不断探索党建引领社区建设的体制机制，逐步建立起以社区党组织为核心、各个主体分工合作的复合型社区治理体系。

第二，寓治理于服务，构建精细化社区服务体系。社区服务既是社区治理的重要内容之一，又是社区治理的基本手段，只有把社区服务做好了，社区才可能安定有序、充满温情。海淀区按照寓服务于治理的理念，不断探索优化社区服务的体制机制，构建以社区居民需求为导向的精准化精细化社区服务体系。

第三，以协商促共识，构建参与式社区自治体系。社区是人们基本的生活共同体，社区的事务离不开社区居民的积极参与，只有居民真正参与了社区公共事务，才有可能形成共识，社区才有可能成为真正的共同体。海淀区按照以协商促共识的理念，不断探索居民民主协商的体制机制，构建参与式社区自治体系。

第四，以科技增效能，构建智慧型社区运行体系。当前，我们正处于数字化、网络化、智能化时代，智慧社区是未来社区治理的必然方向。海淀区地处科技创新的中心地带，具有天然的优势，近年来一直按照以科技增效能的理念，不断探索现代科技手段与社区的结合机制，不断升级智慧型社区体系。

二、以党建带社建，构建复合型社区治理体系

社区治理的主体众多、社会群体利益分化严重、价值观念开放多元、各种矛盾纠纷层出不穷，要在这种日益复杂的陌生人世界中建设基层社会治理共同体、社区生活共同体，关键是要找到能够整合社区各种力量的主导力量，找到社区凝聚的核心力量。而从我国的实际来看，这种核心力量只能是中国共产党的基层党组织（党支部或党总支或基层党委）。基层党组织的工作，把陌生人世界重新联结起来、整合起来，创造了一种新型的联系纽带，极大地增强了以社区党组织和党员为核心力量的社区凝聚力。这种中国特色

社区治理的根本特征、最大特色，也是中国基层社会治理的独特优势所在。

海淀区坚持以党建带动社建的理念，通过加强基层党组织建设、创新基层党建工作机制，理顺社区各主体之间的关系，建立起以基层党组织为核心和主导力量，社区居委会、社区服务站，以及社区物业公司、业主委员会、社区居民、辖区单位等，党政、市场、社会等多元主体互联、互补、互动的复合型社区治理体系。

（一）减轻社区负担，理顺社区主体之间的关系

无论是从历史传统还是从现实实践来看，社区居委会都是一个社区最核心的组织机构之一。但如前所述，自从社区制取代单位制以来，社区居委会就面临着严重的体制性困境，其集中表现为“行政化困境”和“边缘化危机”。

海淀区按照中央和北京市关于基层减负的工作部署，从2016年开始启动社区减负工作，2017年在全市率先发布《关于全面开展社区减负工作的实施方案》，对全区社区承担的依法履职情况、协助政府工作情况、社区居委会盖章情况、社区评比达标情况、社区工作机构情况进行了集中清理。2018年3月，海淀区委办公室、区政府办公室印发了《关于推进党建引领街镇管理体制机制创新实现“街镇吹哨、部门报到，地区鸣笛、家家出力”的工作方案》的通知，把“推进社区减负工作”列为一项重点任务，提出完善社区工作事项清单，严格社区工作准入事项等要求。2018年6月，又出台了《关于落实“街镇吹哨、部门报到，地区鸣笛、家家出力”要求、推进社区减负的工作方案》，成立社区减负工作专班，由区民政局局长担任专班负责人，以社区减负为抓手，推动赋权基层和治理重心下移，促进构建简约高效的基层管理体制。2019年3月，《关于“互联网＋基层社会治理”系统新增通知公告和社区减负举报功能的通知》发布，在“互联网＋基层社会治理”系统中新增了社区减负举报功能，社区居委会可直接向市级反映对社区减负工作落实的意见和建议，防止社区减负工作不彻底或“明减实加”情况的发生。

通过扎实的减负工作，海淀区清理了社区工作事项，减少了工作机构、

评比达标，建立起防止社区负担反弹的工作机制，社区工作的职责得到了进一步的明确。在社区减负专项工作中，海淀区对社区的各类挂牌、达标、检查评比和示范创建活动等项目，开展了集中专项清理，精减社区会议和台账，规范社区印章适用范围等。经过清理，社区工作事项已由240余项减少到54项，社区盖章事项由80余项减少到15项，取消了社区评比达标24个，取消社区工作机构26个。全区各社区办公场所只保留“两委一站”三个组织机构的牌子。此外，海淀区建立起了严格的社区准入制度和发文联审制度，从源头上减少下派社区不合理的事项。按照“政府依法行政、社区依法自治”的原则，研究制定了《海淀区社区工作准入制度（试行）》，并且制定了社区依法履职、依法协助、保留盖章证明3个清单，形成了社区工作清单动态调整机制。对于确实需要社区协助办理的工作事项，应当由相关工作主责部门向区政府汇报，经批准后，可以安排社区协助开展工作。同时，应按照“费随事转”的原则给社区提供必要的经费支持和人员保障。此外，海淀区还建立以社区居民满意度为主要评价标准的社区考核机制，各职能部门不再单独组织对社区的考核评比，取消对社区的“一票否决”事项。

通过一系列的社区减负举措，减轻了社区行政负担，使得社区居委会恢复了其法定的自治职能，而政府则通过其基层办事点社区工作站接过了本属于自己应该承担的责任。此举实现了“把自治的部分还给自治组织”和“把行政的部分还给行政组织”，理顺了基层群众自治组织与基层政府职能部门的权责关系。

（二）加强社区党组织建设，完善社区治理结构

习近平同志2018年4月26日在湖北视察时强调：“基层党组织担负着领导社区治理的重要职责，要把党的惠民政策宣传好，把社区居民和单位组织好，打造共建共治共享的社区治理格局。”[①]社区党组织是社区治理的主心骨，要把社区的事办好，实现社区的有效治理，关键要发挥社区党组织的引

① 摘自2018年4月26日习近平在湖北视察时发表的重要讲话。

领作用，而社区党组织的发挥引领作用的关键在于统筹社区各个主体，形成一核多元、合作共治的基层社会治理共同体。海淀区在社区党组织的引领机制建设方面，做出了大量探索。

第一，巩固社区党组织在社区治理中的核心地位。在社区“两委”换届选举中，注重选优配强带头人，优化班子结构，全面推行书记主任“一肩挑”、党支部和居委会交叉任职。所有社区党组织都设立了专职党务工作者和副书记，优先保障社区党建的力量。

第二，健全社区组织体系。所有社区居委会都设立了人民调解、治安保卫、公共卫生、社会福利、文化体育、共建共治等六大委员会，户籍人口老年人超过10%的还设立了老龄工作委员会，所有社区成立居务监督委员会。建立健全社区内部的“社区—小区—楼门院”三级治理体系，做到社区治理的全覆盖、无死角。

第三，加强社区工作者队伍建设。研究制定了《海淀区社区“两委”成员队伍建设规划（2019—2023年）》；完善社区工作者福利待遇政策，社区工作者工资按劳发放；鼓励动员社区工作者考取社会工作职业资格，推动社区工作者专业化、职业化。目前，全区社区工作者平均年龄为40.5岁，93%以上拥有大专及以上学历，38%持有社会工作者职业资格证书。

（三）推进区域化党建模式，创新基层党建工作机制

从更大范围来看，社区不是一个个孤岛，而是彼此联系的共同体。社区党建也需要在更大范围内围绕实际需要、整合区域力量，完善街镇社区党建横向联动体系，建设休戚与共的“党建同心圆”。近年来，海淀区不断创新体制机制，促使区域内党建组织“联”起来、党建力量“聚”起来、党建资源“用”起来，助推区域化党建“换档升级”。

第一，搭建“三级平台”机制，使党建组织“联”起来。积极构建区、街（镇）、社区（村）三级党建工作协调委员会平台，推动完善区、街领导下沉一级担任党建工作协调委员会主任。在区级层面突出全面统筹，充分发挥区委在领导、组织、牵引等方面的体制优势，通过定期召开联席会推进会、定期

公布议事内容、定期听取委员意见等方式，确保区域化党建常态有序开展。在街(镇)层面突出协调推进，由联系本街(镇)的区领导兼任街(镇)党建工作协调委员会主任，将辖区内代表性强，影响力大的机关、企事业单位、非公有制经济组织、社会组织党组织相关负责人，以及部分社区、村党组织负责人、党员群众代表纳入其中，有效运用议事决策、联络协调等机制，共同研究和解决区域内的问题。在社区(村)层面突出服务为民，由街道社区包片处级领导兼任社区(村)党建工作协调委员会主任，形成以社区(村)党组织为核心，居(村)委会、社区服务站、物业公司、业主委员会等为主体，房管、城管、派出所、学校、“两新”组织等驻区单位共同参与的管理模式。

第二，建立“三级协办”机制，使党建力量“聚”起来。“三级协办”指通过整合区、街(镇)、社区(村)各类单位和组织的服务资源，及时高效地解决地区党建工作协调委员会成员单位在基层党建、社会治理、公共服务、社区(村)建设中具有地区性、社会性、群众性、公益性问题的处理机制。街(镇)、社区(村)党建工作协调委员会负责办理同级成员单位提出的协办事项。社区(村)党建工作协调委员会无法解决的事项，报街(镇)党建工作协调委员会，由街(镇)党(工)委统筹协调解决。街镇层面解决不了的，由街(镇)党建工作协调委员会主任(分管区领导)调度区属相关部门，统筹协调解决。

第三，构建“三项清单”机制，使党建资源“用”起来。“三项清单”包括服务资源清单、服务需求清单和服务项目清单。服务资源清单是由街(镇)、社区(村)向驻区单位征集的可提供的各类服务资源；服务需求清单是由各街(镇)向所属社区(村)或内设部门征集需要驻区单位协助解决的问题和需求；服务项目清单是由街(镇)牵头，将服务资源与服务需求对接，经过磋商后形成具体服务项目。以街(镇)为主体，通过领导走访、召开座谈会、发放调查表、开设服务专线等方式，收集各方意见与建议。在需求征集的基础上，设计项目，使服务内容、服务范围等具体化，通过项目把驻地单位和街道社区对接起来，使共建共享落到实处。

海淀区区域化党建对于更好发挥党建对社区建设的引领作用，效果是十分明显的。以学院路街道为例，该街道大院大所聚集，各个大院壁垒森严，难以协作，针对这一区域特点，探索创新“党建引领、四区联动，多元参与协同治理”的治理模式，通过“城市体检、资源发现、街区规划、空间整理、社区营造、关系重塑”等一系列路径举措，重塑组织空间、关系空间、制度空间和生活空间，形成“一体双向三维多平台”的地区柔性关系网络，搭建基层治理新格局。这一模式的实践打破了街区、校区、园区和社区不相来往的现状，促使该四区，相互融合、相互促进，建立了街道、社区与单位之间的新型合作伙伴关系和柔性关系网络，实现政府治理、社会协同、居民自治的良性互动，交通畅达、环境优美、文化繁荣、产业健康、生活便利、关系和谐成为新共识。从某种意义上来说，形成了区域发展共同体。又如，“马上清（青）西”地区探索实施区域化党建“合伙人”模式，通过整合马连洼街道、上地街道、清河街道、青龙桥街道和西北旺镇“四街一镇”资源，在交通、产业、公共服务、智慧管理等方面共同发力，完善城市功能、提升城市品质。再如，海淀区紫竹院街道通过区域化党建协同创新联合体，将辖区内的高校、企事业单位和社区纳入平台。平台内各单位围绕党建共商、事务共管、资源共享、文明共创、难题共解、活动共办、服务共推等方面开展需求对接，合力推动了地区协同的创新与发展。

（四）探索“一核多元、复合治理”的多元模式

相对于单一式治理模式，复合治理模式最显著的特点在于：治理主体由党政力量转变为党政、居委会、业主委员会、物业公司、草根组织、社区居民、辖区单位等多元主体；治理的过程由行政控制转变为民主协商；治理的组织体系由垂直结构转变为横向网络结构。能否建立起多元主体的良性互动机制，真正实现“1＋1＞2”的效应，是实现复合治理的关键。海淀区在社区治理过程中，坚持“党建引领、高位协调、一体规划、有序实施、共建共享”的原则，鼓励各街道、社区坚持以基层党组织为核心，整合各种社区主体和力量，形成了“一核多元、复合治理”的多元模式。

1. “区域合作”模式。以区域化党建为依托，充分发挥地区党建协调委

员会作用，积极整合属地多方资源和力量，建立区域合作多方联动工作机制，共同加强党建引领社会治理，形成共商共治共享的社区治理“新型合作伙伴关系”。这种模式有以下四个代表性的案例。

（1）“1＋N＋T”党建工作机制。海淀街道有效整合辖区单位资源，创新条块结合的组织设置模式，构建了以街道工委为核心、社区党组织为基础、服务人民群众为重点，驻区单位党组织和党员共同参与的联建与共建的“1＋N＋T”党建工作机制。

（2）社区治理合伙人模式。曙光街道上河村社区党支部探索实行“社区治理合伙人”机制，形成社区党组织、居委会、业委会、物业公司、上级单位、驻区单位“六方”共建模式，厘清各方权责、夯实互信根基、整合工作资源，形成社区治理闭环管理，旨在营造居民自治、管理有序、服务完善、治安良好、环境优美、文明和谐的社区生态氛围。

（3）“智汇五家”工作机制。清河街道智学苑社区党委率先引入清华大学著名社会学家李强教授的社会学专家团队，与社区党组织、居委会、物业公司、社区等一起共商社区事务，形成了“智汇五家”工作机制。所谓“智汇五家”，即以社区“两委”为“本家”、社区全体业主为“主家”、物业服务企业为“管家”、辖区单位为“邻家”、清河实验团队为“专家”，汇集“五家”智慧参与社区治理，“五家”都是“家里人”，共同解决“家里事”，化解社区公共事务管理中的重点难点问题，有效推动社区精细化治理。

（4）“四圆同心”社区治理模式。北太平庄街道志强北园社区党委探索形成以社区党委为“核心引领圆”、居委会服务站为“同心助力圆”、物业业委会为“中坚力量圆”、党建协调委员会和在职党员为“区域共建圆”的“四圆同心”社区治理模式，共建舒心、贴心、安心、开心的“四心”社区。

2. “联盟共治”模式。在党建引领下，搭建社区各类主体参与的沟通交流平台，组建工作联盟，通过制定联盟承诺或公约，发挥各“盟主”的作用力量，实现业务互补、资源互通、服务共享。

（1）社区治理联盟。中关村街道建立社区治理联盟，在各社区下设“平安联盟”“文化联盟”“住宅小区物业联盟”“老旧小区自我服务管理联盟”等，根据社区不同特点分别推进。社区治理联盟采用“1＋1＋N”的模式，以社区党组织为核心，社区居委会为主体，以社区民警、物业、业委会、社会组织、居民、职能科室等为依托，以联席会议制度为纽带，统筹社区各类管理服务资源，形成协商、共同参与、共同解决问题的工作模式。

（2）i家园共治联盟。西三旗街道怡清园社区党总支发挥党建引领作用，探索形成了由社区党组织、社区居委会、产权管理单位、物业公司、服务单位、小区重点项目运营商、居民代表组成的“i家园共治联盟”，通过建立联盟单位共治共建承诺公约、定期召开联盟会议等，协商解决小区物业管理问题和居民服务需求。

（3）志愿者联盟。羊坊店街道铁西社区以打造“一门一品”楼门铁路文化建设为基础，积极协调产权单位，充分发挥党建工作协调委员会及“双报到”党员干部作用，组建由社区居民、片区民警、驻区单位、第三方服务机构、报到党员等多方人员组成的12支志愿者队伍“联盟”，将志愿者全部下沉到网格责任区，通过实行志愿者联盟队伍“服务积分”管理制度，全面激发居民自治的积极性与主动性，提升社区自治能力。

3. “会客议事”模式。在社区治理中，涉及社区发展的重大问题或重要事项，以党建为引领，发挥社区内部组织及驻区单位成员等协商议事职能，建立议事协调联动工作机制，保障多方成员共同参与社区治理的合法权益，强化社区自治功能。如万寿路街道今日家园社区党委探索形成由社区党委书记、副书记、物业经理、社区民警、社区党员、物业党员、在职党员、居民代表组成的“社区会客议事厅”共建机制。上地街道西里社区党总支从社区党组织、居委会、业委会、业主代表大会、业主监事会、居民代表、社区居民中选择政治素质高、群众基础好、热心社区建设的11名党员和群众代表，建立“社区议事管家”，通过定期召开“大管家”议事会。清河街道海清园社区党委对标社区治理痛点、难点，动员各方主体，搭建社区—小区（楼院）两级议事平台，探索“一厅＋(家)五站”工作机制，通过建立“厅务会”“站务会”“厅站联席会”等,不断完善党建引领社区治理模式。

三、寓治理于服务,构建精细化的社区服务体系

习近平同志 2015 年 2 月赴陕西慰问广大干部群众时指出:“社区工作是一门学问,要积极探索创新,通过多种形式延伸管理链条,提高服务水平,让千家万户切身感受到党和政府的温暖。”[①]社区治理不是空洞的口号,社区服务是其最重要的抓手,通过提升社区服务质量改善社区民生状况,是社区治理的重要任务之一。当前,我国社区服务的水平虽然大幅提升,但与社区居民的需要还有一定距离。海淀区在社区治理中,注重通过体制机制创新改善社区服务的品质,着力构建直达式、多样性社会化社区服务新模式。

(一) 不断完善“便民服务圈”,提升社区服务的便利性

社区是人们日常生活的共同场域,相对于其他形式的社会服务,社区服务最显著的特征就是其地域性,即它是一种属地式服务。[②] 因此,便利化是社区服务的基本要求,也是社区服务水平最直观的体现。海淀区在“一刻钟服务圈”的基础上,不断完善社区居民的便民服务圈,不断提升社区服务的便利性,真正做到“小需求不出社区,大需求不远离社区”。

近年来,海淀区以民生需求为导向,以服务居民、造福群众、为居民提供优质、便捷、高效的服务为出发点,把社区服务类市场主体纳入社会化社区服务体系,不断完善社区服务的功能,优化社区服务的结构布局,基本形成了功能齐全、覆盖全面的社区服务网点。据统计,截至 2018 年 10 月底,海淀区社区范围内各类网点总数量为 8 490 家,经营面积约 190 万平方米。其中八类基本生活性服务业网点数量为 5 680 家,占比 66.90%,经营面积约 70 万平方米;其他业态 2 810 家,占比 33.1%,经营面积约 118 万平方米。从整体上看,海淀区社区服务业的业态架构成熟,基本实现了社区服务项目全覆

---

① 摘自 2015 年 2 月 13 日至 16 日习近平春节前夕赴陕西看望慰问广大干部群众时发表的重要讲话。

② 于显洋. 社区概论[M]. 北京:中国人民大学出版社,2006:255.

盖，保证了居民日常生活所需。

2018 年，海淀区围绕“七有”“五性”①，补齐民生短板，在实现八项基本便民商业服务功能“一刻钟服务圈”全覆盖的基础上，制定了《海淀区生活性服务业设施规划(2019—2021 年)》，以社区为单位精准配置，新建和升级改造各类便民商业网点 810 个，全区 72%以上的社区实现八项基本便民商业服务功能全覆盖。建成 46 个以“8＋N”服务功能为核心的社区商业中心，覆盖所有街镇，进一步满足了市民便利性、宜居性、多样性消费需求。

（二）开展分类治理，提升社区服务的精准性

海淀区社区类型多样，不同类型的社区居民，甚至同一社区不同群体在社区服务需求方面差异巨大，因此社区服务贵在精准。习近平同志 2018 年 6 月在山东考察时强调，要把更多资源、服务、管理放到社区，更好为社区居民提供精准化、精细化服务②，要改革创新，完善基层治理，加强社区服务能力建设，更好为群众提供精准化精细化服务③。海淀区打破社区服务不区分需求的同质化倾向，突出居民服务需求特点，不断完善分类施策、分类治理模式。

1. 分类施策、精准服务

海淀区将辖区内的社区区分为六种不同的类型，根据它们的具体特点分别施策，以提供精准的服务。

(1) 在商品房社区，推行六方联动模式。商品房社区是今后社区发展的主要类型，居民的民主意识和法治意识比较强。海淀区以中关村、西三旗等街道为试点，推行以社区党组织为领导核心、社区居委会为主体、社区服务站为依托、社区组织为补充、物业公司和业委会协调配合的“六方联动”模式，畅通社情民意，注重业委会、物业公司等不同主体之间的沟通协调，实现

---

① “七有”为幼有所育、学有所教、劳有所得、病有所医、老有所养、住有所居、弱有所扶，“五性”为便利性、宜居性、多样性、公正性、安全性。

② 摘自 2018 年 6 月 12 日至 14 日习近平在山东考察时发表的重要讲话。

③ 摘自 2018 年 4 月 26 日习近平在湖北视察时发表的重要讲话。

居民在服务中的自由选择权。西三旗街道枫丹丽舍社区充分行使社区党组织和社区居委会对业委会和物业服务企业的指导监督职能，成功探索实施了“酬金制物业管理”，引导业委会在社区治理中发挥积极作用。

（2）在大院单位社区，完善共驻共建机制。以万寿路、八里庄等街道为试点，注重发挥大院社区治理的主体责任，通过搭建街道与大院单位“大工委”党建议事平台、社区建设平台，进一步整合单位资源，促进资源共享，健全“共驻、共建、共治、共商、共促、共享”模式。单位社区的共驻共建机制，不仅能合力推进区域化党建工作，而且在改善社区办公和服务用房、健全社区服务设施、扩充社区服务内容、治理社区环境卫生、维护社区安全稳定、开展社区文体活动等方面都发挥了促进作用。

（3）在回迁房社区，推动外部服务与自商自治相结合。回迁房社区融合是首要问题，农民回迁上楼顺利适应社区生活是关键。海淀区以四季青镇、东升镇、海淀镇、西北旺镇为试点，在社区治理中推动外部服务与自商自治相结合，积极引入社会组织开展志愿服务、社工服务及维权服务等外部服务，有效推进了回迁房社区向现代化社区的转型。东升镇在村居混合的八家嘉园社区打造了文慧苑项目，引入北京市夕阳再晨社会工作服务中心带动社区文化发展和社区自组织孵化。海淀镇多方引进各类教育资源，在回迁房社区加强新市民科学文化和专业技能培训，形成了特有的活动品牌。

（4）在保障房社区，健全多方介入、联动服务机制。保障房社区的工作重点在于保障和改善民生、提升居民生活的幸福感和获得感，海淀区以西三旗街道、上庄镇、苏家坨镇为试点，加大政策、资金扶持和项目支持，引导公益资源、志愿服务、社工服务等各类资源进入社区，健全多方介入、联动服务机制。西三旗街道按照“百姓点菜、社区买单”的工作思路，依托千顺社区养老中心拓展了社区养老服务内容，发动社会工作者和志愿者组织开展社区活动，引进果蔬基地直供小区，有效增强了保障房社区居民的归属感。

（5）在老旧社区，推广以居民自治为核心的自我服务模式。老旧社区由于缺乏物业管理和成熟的商业服务，历来是社区建设的难点。海淀区以甘家口、清河、紫竹院等街道为试点，不断完善和推广以居民自治为核心的自我服务模式。甘家口街道以“同心圆梦议事会”为抓手，由紫竹院街道推动成立“楼管会”和“车辆自管小组”，清河街道通过“清河实验”模式指导社区建立“社区议事委员会”，通过形式多样的居民自我议事协商，加上街道资金投入保障，有效改善了老旧社区环境卫生，解决了社区停车难、加装电梯等问题，推动形成了老旧社区自我服务常态化，实现了有安全防范、有绿化保洁、有维修维护、有停车管理等“四有”目标，使老旧社区更加和谐宜居。

(6) 在平房社区，推行四社联动服务机制。平房社区在海淀区数量相对较少，但治理难度和服务需求非常大，我们以平楼混合的田村路街道阜石路第四社区为试点，引入社会工作机构和社会工作专业人才，通过“阜四文化小院”“西木学堂”、微信公众号和网站等运营项目，将社团、社区服务供应商、社区志愿者、社会工作力量整合到一起，形成了四社联动服务机制，建立了“政府主导、公益优先、社区参与、市场推动”的协同共建运维模式，不断完善信息共享、服务互补、组织联动体系，为居民提供更加丰富、优质的服务。

2. 根据社区服务事务确定服务主体

海淀区将社区服务分为公共服务、公益服务和便民利民服务，根据服务的不同类型，明确了不同的治理主体。将政府公共服务再次细分为政务服务和其他公共服务，政务服务明确由政府作为承接主体，主要由政府提供服务；其他公共服务，以政府提供的服务为主，社会力量作为有效补充。公益服务以政府为主导，以公益性社会组织为承接主体，辅之部分社会企业共同提供相应的社区服务。便民利民服务是在政府主导下，以市场为主体，整合社会资源，激发社会活力，鼓励社会力量共同为居民提供便捷高效的优质服务。

3. 提供个性化、人性化服务

社区服务面临着一个重要的难题是“社会主要群体不在场”①所带来的

① 刘少杰. 新形势下中国城市社区建设的边缘化问题[J]. 甘肃社会科学，2009(1)：11－14.

尴尬处境，即占人口大多数的社会职业群体的主要时间和生活空间在工作单位而非社区，他们需要社区服务的时间在下班之后的社区，而这一时间也往往是社区工作人员下班的时间。面对这一情况，海淀区在部分社区试点错时上下班；而且还将社区工作的时间区分为办公时间和预约时间，增加了预约时间段，预约时间为周一到周五 17 点 30 分到 20 点，周六 9 点到 12 点。

高龄、空巢、病残、失能等困难群体和特殊家庭有着独特的社区服务需求，他们的需求很难通过一般的公共服务模式得到满足，往往成为社区服务的短板。针对这一情况，海淀区在八里庄街道、曙光街道、青龙桥街道等多个街道和乡镇开展了“家庭助理、亲情扶助”义工行动试点，重点为困难群体和特殊家庭提供“家庭服务的好助理、亲情服务的好帮手”。八里庄街道重点打造了 4 支义工服务队伍，每支队伍由 80 名义工组成，社区党支部书记亲自担任总负责人。曙光街道两年来累计服务了 93 名受帮扶对象，其中 2020 年服务了 33 名受帮扶对象。

在具体运作方面，这一项目运用“义工＋社工”“多对一”精准帮扶小组的模式。在帮扶形式上，志愿者利用电话问询、上门探访等服务形式，为帮扶对象提供精准服务，让他们感受亲情的温暖。在志愿者选择上，从帮扶对象熟悉的邻里和社区工作者中安排人员结对帮扶，至少有 2 名志愿者为扶助对象提供服务。在充分发挥社区义工“本地化”优势的前提下，整合各类社区社会组织和社区内有效资源网络，打造一批有爱心、有水平的义工志愿帮扶队伍。这一模式的独特价值体现为其在社区服务过程中，充分发挥居民邻里相帮、街坊互助的传统优势。

（三）大力推进社区服务社会化，提升社区服务的效率

2006 年发布的《国务院关于加强和改进社区服务工作的意见》明确提出，要“发挥政府、社区居委会、民间组织、驻社区单位、企业及个人在社区服务中的作用，政府提供公共服务，鼓励、支持社区居民和社会力量参与社区服务”。社区服务社会化是提高社会服务效率的必然选择。早在 2013 年，北

京市民政局就与海淀区人民政府签署了《共建社区服务社会化示范区合作框架协议》，北京市民政局将进一步加强对海淀区社区服务社会化的政策倾斜和资金保障，全面加快海淀区社区服务事业的发展，共同建设北京市社区服务社会化示范区。《共建社区服务社会化示范区合作框架协议》明确，海淀区社区服务社会化以积极探索政府出资购买服务，激发社会组织活力为出发点，充分考虑辖区内高智力人群集中、高科技产业发达及高质量需求多样的特点，以品牌服务机构为依托和引领，不断吸收各类服务资源，促进服务主体之间相互补充、相互联系及相互合作的协同创新局面，形成“多元需求、多元参与、多元投入、多元共享”的完善的社会化社区服务体系。①

在社区服务社会化理念的指引下，海淀区改变政府直接提供社区服务的做法，推进社区服务的社会化供给方式，实现多元投入、多元参与、多元共享的社会化社区服务体系。其积极探索建立“政府出资购买、社会组织运营、全程跟踪评估”的项目化运营管理模式，将一部分社区公共服务项目通过政府采购、项目补贴等方式委托给符合条件的社会力量来提供专业性服务，有效推进了社区公共服务供给方式的创新，如上庄镇探索建立了机构设施场地委托方式。海淀区还引入了孔子基金会、壹基金等加入社区服务，引导社会组织从政府单一“输血”向多元“输血”和自我“造血”相结合转变，在参与社区服务的过程中提升社会化水平。

此外，海淀区还通过以奖代补，鼓励驻区单位内部设施对外开放。其利用高等院校多、大院大所多的区位优势，通过“以奖代补”等方式，鼓励驻区单位将文化、医疗、教育、体育等活动设施向社区居民开放，根据单位资源状况和社区居民需要，合理设置社区服务项目和收费标准。至目前，全区已有2 000多个单位的180多万平方米的内部设施向社区居民开放，累计受益群众400多万人次。

---

① 郭锡山. 社会治理背景下社区服务社会化发展路径探析：以北京市海淀区为例[J]. 社会建设，2018(6)：36－42,23.

四、以协商促共识，构建参与式社区自治体系

作为社会生活共同体，社区的生命力在于社区居民的广泛参与。然而，长期以来制约我国社区治理的主要问题之一就在于社区参与的严重不足。这导致社区在相当大程度上只是一个地域性的概念，社区建设在一定程度上还停留在政府自上而下的运动式推动上，社区居民的归属感不强，使得社区建设实际上成了政府的“独角戏”，这就是所谓“共同体困境”。①

居民参与不足、小众化同样是北京市社区治理中经常遇到的问题。据调查，北京市社区服务参与人群以老年人为主，而且多数是领取福利的老年人。② 近年来，海淀区以社区会客议事厅为平台，搭建起社区与居民、居民与居民之间沟通的桥梁，充分调动社区居民参与社区治理的积极性，初步形成了社区参与式治理模式。2018 年年底，全区 29 个街镇每个街镇建设 1 个社区会客议事厅试点，初步建立起由社区党组织领导，社区居委会、物业服务企业、业委会、驻区单位、社会组织、社区居民等共同参与的社区多元主体的治理格局。2019 年逐步完善会客议事协商机制，打造独具特色的海淀“社区会客议事厅”。2020 年，在全区推广，基本形成了协商主体广泛、内容丰富、形式多样、程序科学、制度健全、规范有序、行之有效的社区协商新局面。具体说，该模式可以概括为抓好“三个建设”、聚焦“三化”、突出“三性”。

（一）坚持党建引领，抓好“三个建设”，夯实协商基础

一是抓好组织机制建设。结合海淀区的实际，先后出台《海淀区关于加强城乡社区协商的实施方案》《海淀区社区议事厅工作指导规程（试行）》《海淀区“社区会客议事厅”建设试点方案（试行）》等内容，对社区议事协商内容、协商主体、协商形式、协商程序及议事规则进行了明确的规范，以确保协

---

① 郑杭生，黄家亮. 论我国社区治理的双重困境与创新之维：基于北京市社区管理体制改革实践的分析[J]. 东岳论丛，2012(1)：23－29.

② 本刊编辑部.《关于推进北京市社区治理的建议》摘编[J]. 北京工业大学学报(社会科学版)，2017(1)：1－3.

商民主有制可依、有规可守、有章可循、有序可遵。深化党建引领“吹哨报到”机制，建立健全区、街、社区三级协商联动机制，对社区协商无法解决的事项或跨社区事项，街镇可视情“吹哨”，协调相关部门和单位的支持，上下联动，切实为社区解决难题，增强服务的主动性、精准性、便捷性，提高群众的满意度。

二是抓好阵地平台建设。打造独具特色的海淀“社区会客议事厅”，通过立标准、定制度完善“会客议事厅”建设标准、职能设置和运行模式等，鼓励各街镇结合实际制定符合自身特点的“会客议事厅”运行机制，进一步规范社区议事场所，为群众参与协商民主创造良好的环境。鼓励街镇、社区创新丰富会客议事平台，建立民情诉求机制，线上线下，问需于民。

三是抓好议事队伍建设。为提升基层参与主体的协商意识和能力，推动基层民主的持续健康发展，海淀区重点通过加强人才保障、培养自治带头人、强化教育培训等措施，打造素质过硬的“领头雁”，确保社区协商长效运作；坚持把好“选人”关，优化社区干部队伍，力保有人管事；积极引导居民把有较强议事能力的社区骨干通过民主程序选为居民代表，选优培养居民自治带头人；强化教育培训，提升社区骨干力量的议事协商能力；依托政府购买，引入专业力量，培养、组织发动更多的居民和社会单位人员参与。中关村街道推广“全科社工＋”人才培养模式，全科社工负责“一岗接待”“开放空间”“接诉即办”，主动收集诉求并通过社区会客议事平台协调解决居民问题。北下关街道邀请专家及高校专业老师进行议事规则培训，举办“头脑风暴、开放空间”、世界咖啡馆等议事形式的讲解与现场实际模拟演练，引导社区居民逐步形成“遇事想协商、遇事会协商”的意识，引导社区居民逐步向理性求共识转变。

（二）坚持需求导向，聚焦“三化”联动，提升协商水平

一是聚焦协商程序规范化。以制度、标准体系推进协商程序规范化。结合实际，制定一系列规范性文件，对议事规则和议事程序等进行明确规定。创建“五步循环工作法”议事流程，即问民需、汇民意、议民题、执民事、

促民评，对议题收集、确定议题、会议审议、落实决议、成果评估各环节的工作主体、主要任务和工作方式等进行明确界定，通过标准化且制度化的议事流程、执行程序、监督方法等，全面提升社区治理法治化、科学化、规范化水平。学院路街道健翔园社区在“五步循环工作法”的基础上，结合实际，总结出了“值、记、访、巡、议、做、示”闭环式“健翔工作法”。温泉镇凯盛家园社区按照“五步循环工作法”，对社区存在的养犬矛盾、社区文化娱乐设施缺失等问题，通过会客议事平台“把脉会诊”，逐一解决居民身边的烦心事。

二是聚焦协商工作常态化。建立常态化会客议事协商机制，进一步健全居民会议、居民代表会议、社区议事协商会、线上协商会等议事制度，原则上社区会客议事厅每半年召开一次协商工作例会，每年至少召开两次。遇到有需要协商的重大事项，可临时召开相应会议。学院路街道健翔园社区每月最后一周的周一晚上召开“健翔社区议事协商会暨轮席值日生例会”，由社区党支部、社区居委会、业主委员会、物业公司代表、社区民警、骨干志愿者、轮值家庭代表及社区居民代表，对当月社区问题和台账逐条讨论协商，确定问题解决的主体、承诺问题解决期限，明确解决问题的具体行动计划。

三是聚焦协商成果效能化。协商的结果在于应用，应用的结果在于实效，因此要抓好协商结果的督促落实，注重评估问效，以考评督查推进协商成果的效能化。建立健全协商民主监督评价机制，推行居务公开，决策情况、实施情况、存在问题等都要及时向居民公布，便于居民民主监督。建立协商成果采纳、落实和反馈机制，实现发扬民主和提高效率相统一，防止议而不决或决而不施，打击居民对自治协商的积极性。突出督查考核制度化，将协商成果应用情况纳入年度考评，确保协商取得实效，居民共享协商成果。燕园街道承泽园社区针对将社区收费车棚升级改造为社区居民活动中心的议题，组织各方代表、居民代表进行民主商议，并且通过投票的方式最终确定实施社区收费车棚升级改造为社区居民活动室，在街道相关科室、社区“两委”和广大居民的监督下，活动室已改造完成并投入使用，得到居民的一致好评。为保证议事成效，中关村街道确立了“提前公告、结果公示、办结回访”的三步监督程序，通过公告议题内容、时间地点、参与人员、公示协商结果、经费使用情况、回访居民满意度和认可度，让居民可以“听过程、知结果、说感受”，以群众是否满意验证议事落实成效。

（三）坚持创新驱动，突出“三性”导向，激发民主活力

一是突出协商内容的针对性。协商内容是协商民主的生命。开展协商首要的是确定协商内容，提高协商内容的针对性。根据社区实际情况和居民意愿，加强对社区协商的分类指导，细化和拓展社区协商内容。实行社区协商事项目录管理，根据内容分类，聚焦小区环境提升、停车、养犬、文化等需求，分为制度建设类、为民服务类、环境整治类、文化服务类、民主监督类等类别。根据层级分类，可分为楼门、楼宇（楼院）、社区、街道类等。针对不同类别、不同层级，分类施策，推动解决居民身边的急事难事。中关村街道根据议事内容的不同，将“事”分为为民服务的实事、助人为乐的好事、邻里之间的急事、社区发展的难事，并且对不同“事”的内容进行了归类整理；根据协商规模不同，将社区协商分为微型协商会、中型协商会和大型协商会三个层级，针对不同事项，吹哨不同层级，共同协商解决。

二是突出协商形式的多样性。协商方式影响协商结果，根据参与主体情况和具体事项，结合“分类”“分层”原则，因事制宜，积极拓展协商形式，既有传统协商方式，又有现代网络协商方式。对专业性、技术性较强的事项，可采取召开民主评议会、决策听证会等方式，邀请相关专家学者、专业技术人员等参加；对于涉及面小的矛盾纠纷，可采取“楼门议事”“谈心谈话”等形式；对一时无法解决或存在较大争议的事项，可采取召开居民会议讨论表决等灵活多样的形式，让社区各类主体充分发表意见。苏家坨镇同泽园社区针对不同协商内容建立咨询型、议事型、对话型、调解型、决策型等不同类型的协商模式，同时借助网络技术，通过QQ群、微信群等开展线上议事。燕园街道承泽园社区针对“为老服务”，通过不同协商模式进行实践，最终确定了符合自身实际情况的议事方式：座谈式及串门式议事。

三是突出协商参与广泛性。参与的广泛性，是开展基层协商民主的内生动力，社会参与越广泛，就越能建立协商民主的公信力。为此，该区结合社区实际，积极拓宽参与范围，推动议事主体多元化。在模式构建上，实施“1＋1＋N”主体参与机制，即社区“两委”＋协商利益相关方，充分实现利益相关方的平等友好协商。清河街道智学苑社区引入第三方专家团队，与社区党组织、居委会、物业公司等各方共同探索形成“智汇五家”工作机制，形成多元共建共享的社区治理格局。

五、以科技增效能，构建智慧型社区运行体系

当前，人类社会正在经历着一场从工业文明到数字文明的深刻转型，以数字技术为核心的新一轮科技革命正迅速改变着社会。毫无疑问，社区治理不得不面对这一宏观的时代背景。

智慧社区是未来社区的必然形态。1996 年，美国圣地亚哥州立大学与加利福尼亚州政府合作推出世界首个智慧社区项目，即强调智慧社区以技术性与社会性高度嵌合的特点，将其定义为“在一个大小可以从邻域到多县的地区内，市民、团体和市政管理机构利用信息技术显著，甚至彻底地改造他们所生活的地区，政府、工业界、教育工作者和市民之间的合作将代替他们各自的孤立行动”[①]。早在 2016 年，由民政部、中央组织部、中央综治办等十六部门联合印发的《城乡社区服务体系建设规划（2016—2020 年）》就明确提出“智慧社区”这一概念，并且提出未来要努力打造设施智能、服务便捷、管理精细、生态宜居的智慧社区。北京市海淀区坐拥中关村科技园，以及数十所全国最顶尖的高等学校和科研院所，在科技创新方面具有其他地区无可比拟的独特优势。近年来，海淀区以满足居民需求为出发点和落脚点，运用科学技术为社区治理赋能，将“互联网＋”的理念与技术应用到社区公共服务、公益服务、便民服务的方方面面，在构建智慧社区方面走在全国前列。

---

① 李春友，古家军. 国外智慧城市研究综述[J]. 软件产业与工程，2014(3)：50－56.

（一）“互联网＋政务服务”，提升公共服务水平

依托互联网，构建不同类别的开放平台和体制机制，变被动服务为主动服务，变静态管理为动态治理，积极解决制约区域发展、影响民生质量的热点、难点问题。

1. 完善智慧政务支撑平台

2013年10月，海淀区就针对公共服务和民生事项推出“同区通办、三级联动”的创新改革，整合多个部门的信息资源，建成了覆盖全区政务服务项目的政务资源数据中心，实现了网络通、数据通、服务通，逐渐形成了“区、街、居”三级政务服务体系，让居民可以灵活地就近申办、就近领取办事结果。具体运行模式为：群众就近在社区（村）服务站提出申请、提交材料，材料报批实现电子化，通过信息化系统流转到街镇及区委办事局进行审核，审核结果反馈给社区（村）服务站，相应的纸质材料由社区存档，使事项办理在区、街镇、社区（村）三级联动，数据平台实时监控，政务服务体系运行做到“看得见”，改变了“群众跑，纸质传”的传统办理模式，实现了民生事项就近受理、联动审批、高效办结的目标。2018年，国务院关于“减证便民、优化服务”的部署要求和“中关村创新发展十六条”，积极推进“科技政府”建设，推出“码上办”综合服务平台，打造业务覆盖面更广的全流程、全链条创新服务体系，减少了办事人跑腿次数，让“数据多跑路、群众少跑路”成为常态。

2. 打造全生命周期信息平台

中关村街道按照社区成员出生、婴幼儿、青少年、中年、老年等不同年龄段的服务需求梳理各种办事指南、服务动态和热点资讯等，打造了全生命周期社区生活查询版块，实现了“登录此平台，服务全知道”。在此基础上，基于三维实景地图在全市率先创建了实景化、动态化的“一刻钟”服务信息圈，立体化、全景式地展现了本辖区生活性服务业网点、基础设施的总体情况。广大居民足不出户就能检索到离自己最近的各类网点的服务信息，可以身临其境地感受网点周边的环境状况。

（二）“互联网＋”智慧服务，提升便民服务水平

运用信息化手段探索解决居民的热点难点问题。中关村等街道利用互联网技术发展智慧养老，建立了智慧养老创新示范基地，提供家政服务、医疗健康、紧急救助、居家安全等智慧化和专业化的服务。中关村街道、清河街道、曙光街道等地区让居民的菜篮子搭上了互联网快车，引入科技型社区服务供应商——“车客家园”，实施“互联网＋社区＋农户”的服务模式，把绿色蔬菜直接送到居民手中。

类似社区服务已经拓展到智能门禁系统、“互联网＋”订餐、“互联网＋”再生资源上门回收、“互联网＋”停车等领域，极大便利了居民的生活。

（三）“互联网＋”治理服务，提升公益服务水平

在社区治理中融入“互联网＋”的元素，不断拓展居民自治和公益服务模式。区、街、社区普遍通过微信建立了信息推送和服务管理平台，利用微信平台把居民的线下关系搬到线上，楼门长通过微信收取卫生费、讨论楼门公共事项、传达社区通知等；社区志愿者和居民通过微信，实现问题定位、手机拍照、语音录音等方式上传发现的社区治理现象和问题，使居民可以随时随地参与社区治理，促进了居民的自我管理和服务。社区服务平台网站、微信公众号、LED显示屏等一键式信息发布平台，使居民可以快速获得信息，从而更方便更广泛地参与社区治理。

第三节 超大城市社区治理创新的深层意义

海淀区通过社区治理理念和体制机制方面的创新，大幅提升了社区治理体系和治理能力现代化水平，具有多方面的意义。

一、中国特色社区治理模式的探索

从根本上看，社会治理模式就是要处理国家与社会关系的不同模式。

在西方的治理理念中，国家与社会是此消彼长的对立关系，“国家-社会”的紧张关系既是一种历史常态也是一个现实困境。在社会学理论中，一些代表人物和理论流派，都在将国家和社会对立的前提下，理论地描述两者尖锐的对立关系。[①] 但这种理念和模式并不符合中国的传统和现实，因此探索中国特色的社区治理模式显得尤为重要。

海淀区在实践中按照以党建引领社建的理念，形成了社区党组织、居委会、服务站、物业公司、业委会、社区民警、社会组织、驻区单位、社区居民全体投入，共建共享的“一核多元、复合治理”的模式。在这种模式中，国家与社会不仅不是对立的，而且还在基层党组织这一核心力量的主导下形成了良性互动、相互补充的关系。通过党建整合区域资源、凝聚各方力量，把党的政治优势和组织优势转化为社会治理优势，不断巩固党在海淀区基层的执政基础，推进海淀区治理体系和治理能力现代化。

二、社会重心下移背景下民生改善之路的探索

所谓民生问题，就是老百姓遇到的与衣食住行、生老病死等日常生活相关的问题，是老百姓过日子所遇到的种种问题。改善民生是社区建设的重点。社会重心的下移，使得民生问题的诸多方面下沉到社区，这为社区赋予了新的使命，也为社区建设提出了严峻的挑战。使社区居民有生活共同体的认同感，进而产生意义共同体的归属感、依附感，是实现社区有效治理的关键，而这首先体现在社区民生问题能不能得到很好的满足上。

海淀区将大量民生资源下沉到社区，而且结合自身特点，探索出具有海淀特色的“直达式多样性社会化社区服务”新模式，大幅提升了社区服务的品质。这种模式最重要的特点是根据居民需要分类施策、提供精准服务，如区分公共服务、公益服务和便民利民服务，不同类型的服务依托不同的主体。而且根据商品房社区、大院单位社区、回迁房社区、保障房社区、老旧社

① 郑杭生. 社会建设和社会管理研究与中国社会学使命[J]. 社会学研究，2011(4)：12-21，242.

区、平房社区等不同社区类型，实施多样性的社区服务。同时，建立健全“政府出资购买、社会组织运营、全程跟踪评估”的项目化运营管理模式，将一部分社区公共服务项目通过政府采购、项目补贴等方式委托给符合条件的社会力量来提供专业性的服务，广泛吸纳驻区单位、社会组织、志愿者、专业社工、服务商等各类社会力量协同参与社区服务，服务主体呈多元化特征，形成了较为成熟的社会化社区服务模式。此外，海淀区还探索出了将社区本地志愿者、社工等力量结合起来，为特殊困难群体提供“家庭助理、亲情扶助”义工行动，很好地体现了“三社联动”的理念。

三、基层协商民主的生动实践

协商民主是符合中国国情的民主实现形式，社区协商是基层民主协商的重要的形式之一，是基层群众自治的生动实践。当前，我国社会群体分化日益严重，利益主体日益多元、利益诉求更加多样，只有坚持有事多协商、遇事多协商、做事多协商，才能找到各方意愿和要求的最大公约数，从而形成共识、汇聚力量，真正形成多元共治的良好局面。

海淀区大力推进以“社区会客议事厅”为代表的社区协商，规范协商流程，抓住群众关心的操心事、烦心事、揪心事开展多种形式的协商，开辟了一条联系群众、优化决策、化解矛盾、改进工作的新途径。经过各街道、各社区广泛的实践探索，逐渐形成了社区党组织领导、社区居委会牵头，物业服务企业、业委会、驻区单位、社区居民等多元主体共同参与的“1＋1＋N”多元协商治理格局。这是基层民主协商在海淀的生动实践。

四、数字化时代的社区治理实践

曼纽尔·卡斯特指出，网络建构了我们社会的新社会形态，而网络化逻辑的扩散实质性地改变了生产、经验、权力与文化过程中的操作和结果。[①]

---

① 曼纽尔·卡斯特.网络社会的崛起[M].夏铸九，译.北京：社会科学文献出版社，2006：434.

如何在数字化时代开展社区治理是社区建设的一个时代性命题。

著名科学家周干峙院士曾提出“数字型社区”这一概念，并将其定义为“数字型社区是指信息化社区(informationzation community 或 e-Home)，包括一定范围内的，或城市特定行政管理地区或城市功能地区的基础设施与功能设施的全部数字化、网络化和智能化。它是一种新型的住宅和办公楼区，它是建筑艺术、园林艺术、现代高科技的综合体，是生活、学习与工作理念与信息技术、电子技术的现代化高科技的完美结合。它向住户提供了一种更加安全、舒适、方便、快捷，以及开放的智能化、信息化生活与工作的空间”①。社区的数字化实质上是“生活、学习与工作理念与信息技术和电子技术的现代化高科技的完美结合”。海淀区近年来运用其独特的科学技术优势为社区赋权，探索具有海淀特色的“互联网+”社区治理模式。

① 韩子荣，连玉明.中国社区发展模式：数字化社区[M].北京：中国时代经济出版社，2005：27.

第十二章　总结与讨论

基层社会组织模式和人们日常生活方式的变革，是一个社会最深层次的变迁。对中国社会来说，社区正是这种变革的承载者。理解我国社区治理的实践逻辑与未来趋势，要具有历史视野和时代眼光，要在我国基层社会共同体变迁与转型的历史脉络中认识我国社区治理的独特逻辑，也要在新的时代背景下推进基层社会共同体的重建。

第一节　基层社会治理共同体的转型与重建

无论是从历史背景、历史使命还是从实践历程和实践模式来看，我国社区建设都呈现鲜明的中国特色和独特的内在逻辑。正如有学者指出的那样，社区是文化的微型储存器，任何一个国家的生活密码都可以在社区中显现。中国社区既不是宗教精神孕育出来的生活场域，也不是极端的物权逻辑所支配的独立领域……当代中国城市社区既包含着中国人的生活哲学，又包含着在剧烈社会转型背景下社区精神的转化与新生①。中国社区凝结着特定时空下,中国人的生活方式、中国社会的治理模式,以及中国独特的社会转型轨迹,因此无疑是独特的。对于这种独特性的理解、提炼、诠释,并且助推其创新发展,是中国社区研究者的使命。

一、基层社会治理共同体的转型

我国社区建设的基本背景是单位制的解体与社区制的兴起。伴随着单位制的解体,单位作为基层社会治理共同体的功能失灵了,单位人转移到社区,成为社会人、社区人,社区逐渐成了新的基层社会治理共同体。特殊的历史背景和转型过程,使得我国社区从一开始就承载着独特且多元的功能与使命,也赋予了我国社区特殊的属性。多元功能,是指我国社区需同时实现社会服务、社会保障、维护稳定、民主自治、交往合作等功能;多重使命,是指我国社区建设既要担负重构整个社会的基本治理单元的使命,又要担负重构人们社会生活的基层共同体的使命。所谓社区建设,就是要通过"建设",使社区能够实现这些功能、承载这些使命。笔者曾将中国社区的属性和建设路径概括为"社区的双重属性"与"社区建设的双向模式"。②

所谓社区的双重属性,是指我国所致力于建设的社区既是"作为国家治理单元的社区",又是"作为人们社会生活共同体的社区"。这既是社区的双重属性,又是社区理论关于社区的两种假设。一些关于社区的理论将这两者对立起来,只强调后一种属性,而排斥前一种属性,并且将理论建立在后一种假设的基础之上。实际上,我国社区的这两种属性是一体两面、缺一不可的,而且处理得好是能够相互促进的。这是对中国社区建设的一个基础性认识。

所谓社区建设的双向模式,是指我国社区建设的具体路径是自上而下

① 刘建军.论中国社区精神[J].广西师范大学学报(哲学社会科学版),2021(1):22-42.
② 彭莉莉,黄家亮.社会实践结构性巨变与城市基层共同体的重构:社会学视野下社区建设的"中国经验"(1986—2012)[J].学习与实践,2012(9):56-65.

的政府推动与自下而上的经验汇集的良性互动。在西方，社区经历了一个长期的自下而上逐渐发育的过程，而我国社区建设则是在政府行政推动下启动的。但这种自上而下的推动并不是凭空发生的，而是汇集了各种地方创新经验。中央随时从地方提取制度创新的成果并加以改造后在更大范围内推广，地方也具有很大的自主创新空间。

二、基层社会治理共同体的重建

如何在个体化时代重建基层社会治理共同体，是我国社区面临的根本问题，也是本书要回答的核心问题。重建基层社会治理共同体，需要系统回答我国所面临的五个方面的普遍性问题或称“五大时代性挑战”。第一，如何构建政府、市场与社会之间的良性互动关系，在总体上形成合作共治的基层治理格局；第二，如何在社会重心下移的背景下改善民生，构筑基层生活共同体；第三，如何在社会冲突加剧的情形下重建基层秩序，构建基层社会治理共同体；第四，如何在利益日益分化的形势下协调多元利益，构建社区利益共同体；第五，如何在价值观念开放多元的时代促进意义共同性，构建社区精神共同体。

“五大时代性挑战”，概括起来最重要的是如何在陌生人世界里构筑人际关系和谐的社会共同体和在价值观念开放多元的环境中构建社会认同度高的意义共同体。社区共同体包括“硬”“软”两个维度：从“硬”的方面来看，是要在陌生人世界里构建人际关系和谐的社会生活共同体；从“软”的方面来看，是要在价值观念开放多元的环境中构建社会认同度高的精神共同体。因此，社区建设的各项具体举措是否得当，要看其是否从根本上促进基层社会生活共同体和精神共同体的形成。

当前，人类社会正经历着百年甚至千年未有之巨变。数字化、信息化、智能化、全球化、风险化等迅速而深刻地塑造着人类的生活方式和社会的组织方式，自然也改变着我国社区的运作方式，智慧社区、韧性社区、完整社区、老旧社区的更新升级，以及超大城市社区治理重塑等命题应运而生，考验着基层的智慧。

三、构建新型"国家—社会"关系

理顺三大部门关系、构建多元复合的社区治理体系是社区建设的主线。政府、市场、社会是社区建设的三大主体，三者既是相互关联的整体，又是相对独立的、有着各自独特运作逻辑和特长的三大部门，只有三大部门的关系理顺了，社区建设的各项事业才能得到充分且自由的发展。

三大部门的关系本质上是国家与社会的关系。如同经济体制改革主要是围绕国家与市场关系的重建这一主轴展开的一样，包括社区体制改革在内的整个社会体制的改革是围绕着国家与社会关系重建这个主轴展开的。在西方治理理论中，国家与社会往往是二元对立、非此即彼的。但我国社区建设的实践表明，两者不仅不是对立的，而且可以相互合作、彼此形塑，形成一种新型的"国家—社会"关系。

国家与社会的关系，具体到社区建设中，就是要处理好社区各主体之间的关系，具体说就是自治组织、行政组织和市场组织的关系。我国的社区制与过去的单位制、街居制有着千丝万缕的联系，所以行政化过强而自治能力不足一直是制约社区发展的瓶颈。但需要强调的是，自治不等于不需要政府和市场等其他主体，而是要正确处理政府、市场和社会的关系，合理划定三者的分工，正是在这种意义上，有学者指出"自治是一种关系、一种分工、一种过程"①。

如何处理好作为自治组织的社区居委会和作为行政组织的街道之间的关系，既要防止居委会的行政化又要防止其边缘化或空心化是社区体制改革的首要任务。在实践中，几乎所有城市的社区制度创新首先都是围绕这一核心问题展开的，而且一个普遍的做法就是在社区设置社区服务平台——各地有社区工作站、社区服务站、社区居民事务办理站、社

① 郑杭生. 社会公平正义与和谐社区建设：对社区建设的一种社会学分析[J]. 中国特色社会主义研究，2007(6)：36－42.

区事务代办站等不同叫法，履行政府的行政职能，从而减轻社区居委会的负担，使其逐渐“去行政化”。尽管在社区服务平台与社区居委会、街道及政府职能部门之间的关系上，不同城市往往有不同的探索，如“居站分设模式”“居站并设模式”“多居一站模式”“社区专干模式”等，但无论是哪一种模式，在强调社区各主体之间合作共治、复合治理方面，目标是一致的。

四、以党建带社建

以社区党建带动社区建设的其他方面，是中国社区建设的独特路径。社区建设的内容丰富多样，包括社区党建、社区组织、社区服务、社区保障、社区文化、社区教育、社区治安、社区卫生等方方面面；社区的主体多种多样，包括党组织、居委会、业主委员会、物业公司、民间组织、志愿组织等。但党组织在社区建设中发挥核心作用，是整合陌生人世界不可替代的主导力量。

各地社区建设的经验表明：通过基层党建带动社区建设，即“以党建带社建”，是中国社区建设的独特路径。具体来说，从治理结构来看，社区运转模式通常有“1＋1”(社区党组织＋社区居委会)、“1＋2”(社区党组织＋[社区居委会＋社区工作站])、“1＋2＋1”(社区党组织＋[社区居委会＋社区工作站]＋社区志愿者大联盟)、“1＋3”(社区党组织＋[居民委员会＋业主委员会＋物业企业])等。但不管是哪种模式，都离不开“1”这个作为整合核心的基层党组织，目前没有任何社会力量能在基层起到这样的整合作用。而且，研究表明，越是陌生化程度高的社区，越需要社区党组织的支撑。因此，有学者说“离开了以基层党组织为整合陌生人世界的主导力量，就不可能理解中国社区建设的过去、现在和未来，也不可能真正理解中国社区建设最大的特色。”①

“理论是灰色的，而生活之树是常青的”，中国社区建设的实践已经创造了

① 郑杭生．破解在陌生人世界中建设和谐社区的难题：从社会学视角看社区建设的一些基本问题[J]．学习与实践，2008(7)：5－12，1．

大量的经验，而且日新月异的社区建设实践还会源源不断地为我们提供更多的新鲜经验。只要理论界真正树立理论自觉的意识，从我国社区建设的实际出发，而不是从西方既有理论框架出发，一定能够更加深入、客观地洞察我国社区建设的逻辑，并且构建出更加具有解释力的中国特色社区理论。

第二节　社区建设的未来趋势

我国社区建设已经取得了显著的成就，但离真正实现基层社会治理共同体重建、有效应对五大时代性挑战还有较大的距离。未来，我国社区建设的方向主要包括以下六方面。

一、健全社区综合治理体系

目前，基层党组织领导、基层政府主导的多方参与及共同治理的城乡社区治理体系从总体上看已初步形成，但仍需进一步完善社区治理的体制机制。

第一，要深入推广区域化党建的典型经验，实现资源的共建共享，推动问题的合作解决。挖掘驻区单位的资源潜力，要通过更高层面、更高水平的协商，打破单位与社区之间的壁垒，以共建促进共享、以共享巩固共建。

第二，要加大社区社会组织的培育力度。社区社会组织是社会组织中最通民心、最接地气的一类组织，其联系群众的广泛性、组织群众的便利性、服务群众的直接性优势，是其他社会组织所不及的。我国要制定并实施好社区社会组织培育发展计划、社区社会组织能力提升计划、社区社会组织作用发挥计划、社区社会组织规范管理计划等四大计划，全面提升社区社会组织在社区治理中的地位和作用。

第三，探索发展社区基金会等新型社区社会组织。社区基金会作为一种新型的社区组织平台，其灵活的资金筹备、资助运作模式，使其可以在社区治理中发挥重要作用。

二、提升社区治理和服务的精细化水平

社会治理与服务归根到底是要提高老百姓的获得感、幸福感和安全感，只有精细化的治理和服务才能让老百姓获得这“三感”。

第一，要深入推进分类施策的理念，充分利用大数据等现代科技手段摸清不同社区、不同身份、不同职业、不同年龄社区居民的具体需求，开展有针对性的服务；更好地发挥“12345”市民服务热线的作用，深化“接诉即办”改革，用好民生大数据，推动主动治理、未诉先办，解决好群众身边的操心事、烦心事、揪心事。

第二，要针对高龄、空巢、病残、失能等困难群体和特殊家庭的需求，提供个性化、人性化的服务。可在全区大范围推广“家庭助理、亲情扶助”义工行动试点的经验；要充分估计本区的老龄化速度，对社区特别是一些老旧小区进行必要的适老化改造。

第三，在城乡社区治理过程中要树立全周期管理的思路，统筹治理过程中的各个利益相关者，并且将制度建设、法治建设层层落实，从社区层面细化群防群控的精准度，实施更加精细化的城乡社区治理新模式。

第四，要补齐老旧小区社会治理的短板。在老旧小区改造过程中，要充分激发社区居民参与的积极性，特别是要用好社区居民议事厅等议事协商平台，广泛听取不同利益主张的居民和社区干部的意见，凝聚各方力量，把事办实办好。

第五，发挥业委会（物管会）和物业行业协会的作用。开展物业管理突出问题专项治理，着力提高物业服务水平；鼓励用市场化等多元手段破解老旧小区、失管弃管小区物业管理难题，推动物业服务市场的健康发展。

三、提升社区治理的专业化水平

我国的社区要提供高水平专业化的社区服务，就要大力推进社区工作

队伍的职业化和专业化建设;要强化教育培训,提升社会工作人才队伍素质;建立健全社区工作者培训体系,每年通过对新入职社区工作者初任培训、普通社区工作者集中轮训、骨干社区工作者专题培训等方式,实现从初任社区工作者到普通社区工作者再到社区骨干和书记主任的多层级培训。

强化对持证社会工作者的培养、选拔、任用、评价,具有社会工作师资质的,优先选拔任用为社区党组织、社区居委会、社区服务站负责人;推进社会工作职业资格认证,提高社会工作人才运用专业社会工作理论方法指导实践的能力,推进社区服务专业化进程;培育一批社会工作服务机构,尤其是要加强与高校社会工作相关院系的合作,利用辖区独特的人才优势,为社区治理源源不断地提供专业服务力量;提高社会工作者的薪酬待遇,解决社会工作者的后顾之忧,防止人才流失。

四、加快推进智慧社区建设

要着眼于“未来社区”的理念和目标来规划海淀区下一阶段的社区建设,加快推进智慧社区建设。利用大数据、人工智能、云计算等建立智慧社区,是未来社区发展的必然趋势。2019 年,浙江省政府已率先发布了国内首个未来社区建设的方案——《浙江省未来社区建设试点工作方案》,聚焦人本化、生态化、数字化三大价值坐标,为浙江未来社区建设提出了明确的工作目标和建设要求。海淀区在信息技术创新方面具有独特的优势,要在社区信息化建设成果的基础上,推动社区信息化的升级迭代,瞄准未来社区、智慧社区的目标定位,制定相关规划,加大推进力度,使海淀区成为智慧社区建设的样板。从短期来看,需要重点做好以下三个方面的工作。

第一,进一步推动社区信息技术建设,加大对信息管理系统、网络平台建设的投入,掌握居民骨干、党员和志愿者的数据信息,以便随时调度人力。

第二,利用好信息技术平台,开展精细化社区服务。信息平台汇集居民、物业、商家,以及辖区企业的人力、物力与服务资源信息,及时汇总社区居民生活需求信息,从而构建线上供需对接机制,高效解决人口流动、交通管理、物流供应、健康管理等治理难题。

第三，大力发展智能远程就医、远程开门、人脸识别、智能巡逻测温机器人等智能化产品，全面提升社区尤其是老旧小区的智能化管理水平。

五、加快推进韧性社区建设

韧性社区是指在面对各类突发事件或灾害事件时，社区能够有效利用各种资源至灾害预防、应对、抵抗和恢复的整个过程中，表现为社区的自组织、自适应和自我恢复能力。许多国家已经推出韧性城市建设计划，英国将城市韧性与国家韧性战略结合，设立专职公务员制定韧性城市计划；荷兰鹿特丹市就应对海平面上升制定韧性城市计划；纽约为应对极端气候，大力改善沿海防洪设施，尤其关注城市基础设施工程韧性；日本则注重从环境、制度、个体和社区四个维度长期进行韧性社区营造。

推进韧性社区建设，首先要建成有抗逆力的社区应急管理体系。具体来说：

第一，调整和升级现有应急管理责任体系。将以往“单灾种”“分门别类、各负其责”的各部门协调融入应急管理组织架构中，拟定综合应急管理体系工作职责，细化各主体在基层应急中的职责清单与合作机制。

第二，提高紧急状态下社区的能动性。要制定标准、高效的社区应急工作流程，一旦遇到紧急情况，社区就要根据具体情况先行、先动，而非过度依赖上级指令与决策，贻误时机。

第三，多维度提高社区的危机预防能力。推出多样化空间建筑标准、灾害保险、应急预案、预警系统、应急中心、救援培训等系统政策，增加社区安全教育、应急演练等环节。

第四，增加社区应急能力的资源投入。保证社区应急资源的丰富性与多样性，打造功能混合的多样性社区公共空间，储备必要急救、医疗等应急资源，确保风险、灾害暴发时畅通资源支持机制，能够为政府系统、社会系统和市场系统的资源及时进入社区提供保障。

六、加快推进完整社区建设

完整社区这一概念最初是由中国工程院和中国科学院两院院士吴良镛从社区规划理念与创新的角度提出来的。2011 年，在上海世博会高峰论坛演讲中，他提出，社区是人最基本的生活场所，社区规划与建设的出发点是基层居民的切身利益。不仅包括住房问题，还包括服务、治安、卫生、教育、对内对外交通、娱乐、文化公园等多方面因素，既包括硬件又包括软件，内涵非常丰富，应是一个“完整社区”(Integrated Community)的概念。这是社区治理理念的一次创新，不仅对于规划社区具有启发意义，对于完善已有社区的建设来说也非常重要。

2020 年 8 月，住房和城乡建设部、教育部、工业和信息化部等 13 个部门联合发布的《关于开展城市居住社区建设补短板行动的意见》中公布了《完整居住社区建设标准(试行)》。2023 年 7 月，国家住房城乡建设部、国家发展改革委、民政部等 7 个部门联合发布了《关于印发完整社区试点名单的通知》，提出在全国 106 个社区开展为期 2 年的完整社区建设试点工作，正式拉开了全国完整社区试点建设的帷幕。在试点期间，这些社区将重点解决社区居民反映强烈的难点、堵点、痛点问题，在开展专项体检的基础上，摸清设施配套、环境建设、服务治理等问题短板，制订完整社区建设项目清单，补齐养老、托育、健身、停车、充电、便利店、早餐店、菜市场、“小修小补”点等设施短板，推进社区适老化、适儿化改造，推动家政进社区，完善社区嵌入式服务，提高社区治理数字化、智能化水平。

完整居住社区，是指在居民适宜步行范围内有完善的基本服务设施、健全的便民商业服务设施、完备的市政配套基础设施、充足的公共活动空间、全覆盖的物业管理和健全的社区管理机制，并且居民归属感、认同感较强的居住社区。按照《完整居住社区建设标准(试行)》，完整居住社区围绕基本公共服务设施完善、便民商业服务设施健全、市政配套基础设施完备、公共活动空间充足、物业管理全覆盖、社区管理机制健全 6 大目标形成了一套完整的指标体系，共计 20 项具体项目，如基本公共服务设施完善要求社区必须有一个社区综合服务站、一个幼儿园、一个托儿所、一个老年服务站、一个社区卫生服务站，而每个建设内容都有对应的建设要求。每个项目又有具体的建设要求，如一个老年服务站的建设要求是与社区综合服务站统筹建设，为老年人、残疾人提供居家日间生活辅助照料、餐饮、保健、文化娱乐等服务。具备条件的居住社区，可以建设 1 个建筑面积不小于 350 平方米的老年人日间照料中心，为生活不能完全自理的老年人和残疾人提供膳食供应、保健康复、交通接送等日间服务。这为新社区的规划建设、老旧小区改造等提供了具有很强操作性的指引。

可以预见，未来随着完整社区在全国范围内更大规模地得到推广，我国社区服务、社区治理水平将得到大幅度提升，社区将成为更有温度、更有亲和力、更有吸引力的基层社会治理共同体！

参考文献

[1] 埃莉诺·奥斯特罗姆,等.公共服务的制度建构：都市警察服务的制度结构[M].宋全喜,任睿,译.上海：上海三联书店,2000.

[2] 皮埃尔·布迪厄,华康德.实践与反思：反思社会学导引[M].李猛,李康,译.北京：中央编译出版社,1998.

[3] 卜万红.论我国基层协商式治理探索的成就与经验：基于民主恳谈会与“四议两公开”工作法的分析[J].河南大学学报(社会科学版),2015(5)：45-52.

[4] 曹锦清.曹锦清：如何建设“社会”[J].检察风云,2012(13)：4-5.

[5] 蔡禾,贺霞旭.城市社区异质性与社区凝聚力：以社区邻里关系为研究对象[J].中山大学学报(社会科学版),2014(2)：133-151.

[6] 常沛.论民间调解人的权威与信用[J].理论月刊,2013(3)：128-132.

[7] 陈微,马丽华.中国和谐社区：上城模式[M].北京：中国社会出版社,2011.

[8] 程玉申,周敏.国外有关城市社区的研究述评[J].社会学研究,1998(4):56-63.

[9] 陈家刚.协商民主:概念、要素与价值[J].中共天津市委党校学报,2005(3):54-60.

[10] 陈成文,谭娟.税收政策与慈善事业:美国经验及其启示[J].湖南师范大学社会科学学报,2007(6):77-82.

[11] 陈书洁,张汝立.政府社会服务观与社会公共服务改革:英美政府购买社会公共服务的比较研究[J].探索,2011(4):147-151.

[12] 陈安,师钰.韧性城市的概念演化及评价方法研究综述[J].生态城市与绿色建筑,2018(1):14-19.

[13] 陈朋.地方治理视野的社区基金会运行[J].重庆社会科学,2015(10):59-65.

[14] 崔开云.社区基金会的美国经验及其对中国的启示[J].江淮论坛,2015(4):42-49.

[15] 丹尼尔·贝尔.后工业社会的来临[M].高铦,等译.北京:新华出版社,1997.

[16] 邓锁.科层制与现代性的命运[J].甘肃社会科学,2004(6):125-128.

[17] 邓锁.社区服务研究:近十五年以来的发展和评析[J].甘肃社会科学,2000(4):63-66.

[18] 多吉才让.城市社区建设读本[M].北京:中国社会出版社,2001.

[19] 董磊明.宋村的调解:巨变时代的权威与秩序[M].北京:法律出版社,2008.

[20] 范愉.社会转型中的人民调解制度:以上海市长宁区人民调解组织改革的经验为视点[J].中国司法,2004(10):55-62.

[21] 方雷,孟燕.新中国成立70年来基层协商民主发展的历史逻辑[J].中共中央党校(国家行政学院)学报,2019,23(5):30-38.

[22] 方勇.柔性控制：政府主导型社区基金会的项目制运行逻辑[J].社会主义研究,2018(2)：98-109.

[23] 斐迪南·滕尼斯.共同体与社会：纯粹社会学的基本概念[M].林荣远,译.北京：商务印书馆,1999.

[24] 费孝通.学术自述与反思：费孝通学术文集[M].北京：生活·读书·新知三联书店,1996.

[25] 费孝通.乡土中国　生育制度[M].北京：北京大学出版社,1998.

[26] 费孝通.对上海社区建设的一点思考：在"组织与体制：上海社区发展理论研讨会"上的讲话[J].社会学研究,2002(4)：1-6.

[27] 费孝通.当前城市社区建设一些思考[J].群言,2000(8)：13-15.

[28] 冯钢.现代社区何以可能[J].浙江学刊,2002(2)：5-11.

[29] 冯辉,左家囡.美国基金会的税法规制及其启示[J].社会科学家,2015(3)：115-119.

[30] 冯仕政.社会治理与公共生活：从连结到团结[J].社会学研究,2021,36(1)：1-22,226.

[31] 乔治·弗里德里克森.公共行政的精神[M].张成福,等译.北京：中国人民大学出版社,2003.

[32] 付建军.从建立政权到治理现代化：中国共产党协商治理的百年历程与实践进路[J].江西财经大学学报,2021(4)：14-24.

[33] 高鉴国.美国慈善捐赠的组织运行机制[J].学习与实践,2010(4)：117-122.

[34] 毛高杰.社会资本与农村纠纷解决[D].长春：吉林大学,2012.

[35] 顾朝林.中国城市地理[M].北京：商务印书馆,1999.

[36] 顾桂兰.日本应急管理法律体系的六大特点[J].中国应急救援,2010(2)：48-51.

[37] 郭安.关于社区服务的涵义、功能和现有问题及对策[J].中国劳动关系学院学报,2011(2)：92-97.

[38] 关信平,张丹.论我国社区服务的福利性及其资源调动途径[J].中国社会工作(社会科学版),1997(6):38-39.

[39] 关信平.当前我国增强社会组织活力的制度建构与社会政策分析[J].江苏社会科学,2014(3):83-89.

[40] 郭锡山.社会治理背景下社区服务社会化发展路径探析:以北京市海淀区为例[J].社会建设,2018(6):36-42,23.

[41] 韩子荣,连玉明.中国社区发展模式:数字化社区[M].北京:中国时代经济出版社,2005.

[42] 何兵.论民间调解组织之重构[J].中国司法,2004(2):24-27,53.

[43] 何海兵.我国城市基层社会管理体制的变迁:从单位制、街居制到社区制[J].管理世界,2003(6):52-62.

[44] 何包钢.协商民主:理论、方法和实践[M].北京:中国社会科学出版社,2008.

[45] 何威.治理共同体建构:城市社区协商治理研究:以上海市普陀区为例[D].上海:华东师范大学,2018.

[46] 胡鸿保,姜振华.从"社区"的语词历程看一个社会学概念内涵的演化[J].学术论坛,2002(5):123-126.

[47] 黄家亮.论社区服务中国家、市场与社会的互构:以北京市 96156 社区服务模式为例[J].北京社会科学,2012(3):41-46.

[48] 黄家亮,郑杭生.社会资源配置模式变迁与社区服务发展新趋势:基于北京市社区服务实践探索的分析[J].社会主义研究,2012(3):70-74.

[49] 黄家亮,南方,袁振龙.我国社区基金会发展中的问题与对策[J].社会治理,2019(12):65-72.

[50] 郑杭生.新中国 60 年·学界回眸:社会学与社会建设卷[M].北京:北京出版社,2009.

[51] 黄晓星,蔡禾.治理单元调整与社区治理体系重塑:兼论中国城市社

区建设的方向和重点[J]. 广东社会科学,2018(5): 196-202.
[52] 黄宗智. 中国法庭调解的过去和现在[M]//许章润. 清华法学(第十辑). 北京: 清华大学出版社,2007.
[53] 黄宗智. 过去和现在: 中国民事法律实践的探索[M]. 北京: 法律出版社,2009.
[54] 基金会中心网: 美国社区基金会[M]. 北京: 社会科学文献出版社,2013.
[55] 贾康. 区分"公平"与"均平"把握好政府责任与政策理性[J]. 财政研究,2006(12): 6-10.
[56] 焦若水,王凯. 发现主体性: 城市社区参与的困境与出路[J]. 开发研究,2019(5): 147-154.
[57] 蒋源. 从粗放式管理到精细化治理: 社会治理转型的机制性转换[J]. 云南社会科学,2015(5): 6-11.
[58] 景天魁,毕天云. 从小福利迈向大福利: 中国特色福利制度的新阶段[J]. 理论前沿,2009(11): 5-9.
[59] 强世功. 调解、法制与现代性: 中国调解制度研究[M]. 北京: 中国政法大学出版社,2001.
[60] 莱斯特·M. 萨拉蒙. 公共服务中的伙伴: 现代福利国家中政府与非营利组织的关系[M]. 田凯,译. 北京: 商务印书馆,2008.
[61] 雷洁琼. 转型中的城市基层社区组织[M]. 北京: 北京大学出版社,2001.
[62] 李汉林,李路路. 资源与交换: 中国单位组织中的依赖性结构[J]. 社会学研究,1999(4): 46-65.
[63] 李强. 中国城市社会社区治理的四种模式[J]. 中国民政,2017(1): 52.
[64] 李培林. 社区治理成为一个核心议题[J]. 哈尔滨工业大学学报(社会科学版),2013(6): 1.

［65］ 李友梅.新公共性与中国转型社会学理论范式创新［J］.学术月刊，2024(2)：5－20.
［66］ 李友梅，肖瑛，黄晓春.当代中国社会建设的公共性困境及其超越［J］.中国社会科学，2012(4)：125－139，207.
［67］ 李友梅.我国特大城市基层社会治理创新分析［J］.中共中央党校学报，2016(2)：5－12.
［68］ 卢汉龙.单位与社区：中国城市社会生活的组织重建［J］.社会科学，1999(2)：52－54，57.
［69］ 李学举.一篇指导社区服务的重要文献［J］.中国民政，2006(6)：6－9.
［70］ 李春友，古家军.国外智慧城市研究综述［J］.软件产业与工程，2014(3)：50－56.
［71］ 中央社会主义学院中国政党制度研究中心.社会主义协商民主制度研究［C］.北京：九州出版社，2014：7.
［72］ 李怡心.关于国外慈善事业的研究综述［J］.道德与文明，2006(2)：16－19.
［73］ 李韬.慈善基金会缘何兴盛于美国［J］.美国研究，2005(3)：132－146，6.
［74］ 梁宏飞.日本韧性社区营造经验及启示：以神户六甲道车站北地区灾后重建为例［J］.规划师，2017(8)：38－43.
［75］ 罗伯特·帕特南.独自打保龄：美国社区的衰落与复兴［M］.刘波，译.北京：北京大学出版社，2011.
［76］ 梁漱溟.梁漱溟全集(第二卷)［M］.济南：山东人民出版社，1990.
［77］ 林尚立.公民协商与中国基层民主发展［J］.学术月刊，2007(9)：13－20.
［78］ 林端.儒家伦理与法律文化：社会学视点的探索［M］.北京：中国政法大学出版社，2002.

［79］ 刘敏. 论传统调解制度及其创造性转化：一种法文化学分析[J]. 社会科学研究，1999(1)：57－62.

［80］ 刘海强. 乡土人情社会向法治社会转型的困境和出路[J]. 才智，2013(17)：271－272.

［81］ 刘晔. 公共参与、社区自治与协商民主：对一个城市社区公共交往行为的分析[J]. 复旦学报(社会科学版)，2003(5)：39－48.

［82］ 刘少杰. 新形势下中国城市社区建设的边缘化问题[J]. 甘肃社会科学，2009(1)：11－14.

［83］ 刘少杰. 后现代西方社会学理论[M]. 北京：社会科学文献出版社，2002.

［84］ 刘建军. 论中国社区精神[J]. 广西师范大学学报(哲学社会科学版)，2021(1)：22－42.

［85］ 刘建军. 单位中国：社会调控体系重构中的个人、组织与国家[M]. 天津人民出版社，2000.

［86］ 刘建军. 社区中国：通过社区巩固国家治理之基[J]. 上海大学学报(社会科学版)，2016(6)：73－85.

［87］ 刘亚秋. 记忆社区：探索社区文化的路径及理论基础[J]. 江汉学术，2023(4)：36－45.

［88］ 刘亚秋. 建立于地点上的集体记忆：社区文化的一个研究视角[J]. 清华大学学报(哲学社会科学版)，2023(6)：102－113，222－223.

［89］ 刘亚秋. 基层社会治理何以有效：一项对社区在地文化的社会学分析[J]. 社会科学辑刊，2023(1)：69－76，238.

［90］ 刘亚秋. 特大城市基层社区治理与重建社会性联结：基于成都市社区调查资料的分析[J]. 社会科学辑刊，2021(5)：84－92.

［91］ 刘岩，刘威. 从“公民参与”到“群众参与”：转型期城市社区参与的范式转换与实践逻辑[J]. 浙江社会科学，2008(1)：86－92，128.

［92］ 路风. 单位：一种特殊的社会组织形式[J]. 中国社会科学，1989(1)：

71 - 88.

[93] 李玉华,杨军生. 论人民调解员的职业化[J]. 中国司法,2006(6):67 - 69.

[94] 李全生. 布迪厄场域理论简析[J]. 烟台大学学报(哲学社会科学版),2002(2):146 - 150.

[95] 黎熙元,等. 社区建设:理念、实践与模式比较[M]. 北京:商务印书馆,2006.

[96] 黎熙元. 现代社区概论(第二版)[M]. 广州:中山大学出版社,2007.

[97] 梁漱溟. 乡村建设理论[M]. 上海:上海人民出版社,2006.

[98] 马歇尔. 公民权与社会阶级[J]. 刘继同,译. 国外社会学,2003(1):1 - 29.

[99] 马丁·阿尔布劳. 全球时代:超越现代性之外的国家与社会[M]. 高湘泽,冯玲,译. 北京:商务印书馆,2001.

[100] 马立,曹锦清. 社会组织参与社会治理:自治困境与优化路径:来自上海的城市社区治理经验[J]. 哈尔滨工业大学学报(社会科学版),2017(2):1 - 7.

[101] 闵学勤. 社区的社会如何可能:基于中国五城市社区的再研究[J]. 江苏社会科学,2014(6):14 - 23.

[102] 闵学勤. 社区协商:让基层治理运转起来[J]. 南京社会科学,2015(6):56 - 61.

[103] 南方. 社区基金会的角色定位及发展策略研究:基于北京市四个案例的比较[J]. 同济大学学报(社会科学版),2019(5):64 - 71.

[104] 厉有国. 中国基层协商民主实践:价值、问题与路径[J]. 吉首大学学报(社会科学版),2015(2):8 - 13.

[105] 尼古拉·尼葛洛庞帝. 数字化生存[M]. 胡泳,等译. 海口:海南出版社,1996.

[106] 曼纽尔·卡斯特. 网络社会的崛起[M]. 夏铸九,译. 北京:社会科学

文献出版社，2006.
[107] 曼纽尔·卡斯特. 认同的力量[M]. 曹荣湘，译. 北京：社会科学文献出版社，2006.
[108] 彭莉莉，黄家亮. 社会实践结构性巨变与城市基层共同体的重构：社会学视野下社区建设的“中国经验”(1986—2012)[J]. 学习与实践，2012(9)：56-65.
[109] 潘小娟. 中国基层社会重构：社区治理研究[M]. 北京：中国法制出版社，2004.
[110] 彭真. 彭真文选(一九四一——一九九〇年)[M]. 北京：人民出版社，1991.
[111] 齐格蒙特·鲍曼. 流动的现代性[M]. 欧阳景根，译. 上海：上海三联书店，2002.
[112] 齐格蒙特·鲍曼. 共同体[M]. 欧阳景根，译. 南京：江苏人民出版社，2003.
[113] 饶锦兴，王筱昀. 社区基金会的全球视野与中国价值[J]. 开放导报，2014(5)：28-33.
[114] 桑德斯. 社区论[M]. 徐震，译. 台北：黎明文化事业公司，1982.
[115] E. S. 萨瓦斯. 民营化与公私部门的伙伴关系[M]. 周志忍，等译. 北京：中国人民大学出版社，2002.
[116] 孙柏瑛. 公民参与形式的类型及其适用性分析[J]. 中国人民大学学报，2005(5)：124-129.
[117] 孙立平. 社区、社会资本与社区发育[J]. 学海，2001(4)：93-96，208.
[118] 宋雄伟. 英国应急管理体系中的社区建设[N]. 学习时报，2012-09-24(2).
[119] 唐娟，谢靖阳. 城市社区协商民主的细节：结构、过程与效能：基于深圳市Y社区居民议事会的考察[J]. 社会政策研究，2019(4)：

113－123.

[120] 唐皇凤. 我国城市治理精细化的困境与迷思[J]. 探索与争鸣，2017(9)：92－99.

[121] 唐有财，权淑娟. 中国城市社区基金会发展及运作研究[M]. 上海：华东理工大学出版社，2020.

[122] 田蓉. 从"准资源平台"迈向社区领导者：社区基金会功能三角在地化实践反思[J]. 河北学刊，2017(1)：155－159.

[123] 王岩，魏崇辉. 协商治理的中国逻辑[J]. 中国社会科学，2016(7)：26－45，204－205.

[124] 王锋，严嘉欢. 北上广社区营造的协商治理实践及其启示[J]. 湖州师范学院学报，2021(1)：69－76.

[125] 王芳，陈进华. 城市社区协商：从基层民主到社区共治的内在逻辑及实践路径[J]. 江海学刊，2019(5)：148－154.

[126] 王思斌. 社会韧性与经济韧性的关系及建构[J]. 探索与争鸣，2016(3)：4－8，2.

[127] 王建军，叶金莲. 社区基金会：地位与前景：对一个类社区基金会的个案研究[J]. 华中师范大学学报(人文社会科学版)，2006(6)：29－35.

[128] 汪辉，徐蕴雪，卢思琪，等. 恢复力、弹性或韧性?：社会：生态系统及其相关研究领域中"Resilience"一词翻译之辨析[J]. 国际城市规划，2017(4)：29－39.

[129] 韦伯. 经济与社会(下卷)[M]. 林荣远，译. 北京：商务印书馆，1997.

[130] 黄锐. 城市社区治理中的公共性构筑[J]. 人文杂志，2015(4)：116－120.

[131] 文军，吴晓凯. 社区协商议事的本土实践及其反思：以上海市普陀区"同心家园"建设为例[J]. 人口与社会，2017(1)：13－23.

[132] 文小勇. 协商民主与社区民主治理：罗伯特议事规则的引入[J]. 河

南社会科学，2021(7)：106－115.

[133] 乌尔里希·贝克. 风险社会[M]. 何博闻，译. 南京：译林出版社，2004.

[134] 吴世民. “大民政”与适度普惠型社会福利制度[N]. 北京日报，2011－02－28(018).

[135] 吴世民. 民政30年. 北京卷(1978年—2008年)[M]. 北京：中国社会出版社，2008.

[136] 吴群刚，孙志祥. 中国式社区治理：基层社会服务管理创新的探索与实践[M]. 北京：中国社会出版社，2011.

[137] 吴铎. 社区服务若干理论问题的探讨：内地与香港社会福利发展第四次研讨会观点综述[J]. 中国社会工作，1997(6)：32－35.

[138] 吴晓燕. 精细化治理：从扶贫破局到治理模式的创新[J]. 华中师范大学学报(人文社会科学版)，2016(6)：8－15.

[139] 吴素雄，陈字，吴艳. 社区社会组织提供公共服务的治理逻辑与结构[J]. 中国行政管理，2015(2)：49－53.

[140] 吴莹. 社区何以可能：芳雅家园的邻里生活[M]. 北京：中国社会科学出版社，2015.

[141] 王锡锌，章永乐. 从“管理主义模式”到“参与式治理模式”：两种公共决策的经验模型、理论框架及制度分析[M]. 北京：法律出版社，2009.

[142] 王天夫，郭心怡，王碧妍. 城市社区协商民主的机制、价值和发展路径[J]. 东北师大学报(哲学社会科学版)，2021(1)：107－114.

[143] 吴晓林，谢伊云. 基于城市公共安全的韧性社区研究[J]. 天津社会科学，2018(3)：87－92.

[144] 吴晓林. 城市社区如何变得更有韧性[J]. 人民论坛，2020(29)：19－21.

[145] 吴晓林，邓聪慧，张翔. 重合利益中的工具性：城市基层协商民主的

导向研究[J]. 学海,2016(2):86－93.

[146] 习近平. 基层矛盾要用基层民主的办法来解决[N]. 浙江日报,2006－10－11.

[147] 习近平. 决胜全面建成小康社会　夺取新时代中国特色社会主义伟大胜利[N]. 人民日报,2017－10－28(1).

[148] 习近平. 深入学习贯彻党的十九届四中全会精神,提高社会主义现代化国际大都市治理能力和水平[N]. 人民日报,2019－11－4(1).

[149] 习近平. 在哲学社会科学工作座谈会上的讲话[N]. 人民日报,2016－05－19(2).

[150] 习近平. 高举中国特色社会主义伟大旗帜　为全面建设社会主义现代化国家而团结奋斗:在中国共产党第二十次全国代表大会上的报告[J]. 求是,2022(21).

[151] 夏建中. 从社区服务到社区建设、再到社区治理:我国社区发展的三个阶段[J]. 甘肃社会科学,2019(6):24－32.

[152] 夏建中. 基于治理理论的超大城市社区治理的认识及建议[J]. 北京工业大学学报(社会科学版),2017(1):6－11.

[153] 夏学銮,唐忠新,徐永祥. 社区服务产业化? 社会化? 市场化? [N]. 中国社会报,2001－12－08(3).

[154] 肖林. 协商致“公”:基层协商民主与公共性的重建[J]. 江苏行政学院学报,2017(4):104－113.

[155] 谢湘雅. 建立社区的复原力:新加坡韧性社区的行动与探索[J]. 城市瞭望,2023(6).

[156] 熊易寒. 人民调解的社会化与再组织对上海市杨伯寿工作室的个案分析[J]. 社会,2006(6):95－116,210－211.

[157] 许义平,何晓玲. 现代社区制度实证研究[M]. 北京:中国社会出版社,2008.

[158] 徐震. 社区与社区发展[M]. 台北:正中书局,1994.

[159] 徐永祥. 论社区服务的本质属性与运行机制[J]. 华东理工大学学报(社会科学版),2002(4):50-54.

[160] 徐忠明. 如何思考中国传统法制的现代意义[J]. 中西法学传统,2004(00):164-175.

[161] 徐宇珊. 我国社区基金会的功能定位与实现路径:基于美国社区基金会与地方联合劝募经验的启发与借鉴[J]. 中国行政管理,2017(7):81-86.

[162] 徐迈. 城市社区人民调解制度研究:以法社会学为研究视角[D]. 长春:吉林大学,2010.

[163] 尤尔根·哈贝马斯. 合法化危机[M]. 上海:上海人民出版社,2000.

[164] 杨团. 推进社区公共服务的经验研究:导入新制度因素的两种方式[J]. 管理世界,2001(4):24-35.

[165] 叶客南. 都市社会的微观再造:中外城市社区比较新论[M]. 南京:东南大学出版社,2003.

[166] 阎云翔. 私人生活的变革:一个中国村庄里的爱情、家庭与亲密关系(1949—1999)[M]. 龚小夏,译. 上海:上海人民出版社,2017.

[167] 颜玉凡,叶南客. 认同与参与:城市居民的社区公共文化生活逻辑研究[J]. 社会学研究,2019(2):147-170,245.

[168] 杨爱平,余雁鸿. 选择性应付:社区居委会行动逻辑的组织分析:以G市L社区为例[J]. 社会学研究,2012(4):105-126,243-244.

[169] 杨楠. 美国社区文化治理的资助体系及对中国的启示[J]. 同济大学学报(社会科学版),2018(1):49-57.

[170] 杨敏. "国家-社会"的中国理念与"中国经验"的成长:社会资源的优化配置及公共服务与社会治理的创新[J]. 河北学刊,2011(2):124-130.

[171] 杨敏. 我国城市发展与社区建设的新态势:新一轮城市化过程社会资源配置的社区化探索[J]. 科学社会主义,2010(4):90-94.

[172] 杨敏,郑杭生.个体安全:关于风险社会的一种反思及研究对策[J].思想战线,2007(4):82-89.

[173] 杨敏.作为国家治理单元的社区:对城市社区建设运动过程中居民社区参与和社区认知的个案研究[J].社会学研究,2007(4):137-164,245.

[174] 杨雪冬.全球化、风险社会与复合治理[J].马克思主义与现实,2004(4):61-77.

[175] 杨雪冬.制度移植与本土实践:以立法听证为个案的研究[J].华中师范大学学报(人文社会科学版),2005(6):29-37.

[176] 严骁骁.韧性研究:对安全治理的批判性反思及其超越[J].欧洲研究,2017(2):18-37,5.

[177] 姚俭建,Janet Collins. 美国慈善事业的现状分析:一种比较视角[J].上海交通大学学报(哲学社会科学版),2003(1):13-18,47.

[178] 于显洋.社区概论[M].北京:中国人民大学出版社,2006.

[179] 于燕燕.中国社区发展报告(2012)[M].北京:社科文献出版社,2013.

[180] 俞祖成.日本社区基金会的发展及其启示[J].社会主义研究,2017(3):125-132.

[181] 原珂,许亚敏,刘凤.英美社区基金会的发展及其启示[J].社会主义研究,2016(6):143-155.

[182] 章敏敏,夏建中.社区基金会的运作模式及在我国的发展研究:基于深圳市社区基金会的调研[J].中州学刊,2014(12):65-69.

[183] 赵孟营.社会治理精细化:从微观视野转向宏观视野[J].中国特色社会主义研究,2016(1):78-83.

[184] 战洋.作为团结机制的慈善及其困境:一则政治人类学分析[J].清华大学学报(哲学社会科学版),2014(5):156-164,179.

[185] 张晋藩.中国法律的传统与近代转型(第二版)[M].北京:法律出版

社，2005.
[186] 张卫平. 我国替代性纠纷解决机制的重构[J]. 法律适用，2005(2)：15－16.
[187] 赵方杜，石阳阳. 社会韧性与风险治理[J]. 华东理工大学学报(社会科学版)，2018(2)：17－24.
[188] 曾悦，张佳. 基于突发公共卫生事件下小区防疫响应的社区韧性建设规划思考：以成都市小区防疫响应为例[J]. 西部人居环境学刊，2020(3)：23－28.
[189] 朱世达. 美国市民社会研究[M]. 北京：中国社会科学出版社，2005.
[190] 资中筠. 财富的归宿：美国现代公益基金会述评[M]. 上海：上海人民出版社，2006.
[191] 郑杭生、杨敏. "大民政"的理论与实践与"中国经验"的成长[M]. 北京：中国社会出版社，2011.
[192] 郑杭生，杨敏. 社会互构论：世界眼光下的中国特色社会学理论的新探索[M]. 北京：中国人民大学出版社，2010.
[193] 郑杭生. 和谐社区建设的理论与实践：以广州深圳实地调查为例的广东特色分析[M]. 北京：党建读物出版社，2009.
[194] 郑杭生，黄家亮. 当前我国社会管理和社区治理的新趋势[J]. 甘肃社会科学，2012(6)：1－8.
[195] 郑杭生. 论社会建设与"软实力"的培育：一种"大传统"和"小传统"的社会学视野[J]. 社会科学战线，2008(10)：194－201.
[196] 郑杭生. 社会建设和社会管理研究与中国社会学使命[J]. 社会学研究，2011(4)：12－21，242.
[197] 郑杭生. 我国社会建设社会管理的参照系及其启示：一种中西比较的视角[J]. 国家行政学院学报，2011(6)：8－13，1.
[198] 郑杭生. 破解在陌生人世界中建设和谐社区的难题：从社会学视角看社区建设的一些基本问题[J]. 学习与实践，2008(7)：5－12，1.

[199] 郑杭生. 论现代的成长和传统的被发明[J]. 天津社会科学,2008(3):64-68.

[200] 郑杭生. 社会公平正义与和谐社区建设:对社区建设的一种社会学分析[J]. 中国特色社会主义研究,2007(6):36-42.

[201] 郑杭生,杨敏. 社会实践结构性巨变的若干新趋势:一种社会学分析的新视角[J]. 社会科学,2006(10):109-115.

[202] 郑杭生. 社会三大部门协调与和谐社会建设:一种社会学分析[J]. 中国特色社会主义研究,2006(1):27-29.

[203] 郑杭生,杨敏. 两种类型的现代性与两种类型的社会学:现代性与社会学的全球之旅[J]. 福州大学学报(哲学社会科学版),2005(1):8-20,38-112.

[204] 张广利. 社会资本与和谐社区建设[J]. 华东理工大学学报(社会科学版),2005(2):1-6.

[205] 张鲲鹏,吴敏先. 建国后农村基层群众自治的实践与基层民主的发展[J]. 东北师大学报(哲学社会科学版),2012(3):199-200.

[206] 张晨,赵云云. 走向程序民主:城市社区基层议事协商机制的建构:以苏州工业园区 Q 社区实验为例[J]. 地方治理研究,2017(3):47-57.

[207] 张勇. 我国六十年城市社区建设历程、脉络与启示[J]. 深圳大学学报(人文社会科学版),2012(3):146-151.

[208] 张华. 城乡人民调解双线发展模式探析[J]. 华南理工大学学报(社会科学版),2011(5):62-66.

[209] 周雪光. 国家治理规模及其负荷成本的思考[J]. 吉林大学社会科学学报,2013(1):5-8.

[210] AHERN J. From fail-safe to safe-to-fail: sustainability and resilience in the new urban world [J]. Landscape and urban planning, 2011(4): 341-343.

[211] ALLAN P, BRYANT M. Resilience as a framework for urbanism and recovery[J]. Journal of landscape architecture, 2011(2): 34-45.

[212] BESSETTE J M. Deliberative democracy: majority principle in republican government[M] //GOLDWIN R A, SCHAMBRA W A. How democratic is the constitution?. Washinton: American Enterprise Institute, 1980.

[213] BOURDIEU P. Distinction[M]. Sage CA: Routledge and Kegan Paul, 1984.

[214] COHEN, JEROME ALAN. Chinese mediation on the eve of modernization[J]. Journal of Asian and African studies, 1967(4): 54-76.

[215] DALY S. Institutional innovation in philanthropy: community foundations in the UK[J]. Voluntas: International journal of voluntary and nonprofit organizations, 2008(19): 219-241.

[216] ELLICKSON R C. Order without law: how neighbors settle disputes[M]. Cambridge: Harvard University Press, 1991.

[217] GRANOVETTER. Economic action and social structure: The problem of embeddedness[J]. American journal of sociology, 1985(3): 481-510.

[218] HABERMAS. Between facts and norms: contributions to a discourse theory of law and demaocracy[M]. Cambridge Mass: The MIT press, 1996.

[219] HUANG J L. How are laws practiced? A sociological analysis based on a judicial case in China[J]. Chinese sociology and anthropology, 2008(2): 41-77.

[220] HUNTER A. The loss of community[J]. American sociological

review, 1975(9): 537－552.

[221] JEFFERY. Community foundations: what do they offer community development? [J]. Journal of urban affairs, 2004(2): 221－240.

[222] KASARDA J D, JANOWITZ M. Community attachment in mass society[J]. American sociological review, 1974, 39(6): 328－339.

[223] LORENZ D F. The diversity of resilience: contributions from a social science perspective[J]. Natural hazards, 2013(1): 7－24.

[224] ROSS A D. The social control of philanthropy[J]. The American journal of sociology, 1953(5): 451－460.

[225] WANG L, GRADDY E, MORGAN D. The development of community-based foundations in east Asia[J]. Public management review, 2011(8): 1155－1178.

[226] WELLMAN B. The community question: the intimate networks of East Yorkers[J]. American journal of sociology, 1979(5): 1201－1231.

[227] WILSON G. Community Resilience and Environmental Transitions[M]. London: Routledge, 2012.

[228] WIRTH L. Urbanism as a way of life[J]. American journal of sociology, 1938(1): 1－24.

后 记

大转型时期基层共同体的秩序危机与重建，是我进入学术研究领域以来一直关注的核心问题之一。最初我对这一问题产生兴趣大概是在2006年，当时我几乎同时参与了导师郑杭生教授主持的两个序列的研究：一是“华北农村80年变迁”研究，主要是沿着李景汉先生的足迹开展“定县再调查”；二是“中国特色和谐社区建设系列实地调查研究”，对当时方兴未艾的各地城市社区建设进行调查研究。一个是农村调查，一个是城市调查。

从个人学术兴趣来说，我对农村调查更有感觉，当时跟随郑杭生教授攻读博士学位，相当程度上就是受“定县再调查”项目的吸引。但由于当时那一期“定县再调查”项目已经接近尾声，参与者多数时候是“小股部队”，甚至不少时候只剩下我一个人开展调研。而那时郑杭生教授对城市调查的兴趣越来越浓，先后带领团队对广州、深圳、郑州、北京、杭州、佛山、遵义、中山、临安、珠海等十多个城市进行过系统调查，而我几乎每次调研都参加了。所以，虽然我在博士论文选题时依然选择了做“定县再调查”，但也深度介入了城市社区的调查和研究之中。

两线作战，起初感受到的更多的是城市调查与农村调查之间的张力，直到有一天，我突然发现，无论是在农村还是在城市，我的问题意识实际上是一样的，都是在关注这场空前的社会大转型背景之下，基层秩序发生了什么样的变化、面临什么样的危机，又应该何去何从，我将其概括为"大转型时期基层共同体的秩序危机与重建"。想清楚这一点之后，我近十几年一直坚持将农村和城市社区同时作为我研究基层社会治理的两个学术支撑点，将郑杭生教授开创的两个序列的研究都延续下来了。

本书是我多年来关于城市社区治理研究的一个阶段性总结成果。大概在十年前，我就有一种强烈的冲动要写这么一本书，当时已完成了部分章节，并且向一家出版社提交了选题论证报告。当时与出版社敲定的书名是《社区中国：城市基层共同体重建的逻辑与实践(1986—2016)》，计划在2016年即我国正式提出并在全国开展"社区服务"30周年之际完成这本书。后来出于种种原因，书稿未能如期完成，竟到了如今。

时光如白驹过隙，世事如白云苍狗。当我重拾昔日的雄心，开始完成这本书时，发现社区建设的实践已然发生了很大的变化，不少当年勃然兴起的"地方经验"如今已不复往日，同时新的"经验"又在不断生产着。这也让我不禁思考，学者到底应该以什么样的方式介入实践？学者尤其是社会学专业的学者无疑应当关心实践，但同时似乎也应该与具体的实践保持适当的距离，当然这不是为了疏离实践，而是为了更好地观察实践的效果，总结具体实践背后的学理。

本书的完成得到了诸多师友的帮助。郑杭生教授带领我进入了社区研究这个领域，并且带我到全国十多个城市开展社区调查，积累了大量的一手资料，奠定了本书的基础。郑杭生教授宽厚豁达、乐观坚韧的精神品格和博大精深的学术思想一直滋养着我，本书的一些观点来自郑杭生教授的指导和启发。郭星华、冯仕政、杨敏、刘少杰、杨发祥、袁振龙、南方、谭日辉、廉如鉴、焦若水、童志锋、马丽华、彭莉莉、郭锡山等师友曾在本书的不同议题上启发了我的思考。本书第四章第三节和第五章第二、三节分别是在我和韩愈、张琪琛合写初稿的基础上修改而成的，第九章第二节和第十章分别是在我和马颖、刘蔚合写论文的基础上修改而成的，此外刘蔚还帮我收集了第八章的部分文献资料。

本书的出版得到了中国人民大学社会学理论与方法研究中心的支持，以及华东理工大学出版社的大力支持和帮助。本书也是我主持的北京市社会科学基金重点项目“北京市城乡社区议事协商机制研究”(23SRA001)的成果，得到了北京市哲学社会科学规划办公室的支持。在此对以上单位和个人一并表示感谢！

本书写作周期较长，涉及专题较多，经验基础较广，加之我能力水平所限，各种错漏在所难免，所有责任由本人承担，恳请读者诸君批评指正。

黄家亮

2024年春于北京